JN133884

アレックス・ローゼンブラット Alex Rosenblat
飯嶋貴子訳

Uberland: How Algorithms are Rewriting the Rules of Work

Uberland
ウーバーランド

アルゴリズムは
いかに働き方を変えているか

青土社

Uberland
ウーバーランド

目次

発行人およびカリフォルニア大学出版局基金一同、
バーバラ・S・イスガー公共政策寄付基金の寛大な支援に深く感謝します。

Uberland
ウーバーランド

アルゴリズムはいかに働き方を変えているか

謝辞

ママがつくるUberのお話はすごいんだ。
でも、それと朝ごはんをつくることと、
いったいどんな関係があるの？
ラファエル、八歳、朝の七時に

それは結果でしょ。理由はなあに？

アーロン、五歳、就寝時間が少し過ぎるころ
（どうしてベッドに入らなければいけないの？と聞く彼に、
そうしないと困ったことになるからよ、
とたしなめたときに彼が言った言葉）

私の家族、信頼のおける相談相手、仲間、そして友人たちに心からの感謝の気持ちを伝えたい。本書は、いつも路上に出ていたトラック運転手の祖父、アーニー・ローゼンブラットと、一週間おきに夫と会えるのを心待ちにしていた祖母、モーリー・ローゼンブラットからも特別なインスピレーションを受けている。

アダムほど、本書での私の日々の発見と向き合ってくれた人はいない。彼の興奮と好奇心が私自身の興奮と好奇心を支え、批判的考察としての一プロジェクトにビジョンと道徳的な不屈の精神を与えてくれた。彼は献身的な親、夫であり、医師であり、そして医療技術のアントレプレナーでもある。そして、私たち家族のほとんどすべての食事をつくってくれる。

ダナ・ボイドの友情と助言者としての才能は無限だ。私がこの世でできる観察が何であるかを、すぐさま理解し、正しく認識してくれる。人が何になれるかを見極めることのできるユニークな能力をもつ彼女は、私ひとりでは出会えなかった機会を生みだしてくれた。彼女には計り知れないほど感謝している。

ヨッシ・ファレンにも感謝したい。私が自分でも気がつかないうちから、私の研究を読み、支援してくれた。

ビヴァリーとエドにはいつも感謝している。私に冒険の精神と教育の機会を与えてくれた人たち。ランディは、私が働きすぎていると注意してくれた。カーリーは、私が取り組むすべてのものを読み、意見を聞かせてくれた。

パトリック・デイヴィソンとジェレミー・デュラントには、編集でお世話になった。パトリックは本書と、本書を世に伝えるあらゆる研究出版物にとってかけがえのない存在だった。公平で、洞察力に富んだ、アカデミックに考えられる人であり、情け深い人間であり、才能あふれる編集者である。その整理された思考は、ドライバーのストーリーの細部と分析を組みたてる手助けとなった。本書を書きはじめるとき、私は執筆プロセスにふたつのゴールを設定した。はやく書くことと、みんなに読んでもらうこと。ジェレミー・デュラントはその両方のゴールに不可欠の存在だった。私が自分のアイデアを研ぎ澄まし、系統立てるのを助けてくれた。くどい言い回しを鋭く指摘してくれたおかげで、理論が脱線するのを防ぐことができた。彼のアドバイスを私が無視した箇所は別として。彼は自分の言葉のとおり、締め切りが近づくと、日夜すべての時間を優先して私の本に費やしてくれた。彼は単なる才能ある編集者にとどまらない——偉大な友人でもある。

デヴィッド・ライアン、アネット・バーフット、デヴィッド・ムラカミ・ウッドにも感謝したい。社会学的な研究を追求する上での自信を、私に最初に与えてくれた人たちだ。そして私の最初の恩師、ルス・ドンスキーにも深く感謝する。

ナターシャ・シンガー、アン・L・ワシントン、トム・アイゴー、そしてジェシカ・ブルーダーにも感謝したい。そのすばらしい才能とやさしさは、本書を執筆中の私を心の底から勇気づけてくれた。ウィニフレッド・ポスターが組織する学者グループのレイバー・テック〔労働と技術に関する研究会〕にもお礼を言いたい。ポスターはマイケル・パームとともに、私の原稿に好意的なフィードバックを与えてくれた。フランク・パスカルは、さまざまな研究分野にまたがる知的なつながりを見抜き、引きだしてくれただけでなく、それに応じて学者同士をも結びつけてくれた。

ステイシー・アブダーは、自身のことで忙しいにもかかわらず、ものごとのしくみを辛抱強く説明してくれた。ジャネット・ヘイヴンは、管理責任を通じてリーダーシップを示してくれた。サム・ハインズ・ガルシアは、一緒に取り組む仲間全員からの敬意を勝ち取っていた。そしてアイリーン・チュン。その内に秘めた能力と、はっきりとわかる共感、すべてをより機能的かつ美しくする才能は、データ・アンド・ソサエティ研究所のオフィスを行き交うすべての人を明るくしてくれた。

ダニエル・グラシュキンには、私が困難にぶつかったとき、もっと広い視野で見ることができるように時間と注意力を与えてくれたことに感謝する。そして、私に奨学金を給付し、理想的な作家の逃避先として、すばらしい仲間と極めて重要な時間を提供してくれたリューネブルク大学のデジタル・カルチャーズ・リサーチ・ラボにも感謝したい。

本研究を追求していく上で、テクノロジー、セキュリティ、労働、メディア、コンピューター・サイエンスについて数多くの質問をしたときに、私を助けてくれた本当にたくさんの人々に感謝したい。たとえば、ミシェル・ミラー、スーリヤ・マットゥ、タマラ・ニース、フィン・ブラントン、クリスト・ウィルソン、キャロライン・ジャック、そしてマーティン・シェルトンといった人たちだ。そして多分野にまたがる学問のさまざまな段階で一緒に仕事をしてくれたすばらしい協力者と同僚たち、ルーク・スターク、アレクサンドラ・マティースク、ジュリア・ティコナ、ライアン・カロ、ティム・ホワンにも感謝する。

そしてもちろん、この本を世に出してくれた出版チーム、リサ・アダムズとナオミ・シュナイダーに感謝したい。マイクロソフト・リサーチ、オープン・ソサエティ財団、ジョン・D&キャサリン・T・マッカーサー基金、ロバート・ウッド・ジョンソン財団には、本研究の資金提供者としての彼らの寛大さと、テクノロジーが仕事に与える社会的影響への関心に深く感謝したい。

序論　アプリを使って仕事をする

ニューエコノミーのシンボルとしての Uber

フレディはUberとLyftの両社でドライバーをしている。私を拾いに駐車場に車を乗り入れ、ほんの一瞬だけ、その大きなセダンの品定めをする時間をくれる。ジョージア州アトランタ、明るい陽光が降り注ぐある日のことだ。三年以上、あちこちを移動しながら社会学を研究してきた私は、スマートフォンの画面と同じナンバープレートの車を見つけるや否や、往来の激しい道でも難なく車に飛び乗る術が身についている。フレディのシボレー・インパラは車内が広々としていて、カーラジオから流れるインストゥルメンタル・ジャズが心地よい。それは、霧の日に身にまとう軽量のフリースのように私を安堵感で満たす。車に乗りこむと、ほとんどのドライバーが判を押したようにポップスをかけるのは、きっと私の肌の色のせいだろう。こんな話をあるドライバーから聞いたことがある。黒人の客を乗せたときは、カーディ・Bなどのラップをかけると高評価がもらえるのだそうだ。フレディは、ただ単純にジャズを楽しんでいるようだが。

フレディは陸軍に二〇年いて、一九八九年頃に退役したと話す。湾岸戦争の少し前のことだ。私は単なる乗客ではなく、Uberとテクノロジーが仕事にどう影響するかを研究するリサーチャーだ、と彼に説明する。基本的な質問をするうちに、彼はフルタイムで、近隣の街にあるファストフード・レストランのマネージャーもしていることがわかる。本業のほうで暇ができると、三時間かけてアトランタまで来て、ライドヘイル〔「ライドヘイル／ライドヘイリング」はドライバーを呼んだり一時的に雇ったりして、目的地まで連れていってもらうサービスで、他の人と相乗りすることはないのに対し、「ライドシェアリング」は基本的に「カープーリング（相乗り）」と同義である〕の仕事をしているのだ。長期休暇中は、週に四日ライドヘイルの仕事をしてから自宅へ戻って数日過ごし、その後、空港の駐車場で配車リクエストを待つドライバーの列に加わる。「自分たち専用の待ち列があるんだ。UberとLyftのドライバーが車を停めるところさ。そこでじっと待つ」。彼の妹がそれほど遠くないところに住んでいるので、シャワーはそこで浴びるのだ。

運転のシフトの合間はどこで寝るのかと聞くと、助手席をあごで指して、大きな声でこう言う。「あんたは僕の寝床に座ってるってことさ！」。そして、安心させるような笑顔でこう付け加える。こんなことをしているのは自分だけではない――市外から来たやつは男も女もみな、空港の駐車場で睡眠不足を解消しているのだ、と。[1] ときには一日に一四時間から一六時間働き、翌日は八時間だけ働くというように、気分によって勤務時間を変えている。目標は一日平均二〇〇ドル稼ぐこと。今回の配車は「ダブルで」稼げるんだと彼は自慢げに言う――ドライバーで稼いだ分がファストフードの仕事から出る休暇手当に上乗せされるのだそうだ。「長期休暇中は本当にやることがないんだ」と彼は言う。「しかも僕は人づきあいがいいし、新しい人と出会うのがこの上なく好きってこともあってね」

リサーチ中に出会う多くの人がそうだったように、フレディも副業としてドライバーの仕事をしており、乗客との会話から得られる社会的なつながりを心底楽しんでいる。彼の車に乗りながら、そのことを頭のなかにメモしていると、封が開けられたニューポート〔アメリカのたばこの銘柄〕の箱が、シフトレバーのそばの小さな物入れにお行儀よく収まっていて、その下に擦り切れた茶色い財布があるのが目に入る。もう何百回もUberを利用してきた私は、ドライバーが自分の車に図らずも散りばめている、ちょっとしたパーソナルな部分から、彼らの生活を垣間見ることができることを学んだ。ほとんどのドライバーが、ライドヘイルの仕事の管理に欠かせないスマートフォンと充電コード以外、貴重品は目につかないところにしまっている。フレディのスマートフォンはフロントガラスのところに置いてあるが、垂れ下がった充電コードが邪魔をして、財布の下の隙間に押し込まれた名刺の一部が隠れてしまっている。そこにはこんな文字が見える。「何千人もの人間がフリーゴールドを稼ぎながら、週に一度、巨額の残余利益の支払いを受ける方法を学ぼう」

フリーゴールド〔無償報酬〕が得られるという公約は、ウーバーランド（ウーバーの地）の盛り上がりと現実とのギャップにふさわしいシンボルと言えるだろう。たとえドライバー一人ひとりが自分の仕事が不安定だと気づいていないにしても、不安定な時代の、当てにならない不確かな仕事という文化が、Uberのドライバーになることの力学を形成しているのだ。[2] 老齢に差しかかった移住型のドライバーであるフレディは、Uberのレトリックが「見掛け倒し（フールズゴールド）」であることの好例だ。この会社のマーケティングとは裏腹に、彼は自分の余った資産と時間を、乗客と「シェア」してはいない。ただ、生活の収支を合わせるために一生懸命働いているだけだ。ライドヘイルの仕事をすれば、ドライバーは年間九万ドル以上稼げるとUberは謳っているが、フレディの状況は、この会社が宣伝文句にしている中流階級並みの快適さというイメージとは似ても似つかない。[3]

Uberは、低いハードルで大衆に雇用機会を提供する企業として注目されるようになった——車が一台あって、身元調査をクリアするだけで、だれもが路上に出て好きなだけ車を走らせることができるのだ。根本的に、Uberはあるひとつのことを非常にうまくやっている。つまり、ドライバーの仕事と客の乗車を、スマートフォンのアプリひとつで管理しているのだ。マーケティングについて言えば、Uberは巧妙な話術で人をけむに巻きながら、ドライバー志望者が欲するすべてを兼ね備えた企業に自らを仕立てている。一方では、ドライバーに自由とフレキシビリティ（柔軟性）と独立を約束する。そして、あなたがたは「自分自身の上司になれる」アントレプレナー（起業家）なのだと鼓舞する。[4] Uberは法的なねらいから、ドライバーを個人事業主〔原文ではインディペンデント・コントラクター、直訳すると独立業務請負人〕に分類している。つまり彼らは、従業員が受ける資格のある雇用および労働の法的保護から、ほとんど除外されているということだ(5)。

ところが他方で、Uberは、仕事中のドライバーの行動について、かなりの規制を課している。人間の監督者が何十万人ものドライバーを監視するのではなく、この会社はアルゴリズムでできたシステム上にライドヘイルのプラットフォームを構築し、これがバーチャルな「自動化された上司」の役割を果たしているのだ(6)。実在の上層部を必要としないアルゴリズムは、Uberが定めるルールに従ってドライバーを直接管理する。だがそれは、最初は魅力的に聞こえるかもしれないが、実はそうでもないのだ。ドライバーがアントレプレナーだとしたら、理論上は、自分でスケジュールを決め、自由に乗客を受け付けたり拒否したりし、自分で賃金レートを設定し、顧客リストを作成する。このなかには、Uberのドライバーが実際にやっていることもある。ドライバーはフレックス制から恩恵を受けているが、Uberはプロモーション〔通常の報酬とは別に受け取ることができる追加報酬〕を設定することで、お金が必要なドライバーに対して、実質的なシフト業務を生みだすこともありうるのだ。この会社は、自分だけの顧客リストをつくろうとするドライバーのアカウントを停止することができるため、私がこのテーマをインタビューで持ちだすと、多くのドライバーが、わざわざ顧客リストをつくろうなんて思わないと語る。Uberの保険で守られているとわかっているほうが、彼らにとっては安心できるからだ(この保険により、ドライバーが配車を受け付けてから乗車区間が完了するまでの間に事故が起きた場合、事故一件につき一〇〇万ドルが自賠責保険として提供される(7))。乗客を拒否すると減点されるが、その配車が儲かるかどうかを事前に評価するのに必要な情報を、Uberがドライバーに与えることは実際にはない。しかもUberは絶えず、そして一方的に、ドライバーの賃金レートを変え、たいていは減給にする。ドライバーは、名目上は自由で独立した立場とされてはいるものの、こうしたアルゴリズムの上司によって施行されているUberのルールは、彼らに開かれているはずの起業家精神にあふれた意思決定の機会を、とてつもなく制限してしまっているのだ。ドライバーは自由という公約と、それを蝕むアルゴリズム的マネジメントという現実との間の緊張関係に気づいている。実際、この緊張関係が、ドライバーは個人事業主として分類されるべきではないという法的主張の根拠となっているのだ。(8)

Uberのアプローチの驚くべき特徴は、この会社によれば、ドライバーは労働者ではないということだ——彼らは乗客と同様、まさにUberのテクノロジー・サービスの「消費者」なのである。二〇一三年、ドライバーと弁護士一団が誤分類に関する集団訴訟を起こし、Uberがドライバーを個人事業主として分類するのはおかしいと訴えた。ドライバーを従業員と同等に取り扱うべきだと主張したのだ。(9) 本件の二〇一五年一月の法廷審問で、Uber側の弁護士は、この会社のドライバーは実際、当該企業のソフトウェアの顧客であると説明した。「根本的に、これらドライバーおよび輸送手段の提供者とUberとのビジネス上の関係は、彼らが我々の顧客であるという関係であり、そのなかで、我々は彼らに対して当社のソフトウェアのライセンスを与え、その手数料を受け取っているのです」(10)。この論理に従い、そこから得られる結論を受けいれるならば、アメリカ全土で訴訟や抗議、ドライバーとの衝突がますます増えているにも関わらず、この会社は労働者問題をひとつも抱えていないということになる。(11)

本書は、雇用されるということの意味に、Uberがどのように根本的な文化的変革を生みだしたかを解明する本である。そしてまた、テクノロジーのイデオロギー、つまりUberがユーザーについて私たちに語るストーリー、そして、生活のなかのテクノロジーの役割について私たちが互いに語り合うストーリーに関する本でもある。それは、シリコンバレーの小さなスタートアップが、いかにして、アメリカとカナダの何十万人もの人々のマネジメントをアルゴリズムに任せたかについての物語だ。二〇一八年までに、Uber は現役ドライバーを三百万人雇用した。本書は、まずは労働者階級のアントレプレナーとして、次に顧客として、労働者を定義するナラティブをこの会社がどのようにつくりあげたかを辿る。従来のカテゴリーを再定義することこそ、会社自体の成長を追求する賢い方法だったのである。さらには、Uber がいかに我田引水となる議論を利用して、私腹を肥やしてきたかについても明らかにする。

たとえば、Uber は自らを輸送会社ではなくテクノロジー会社だとしている。ドライバーは実際には顧客であると Uber が主張したのと同じ訴訟において、連邦裁判所判事のエドワード・M・チェンは、このテクノロジー例外主義の論拠には「致命的な欠点がある」と述べた。Uber はそのビジネスのしくみとしてソフトウェアを利用しているかもしれないが、本質的には輸送手段を手配するビジネスを行なっているのだ。チェン判事はこう書いている。「Uber はソフトウェアを売っているのではない。配車を売っているのだ。Uber が「テクノロジー会社」でないのは、CB無線を使ってタクシーを配車するイエローキャブが「テクノロジー会社」でないのとまったく同じだ」[12]。しかし Uber は、自らをテクノロジー会社と定義することで、輸送会社ではないのだから障害をもつアメリカ人法（ADA）の適用を受けないという主張を別のところで進めてきた。したがって、彼らの主張によれば、Uber は輸送ビジネスにおける競合他社とは異なり、障害のある乗客に対して車椅子でアクセス可能なサービスを提供するという、ADAに基づく法的責任を負わされていないということになる[13]。Uber

はそのレトリックを不安視しながらも、テクノロジー会社として繁栄しつづけてきたのだが、そこにはある種の落とし穴がないわけでもない。

自らのアイデンティティと活動に関するUberの主張は、たいていの場合、ドライバー、乗客、人権活動家、規制当局、そして都市および市民全体の利益をいかにも促進しているかのような、道徳的に説得力のある主義主張で飾りたてられている。こうした主張のそれぞれには多少の真実が含まれているが、真実を見せるよりも隠していると言ったほうが良い。この会社は、家庭生活であれ、育児制度であれ、また労働者の就労環境、管理方法、通勤パターン、都市計画、はたまた人種平等キャンペーンや労働者の権利のためのイニシアティブであれ、社会のほとんどの側面に触れるような変化の波をもたらしてきた。Uberの幅広い影響力は社会全体の現状を覆しただけでなく、先の見えない未来をも生みだした。この会社はテクノロジーを利用して、雇用に関するまったく新しいビジネス論理を打ちたてた。かつてNapster〔二〇〇六年にサービスを開始した音楽ダウンロード・配信サービス〕が音楽で、フェイスブックがジャーナリズムでやったのと同じように。[14] Uberはニューエコノミーのシンボル、つまり、デジタル・カルチャーがいかに仕事の本質を変えようとしているかを示す、強力なケーススタディなのだ。[15]

「アントレプレナー」の車に乗る

四年近くの間、私の仕事は主に見知らぬ男性（たまに女性）の車に乗って、あちこちを走りまわることだった。[16] 二〇一四年の中頃から二〇一八年の冬にかけてUberのドライバーについて研究を続けていた私は、ジュノーからモントリオールまで、アメリカとカナダの二五都市以上、八〇五〇キロメートルを超える距離を車で横断してきた。マルチサイト・エスノグラフィーとイマーシブ・ジャーナリズムの伝統を受け継ぎながら、ニューヨークやアトランタをはじめとする、Uberが営業している一〇を超える主要都市で、労働文化を観察してきた。(17) モンタナ州ボーズマンなど、その他の都市のライドヘイル・ドライバーや、ブリティッシュ・コロンビア州バンクーバー、マニトバ州ウィニペグといった「Uber以前」の街のタクシードライバーとも、一回限りの乗車の間に短い会話を交わした。(18) 行ったことのない都市のドライバーと電話インタビューをすることもあった。ルイジアナ州バトンルージュや、テキサス州ヒューストン、ノースカロライナ州ローリーといった都市だ。Uberが違法とされている地域では、隠れて仕事をするドライバーを観察し、インタビューを行ない、晴れて合法となってから再びそこを訪れて調査した。合計すると、タクシードライバーを含め、ライドヘイル会社で働く一二五人のドライバーに、車内で、電話で、またスカイプを通じて、そしてときにはオンライン・チャットでインタビューをしてきた。また、四〇〇名を超えるさまざまなドライバーの車に乗って、彼らを観察してきた。数百回もだれかの車に乗ってきたせいか、それぞれの車内で吸い込んだ芳香剤の甘ったるいにおいが、いまも私の目を潤ませる。

こうしたライドヘイルのドライバーが話すストーリーは、私の胸にしっかりと刻まれている。マノイはモントリオールのUberドライバーで、まだこの会社が違法営業していた頃にUberでの運転を開始した。当時、彼はなぜ、タクシードライバーからの攻撃や交通警察からの取り締まりといったリスクに、まったくうろたえることがなかったのか。「僕は、いろんな国の国境を越えている。不法にね」とかすれた声で言うと、彼はその半生を語りはじめる。おとなしいとも厚かましいとも言える彼は、規則を破ることをものともしない。故郷バングラデシュでマイノリティのヒンドゥー教徒として育ち、経済移民として仕事を求めてソビエト連邦へ向かった。そして旧チェコスロバキアへ渡り、電気柵に沿って穴を掘り、地下を通って東ドイツからフランクフルトへ進み、西ドイツで難民申請が拒否されるとカナダへ亡命した。マノイは、違法運転をすることについては特に気にしていなかったが、二〇一六年一〇月、Uber がついにモントリオールで合法的な営業許可を取得したため、彼はいまもドライバーを続けているのだ。[19]

ネイサンはエイズが流行した時代には研究者だったが、いまは心理療法士として働いている。ロサンゼルスで Lyft（Uber の双子の弟分である競合会社）のドライバーを始めたが、乗客からのリクエストがそれほど断りにくいものではないことを知って精神的な安堵感を覚えたと言う。Uber にはもっと胡散臭い部分があるという報道を目にしていたため、Lyft でも同様の扱いを受けるのではないかと思い、少し躊躇したのだと話す。ニューオーリンズのサービス業界で長く働いていたカレンは、Uber でのドライバーの仕事を気に入っていた。フレキシブルなスケジュールがその理由のひとつだ。というのも、万一、息子が突然、慢性疾患の発作を起こしても、ためらわずに仕事を中断することができるからだ。一方、インドで機械工学を学んだハカムは、カナダで大学院課程を修了後、移民労働許可を利用してウィニペグのタクシー会社でパートタイムのドライバーの職を得た。Uber の波がこの街にいまにも押し寄せてきそうだと感じている彼は、「タクシー業界はもうすぐ、まちがいなく衰退する。Uber は新しいから、みんなそっちを試したいと思うに決まっている」と踏んでいる。慎重に考えてから、彼はこう言う。Uber のドライバーになることも考えているのだが、もう少し成り行きを見守るつもりだ、と。

都市から都市へ、国から国へと車を乗り継いでいくうちに、ウーバーランドには対照的な要素がたくさんあるという印象が強くなっていった。副業で余分なお金が必要だからという理由で登録する人もいれば、フルタイムの仕事として登録する人もいる。多くの人が、ビジネスで失敗したり、失業状態になったりしたときの一時しのぎの解決策として、ライドヘイルの仕事を頼りにしている一方、単なる楽しみのために引き受ける人もいる。貯金を増やそうとする人もいれば、家計を支えるために一日一四時間をこの仕事に捧げるしか選択肢がないという人もいる。ただ家から出て、人とつながっている感覚を得たいと思って運転する人もいれば、Uberを辞める方法を必死になって探している人もいる。元タクシードライバー、元専属ドライバー、元トラック運転手などがUberの労働人口の一部を構成しているが、ドライバーとしての主な職業経験がないのに、UberとLyftの両方のドライバーとして働いている人もいる。

彼らのストーリーは、ほとんどすべてが周縁に生きる人々の話、転職活動中の労働者の話、そして私たちがいまも懸命に理解しようとしている社会的進歩の新しい波を形成している人々の話だ。Uberのドライバーは、働き方の未来に関するより大きな社会的議論の一部として、またテクノロジーの進歩が自動化によって私たちから仕事を奪うのではないかという、次第に高まる不安の一部として、しばしば大きく報道されている。だが、こうした単純化されたナラティブを超えたところに、私は、ドライバーがほとんど労働者として扱われていないことを発見した。Uberがその労働者を「アルゴリズム・テクノロジー」の「消費者」として扱い、彼らを独立自営のアントレプレナーとして売り込んでいることを考えれば、やっかいで、未知で、不快なひとつの疑問に答えを出さなければならないだろう。その疑問とはすなわち、**アプリを使って仕事をするとき、社会はあなたを消費者、アントレプ**

レナー、もしくは労働者のどれとして扱うべきか？

なぜこれが重要なのだろう？　政府の福利厚生制度を考えてみよう。二〇一四年、フィラデルフィア法的支援組合の弁護士らは、苛立ちを露わにした失業手当の申請が多発していることに気づいた。ペンシルベニア州にはしっかりとした失業手当制度があるため、パートタイムの従業員でも手当を受ける資格がある。ところが、最近失業してUberのドライバーの仕事を始め、家計をやりくりしようとしている人たちはどうなるのか？　Uberのドライバーは個人事業主、つまり自営の仕事を行なっており、パートタイムの雇用ではないということで、失業手当の給付がもらえるかどうか危うい状態だったのだ[20]。

　または在留資格を考えてみよう。私がモントリオールで話をしたUberのドライバー、イブラヒムは、リビアからカナダに渡った移民だ。妻も合流させようと思い、彼女の保証人になろうとしたのだが、お役所的な手続きが滞ってしまった。というのも、自分の雇用状態を証明する書類を提出することができなかったからだ。Uberは正式な許可を得ずにモントリオールで営業していたため（合法となる前、Uberは多くの地域でそうしている）、移民当局は彼の就労状態をどう認識すればよいのかわからなかった。イブラヒムは私を安心させるためか、妻が妊娠すると、当局はその困難な状況を考慮して便宜を図ってくれたと付け加える。

　Uberはたしかにドライバーに仕事を提供しているが、ドライバーを「消費者」とする考え方は、この会社に単なる口実を与えているだけなのではないか。そんな議論が実際に起こりつつある。二〇一七年の秋、私はコフィという名の男性にインタビューをした。彼は、ワシントンDCでUberとLyftのドライバーになる前、祖国エチオピアで検事補をしていた。ドライバーは実際は消費者であるという挑発に対して、彼は、不誠実な営業を行なっているとして、ライドヘイル会社を告発することで応えた。「彼らの真意は、ドライバーを労使関係のような関係性から除外することなんだ。これはテクノロジーの問題だけにとどまらない」。労働の世界ではなく、消費の世界でビジネスをしていると主張することで、Uber は不都合に思われる一連の義務から逃れているのだ。コフィは、起業家精神にあふれるドライバーは意思決定を自由にすることができる、という Uber の考え方にも反論した。そして、ドライバーに対する目に見えない権威の証しとして、(自分たちは雇用主ではないと主張しながらも) ライドヘイルのプラットフォームがドライバーに対して行なっている懲戒処分を引き合いに出した。

コフィの批判は、イノベーションと無法状態、仕事と消費、アルゴリズムとマネジメント、中立性と支配、シェアリングと雇用といったカテゴリーを Uber が混同しているという事実を強調している。Uber は、疑わしい事実を現実であると主張し、実際の運営とまさに矛盾するようなビジネスのつくり話を紡ぎだしているのだ。そしてこの話は、乗車が終わってからも続く。ドライバーに対する Uber の扱いは、テクノロジーがいかに社会全体の関係性をぐらつかせ、再定義しようとしているかということの、より大きなナラティブを暴きもする。労働者、アントレプレナー、そして消費者といった従来の明確な役割を定義する、越えてはならない明確な一線をあいまいにすることによって、Uber はアルゴリズムのテクノロジーを中心に仕事のルールを書き換えているのである。

私はどうやってUber探偵になったか

ライドヘイリングの内部のしくみを理解したいという願望は、さまざまな世界へ私を導いた。過去数年にわたり、私は、専門家、リサーチャー、ライター、乗客、そして興味を抱かれる側でも抱く側でもあるという自分のそれぞれの立場で、Uberモデルの批評家や擁護者、Uberのドライバー体験の改善を求めるUber従業員、業界の研究者、労働者権利の擁護者、ベンチャー・キャピタリスト、人権運動に携わるグループ、上院議員、規制当局、学生、世界銀行の組織のメンバーといった、ウーバーランドの数多くの主要人物と出会ってきた。ここに至るまでに、私は一握りの業界エキスパートと、Uberの共同創業者のひとりにもインタビューをしたが、こうしたすべての人が、ウーバーランドの輪郭を明確にするのに一役買った。本書には、私の正式なエスノグラフィーのフィールドワークのほかに、ギグエコノミーの長年のオブザーバーとして私が非公式に培ってきた幅広い経験と観察を、なるべくたくさん盛り込むつもりだ。Uberが世界的現象であることは確かだが、本書では主に、シリコンバレーのひとつの発明品として、そのお膝元であるアメリカにおけるUberを探っていきたい。

この会社の外部の人間でありながら、ウーバーランドの内部に住んでいるという私の立場がもつ特権は、不満が爆発する前の裂け目ともいうべき初期兆候を、新聞の一面を賑わせたり社内の人間の目や耳に入ったりする前に突き止めることだ。Uberでは、働いているドライバーが極めて分散しているため、ときに私は、この会社の本社が言っていることとまったく矛盾する情報を得ることがある。これはおそらく、Uber業務のさまざまな拠点が、それぞれ異なる方式をとっているせいだろう。私は、フォーラム〔オンラインの掲示板〕からスクリーンショットを取り込み、これをデジタル・マックレイキング〔オンライン上の醜聞暴露〕として捉え、ドライバー自身の体験を証拠として利用することで、ライドヘイルの労働プラットフォームの苦境を暴きだすというやり方をとる――それは、フォト・ジャーナリストのジェイコブ・リースが、写真という媒体を利用して、ニューヨーク市のスラム街の荒れ果てた生活状況を暴きだしたのと似ている。[21] 本書は、オンライン、オフラインを含め、私がドライバーとの関わり合いのなかで見、読み、聞き、経験してきたこと、そして彼らのストーリーがいかに、社会におけるテクノロジーの影響を反映しているか、を記録した書物である。

エスノグラファーとして控えめでいようと努力はしていたものの、私は、Uber のドライバーとして働くことの、おそらく最もルーティンと思われる側面でさえ知りたくてたまらない。情報を得たいというこのガツガツとした態度が、ドライバーと話をしているときに前面に出ていなければよいのだが。とにかく彼らが打ち明ける痛ましいストーリーは、人工呼吸器のように私の周囲に巻きついて、私の呼吸をコントロールし、その生々しい体験から目を離せなくさせる。Uber の到来を期待とともに待ち望む都市から、この会社が長引く抗議の的になっているような都市へと飛び移りながら、私はときおり、むちで打たれたような衝撃を覚えることがある。そして、暦の上からではなく、自分が乗った Uber の車に見られる最もありふれた特色から、ひとつひとつの旅を思い出すようになった。たとえば、スマートフォンのホルダーがないとか、ドライブレコーダーがないとかいったことが、ある特定のドライバー、または特定の都市が、ドライバー体験のどの段階にあるかを「語る」ものになるのだ。何度も車に乗って観察を続けながら、周囲の豊富な学識を総動員して、私は自分のエスノグラフィー的観察をより豊かな学問的分析にまとめあげることができた。ウーバーランドにあまりに深入りしすぎてしまった私は、わが子のベッドタイム・ストーリーにも、自分が Uber で経験したことを、かたちを変えて語ったり、パロディーにして聞かせたりしている。

ドライバーと出会う

私が出会う（そして読者のみなさんも本書を通じて出会うことになる）ドライバーの多くは、他の州、もっと言えば他の国から移住してきた人たちだ。フロリダ州オーランドでは、ニュージャージー州とニューヨーク州出身のドライバーたちに会った。アメニティつきの、もしかしたら「男の隠れ家」となる小部屋までついているような郊外の家を、お手頃価格で探せるかもしれないと思って移住してきた人たちだ。フランス語を話すケベック州とオタワ周辺では、フランス語圏のアフリカやカリブの国々——アルジェリア、セネガル、コンゴ、ハイチなど——から来たドライバーと会った。アメリカの西海岸では、多くのドライバーが南アメリカ——アルゼンチン、ボリビア、ブラジルなど——出身であることを知った。ニューヨーク州は、パキスタンやバングラデシュ出身のドライバーが多い。

私が訪れたアメリカの都市で頻繁に気づかされたのは、移民としてやってきたドライバーが、ときどき、自分の出身地を言うのをためらうということだ。これを言ってしまうと、差別的に見られたり、アメリカ人じゃないなどと言われたりするからかもしれない。イラクやエジプトなど、ムスリムが大半を占める国から来た人たちとも話をしたが、彼らは言葉を濁すように「中東出身」だと言っていた。私自身もよそ者だと打ち明けて——私はカナダからの移民だ——その場の雰囲気を和ませることも多々あった。アメリカでは、私が出会った移民の多くが、自分は「アメリカ人だ」と誇らしげに言っていた。アメリカ人であることは、だれもが望む社会的地位なのだ。たとえば、アトランタやニューオーリンズなどの都市で出会った多くのドライバーは地元出身で、その土地または周辺で生まれ育った人たちだ。私自身がなじみの深いカナダはどうかと言えば、ドライバーは自分の出身を言うのをそれほど憚らない。おそらくカナダ人は、所属する文化の「寄せ集め」的なモデルを称賛しているからだろう（ただしそのどちらの国においても、「出身はどこですか？」と聞くのが失礼にあたることがある。尋ねている人は、相手の民族的背景を知る資格のある人間として自分を位置づけたり、人種的階級における相手の地位に嘲笑的なコメントをしているような印象を与えたり、またはその両方であったりするかもしれないからだ）。

その他の文化的な特徴が目についたのは、また別の都市に降り立ったときだった。人口の半数がモルモン教徒である、ソルトレイクシティでは、多くのドライバーが、だれに言われたわけでもないのに、しばしば、よくある弁解めいたトーンで、移民としての自分をこう紹介する。[22]「自分はモルモン教徒じゃないんだけどね」と。ワシントンDCでは、前職がドライバーだったという人が目立つ。大使館の元政治アナリストとか、米軍のためにアフガニスタンで通訳をしていたという人もなかにはいる。DCでは、どんな仕事をしているかを尋ねるのは構わないが、相手が言葉を濁しているのがわかったら、それ以上聞かないほうが良いらしい。というのもそういう人は、CIAなど、政府機関のどこかで働いている可能性があるからだ。この、話したがらないという意識がドライバーとの会話に染み渡ると、私は仕事について相手に尋ねる前に自分自身の話をすることで、会話のスタイルを変えるようにしている。

ドライバーはたいてい、よくある話を列挙して、その土地の文化に精通していることを誇示したがる。リビアからモントリオールへ移住したアリは、「ケベック州にはふたつの季節しかない——冬と工事、それだけだ」という、よく言われている事実を交えながら、モントリオールでUberのドライバーとして働くことについて話してくれた。いくつかの都市、たとえばダラスやソルトレイクシティ、アトランタでは、ドライバーはUberの仕事との関係性を、繁栄する地元のテック業界という文脈で語り、サウスカロライナ州チャールストンなどの都市では、街の産業と都心の復活という文脈で語っていた。ところが、すでに二〇一一年からUberの利用が始まっているニューヨーク市では、ドライバーはUberをテクノロジー系の仕事の隆盛と結びつけるのではなく、タクシー産業（この街に古くから根差している）と比較して語る傾向がある。ニューオーリンズでは、サービス産業がこの街の経済の中心的役割を占めていることを受けいれており、Uberはそうしたサービス産業の新たな層と捉えられている。ニューオーリンズのドライバーは、私が彼らに乗客として接しても、またリサーチャーとして接しても、いずれの場合も、私を同等の人間として扱った。最近試しに行ってみたレストランや、行こうと思っているレストランを指さして、信頼できる情報を教えてくれるのだ。これと比べてニューヨーク市では、ドライバーと乗客の間で、食事をすることのできるレストランに大きな階級差が存在しうる。こうした要因のすべてが、私とドライバーとの意思疎通の力学に影響を及ぼし、ウーバーランドにおける地域格差の感覚を私に与えた。

私が話をしたドライバーの大半は、UberとLyftの両方が利用できる状況にある限り、この両社で仕事を得ていた。私は戦略的に複数のライドヘイルのアプリを使ってUberのドライバーと話をしたが、これが概してうまくいくのは、ドライバーは多くの場合、まずはUberから始めて、その後に別のライドヘイルの仕事をするようになるからだ。Uberは支配力をもつマーケット・プレイヤーなので、この会社で働いたことのないドライバーでも、すでにその知識や経験がいくらかある。私はこれまで、特に「Uber 以前」の都市のタクシードライバーとも話をし、彼らにインタビューをしてきた。また、数年にわたり、Uber ドライバーのための数多くのオンライン・フォーラムも追いかけている。二〇一七年の年末にかけて私がフォローしたフォーラムは、合わせて約三〇万人のメンバーを抱えていた。数年間、ほぼ毎日欠かさず、ドライバーが自分の経験について投稿したフォーラムの文章を数時間かけて読んできた。悩みごとや助言から、乗客詐欺（目的地の途中で乗車をキャンセルし、タダ乗りを試みようとする乗客など）への警告までさまざまだ。こうした毎日の情報確認は、ドライバーという仕事の些細なことを明らかにするだけでなく、分散している Uber の労働者と精神的なつながりをもつきっかけにもなる。私はこうしたフォーラムで多くの時間を費やすことによって、Uber とドライバーとの関係性についての直観を深めてきた。それは、歴史家が多くの時間をかけて読んだ記録資料への直観を発展させていくのと同じだ。

とはいえ、私はときおり、自分を歴史学者というよりも動く標的のように感じることがある。ある国際企業――データ取得能力で有名な――を研究しようとするとき、私はほとんどスパイと同じような目線に立っている。多くの迂回路を利用して足跡を隠そうとするからだ。私がインタビューをしたドライバーを、Uber（ある程度は Lyft も）が特定できないようにするため、複数のアカウントや端末から配車リクエストをしたり、ときには、いくつかのアカウントやサービスでは、どのドライバーや都市を経由したかという痕跡をわざとはっきり残して、万一追跡されたときは、別のアカウントやサービスを使って行方をくらませたりといった小細工をすることもある。それに、すべての乗車でインタビューを行なうわけではない。ドライバーの守秘義務に気を配るだけでなく、私は、自分もまた監視されているという一般仮定のもとに活動している。これは単なる見当ちがいの妄想症《パラノイア》ではない。女性ジャーナリストのジョハナ・ブイヤンも、Uber は常に自分の居場所を追跡しているのだと語る。[23]さらに別の女性ジャーナリスト、サラ・レイシーに至っては、Uber は彼女の家族を脅したことがあり、彼女に口封じさせるために、百万ドル規模のキャンペーンに乗りだす考えを仄めかしたという。[24]

世界各国出身のドライバーはオンライン上でグループ——小さいものも大きいものもある——をつくっているが、私は主にアメリカとカナダの全国および地域のグループをフォローしている。本書が完成に近づく頃には、規模こそさまざまだが、合わせて約三〇万人の会員からなるグループやチャット掲示板をフォローしていた。メンバーが二〇名に満たないものもあれば、一万六〇〇〇人の会員数を誇るグループもある。そのほとんどが英語のフォーラムで、なかには主にフランス語やスペイン語を話すドライバーのためのものもある（翻訳サービスがあれば、なんとか私でもフランス語のフォーラムにはついていけるが、なじみのない言語の Uber アプリではほとんどの場合、スクリーンショットで記録をつけている）。多くのフォーラムはバーチャルな井戸端会議の役割を果たしているが、[25]目立って活動的なのは一部だけで、他と比べてかなり動きのあるフォーラムもあれば、動きのないフォーラムもある。このように、テクノロジーを介した仕事と、その外側で発展する社会的機能とが交わることの重要な副作用とは、ドライバーが常に情報交換をし、会社の慣習や方針における矛盾を特定しているという点だ。この緊張関係はいくぶん、プラットフォーム上のテクノロジー主導の仕事に内在するものと言えるだろう。というのも、Uber やフェイスブックといったシリコンバレーの企業は、ユーザーを実験台にして、さまざまな操作の有効性を確認しているからだ。とはいえドライバーは、たとえば Uber が行なっているような、あるバージョンのアプリ機能や価格設定をあるドライバーでテストし、別のバージョンを別のドライバーでテストして、どちらの成果が上がるかを評価するといったA／B

テストの対象にされているとは思っていない。そのため、インターネット上の日常の消費者に効果を発揮している実験方法が、Uberの職場では異なる結果をもたらすのだ。反復的な機能や賃金実験の対象にさせられたら、雇用主がドライバーからの信頼を失う可能性もあるだろう。

Uberと私の関係

私はたびたび、Uber側は私のリサーチをどう考えているのかとか、彼らの手法を調査する際は前もって確認を取っているのか、などという質問を受けることがある。本書の拠りどころとなっているフィールドワークの期間中、私は公的なかたちでこの会社と散発的に連絡をとり、記録に残っていないミーティングもいくつか行なってきた。私が出会った従業員のほとんどは、とりわけ彼らが目指している課題や公約に興奮しているように見える。Uberのある上層部社員との忘れられない最初の出会いは、私がUberの「ファントム・キャブ」についての記事（第3章を参照）を発表し、これが急速に拡散した直後に参加した、労働者およびテック系の学者と擁護者による会合でのことだった。[26] このグループ会合の半ばを過ぎた昼食休憩のあと、あるUberの代表が、こっちに来て一緒に座らないかと私を誘ってきた。私の「リサーチ」を引き合いに出しながら、「リサーチ」と言うときに少しばかりのてらいを込めてエアクオーツ［人の言葉や発言を引用して話す際に、両手の人さし指と中指を出して目の高さに挙げて、二回折り曲げるジェスチャー。英語の引用句をかたどっている］のしぐさをした（Uber代表団の若干否定的とも取れるトーンがしばしば私を刺激し、もっとリサーチをして出版物を発表し、自分の発見を正当化しようという気持ちが強まった）。それ以降少なくとも三回——そしておそらくこの数は、本書が出版される頃にはもっと増えているだろう——私はUberの元上層部と現役の上層部社員に、リサーチ結果についての意見を求めた。その会話には、Uberはドライバーアプリの技術的設計とアフォーダンス〔環境やものが掲示する使い方や関わり方〕を通じて、自動的かつ低率の賃金泥棒に大きな規模で従事している可能性はあるかというピンポイントな質問が含まれていた（彼らは、意図的な賃金泥棒については否定したが、社内チームと一緒に私のリサーチ結果を調査したいと申し出た）。

彼らがこの問いへの答えをオープンにしておいてくれたことに感謝する。広報機関の外側で、彼らと一緒に、私のリサーチ結果の意味合いを理解し、発表することができたのだから。彼らと話をしたからといって私のリサーチ結果が変わったわけではなかったが、彼らの論理とフレームワークに対する私の感覚を実際に伝えたことで、自分自身の考え方やアプローチの欠落と限界を意識することができたのは確かだ。ときおり、働き方の未来を考える学会やミーティングで、UberやLyftの上層部とばったり出くわすことがあった。一緒に座っておしゃべりをしながら、詳細はおあずけにし、ライドヘイルの働き方の隆盛がもたらす広範囲にわたる影響について話し合った。こうしたミーティングを通じて、働き方の未来に関する私たちの理解の仕方に、未解決のままの緊張関係があることが明らかになった。これらの研究者のなかには、マクロ経済のトレンドを研究する者もいれば、法律に焦点を絞る者もいる。はたまた私のように、危機にさらされている社会的・文化的力学を重視する者もいるのだ。

二〇一六年にサンフランシスコを訪れていたとき、あるUberの上層部とミーティングの機会をもった。数年来会いたいと思っていた数人のうちのひとりだ。本社に足を踏み入れるときはだれもがそうするように、私もサンフランシスコの本社の電子チェックイン端末で、ＮＤＡ（機密保持契約書）

へのサインを求められた。私がこれを辞退すると、秘書はこの事実を、これから私が会おうとしている人物に伝えた。私たちは社内ではなく、道を挟んだ向こう側にある「ノンNDAカフェ」へ向かった。NDAへの署名を拒否した人全員をこのカフェに連れてくるのかと冗談交じりに尋ねると、その人は、こんなことはいまだかつて一度もなかったと答えた。これを機に、その後、特定のUber従業員とミーティングするときは、近所のノンNDAカフェがお決まりの場所となった。私が次に会った上層部の従業員は、過去に二回、立会人を連れてきたことがある。ミーティングを観察し、会話に参加する下層部の従業員だ。こうした動きは同時に、私たちのミーティングが社員教育に絶好の機会であること、そして立会人たちがいるおかげで、この非公式のミーティングが少しだけオフィシャルなものになることを仄めかしていた。二〇一六年春のまた別の機会には、法学者である共著者のライアン・カロとともに、「獲得する経済――Uber、情報、権力（The Taking Economy: Uber, Information, and Power）」と題する論文を、アメリカ最大のテクノロジーおよびプライバシー法学者の学会で発表した。私たちのセッションは、連邦取引委員会の現役の委員が進行役となって進められた。Uberからは顧問弁護士のひとりが聴講に訪れ、世界をリードする学者がひしめく部屋で、私たちが論文で提起した課題が声に出して次々に読み上げられるのを、ただじっと座って聞いていた。当時Uberは、私ともっと一貫したコミュニケーションを行なう目的で、ふたりの方針担当の従業員を指名しており、彼らは私が提示した（またはブログに書いた）疑問や懸念事項に対して敏感に反応してくれていた。公式のルート以外では、限られてはいたもののUberの共同創業者のひとりを含む利害関係者との出会いもあった。共同創業者と私は、社会に対するテクノロジーと不公正の波及効果、Uberのビジネスモデルの影響力にはっきりと現れている地域格差などの、共通の関心から打ちとけた。

上層部とのコミュニケーションのほかに、UberのPR担当者も私と絶えず連絡を取り、いつでも対応してくれた。私が、誤解を招く恐れのあるUberの「ファントム・キャブ」現象を取り上げた記事を発表すると、Uberの上級PR担当者は、この内容はまちがっていると主張し、これを取り下げるよう私を説得しようとした。Uberはこのメッセージ――私の知見がまちがっているということ――をメディアに対して繰り返し大々的に主張したが、まもなくして会社の方針を調整し、私の知見は真実だと認めた。だが、乗客用アプリ上で、街に出ている車の実際の位置を隠したり、その数を誤って伝えたりするのには、正当な理由があったのだと述べた。その後、私に連絡してきたこの上級PR担当者がUberを辞めたことを知った。これがある種のパターンとなった。上述のふたりの従業員が最終的に私の「取扱係」に指名されるまで、私にはコミュニケーションをとることのできる決まった連絡係や方針決定者はいなかった。こうした一貫性のない対応は、一部には、Uberの従業員はみな、私とコンタクトをとってから数ヶ月以内に、転職先を探しはじめていたという事実の結果と考えられる。

このリサーチの過程で最も奇妙に思えた瞬間は、Uberが私を雇用しようとしたときだった。二〇一七年の春、雨の多いバンクーバーにしては珍しく晴れた日、Eメールをチェックしていると、上下に並ぶ二通のメッセージに気づいた。ひとつは私と連絡を取りたいという出版社から。その下にあったもうひとつのメッセージは、Uberからの仕事のオファー、というより、その発端となるものだった。こうした瞬間は、専門家という名のつく職業に起こる多くのことを物語っている。専門家が研究対象にしている企業は、自らが脅威に陥っていると知った途端、この専門家を取り込もうとするのだ。私はすっかり惑わされ、私を採用したいと言ってきた上層部からの電話を心待ちにしたほどだった。ずっと求めていた本の執筆の話を引き受けるまでは。当時、私は三年以上もの間、Uberという怪物について、そこで働くドライバーたちの経験をもとに研究を続けていた。この会社を立ち上げた経営陣が、私が外側から見ているものと同じ力学をどう理解しているのか、知りたくてたまらなかったのだ。しかし上層部からの連絡は遅すぎた。タイミングが運命を左右したのだ。私は本のオファーを選んだ。

本に書かれることを彼らはどう思うのか、Uberの上層部数名と話し合いを続けたが、私はあるひとつのことだけにはこだわった。つまり、完全に自主的に書くということ。私は純粋主義者ではないが、情報を得たいという知的好奇心が、恐れとリスクの感覚とあいまって、私にこう確信させた——私の洞察がどんなものであろうと、出版する自由が私になければそれらは無効なものになってしまう、と。サンフランシスコの混雑した空港から、私の良き指導者である女性に意見を求めようと電話をすると、彼女は、自分が働いている会社を調査することはできない、というアドバイスをしてくれた。本書を執筆中、私は折にふれてUberの上層部のことを念頭に置いてきたが、彼らの多くが彼らなりに、貪欲なまでの知的欲求を秘めているのだ。この本を、きっと彼らもおもしろいと思ってくれると思う。共感できない部分もあるにちがいないが、自分で感づいてはいても、必ずしもドライバーの視点からは見ていなかったような洞察がここに解き明かされているのを発見してくれるかもしれない。

さあ乗ってみよう

ライドヘイル・ビジネスのテクノロジー会社であるUberには、働き方の性質を変えるような雇用モデルがある。この会社はテクノロジーを利用して、個々の労働者に起業家的な自由を提供することを約束した。Uberでは、ドライバーがいくらもらい、どこで、いつ仕事をし、その雇用資格要件が何なのかということをアルゴリズムが管理している。だが、アルゴリズム的マネジメントの権力は視界から遮られ、Uberアプリの黒いアイコンのなかに隠されている。何百人ものドライバーと話をし、何千というオンライン・フォーラムの投稿を収集し、多分野にわたる学者と協力して私が観察してきたことの意味合いを探っていくうちに、Uberが実践しているテクノロジーの使い方（アルゴリズムなど）が、ドライバーの仕事中の振る舞い方の大部分を形成し、制御しているということを発見した。この発見は、ドライバーは従業員ではなく、個人事業主とされているのが誤分類かどうかをめぐる議論において攻撃の最前線で用いられている。しかし、本書が重視しているのは労働の歴史、労働法といった問題ではない。

本書は、Uberやシリコンバレーのその他の巨大企業が、テクノロジーに導かれた巧妙な変化を通じて、二一世紀において私たちが仕事について知っているすべてのことをどう再定義しようとしているかを説明しているのだ。第1章は、新しいシェアリング・エコノミーという文脈から、Uberの隆盛を辿る。二〇〇〇年代の後期に起こった経済状況の落ち込みと階級移動のさなか、技術革新がUberやTaskRabbit、Airbnbといった会社の台頭に火をつけ、いつの間にかアメリカの労働者に急速な変化をもたらした。

こうした背景を描いたうえで、第2章では、Uberの大量の労働力構築の成功について、プラットフォームを使って運転をしようと決意した労働者を検証し、そのモチベーションを探ることによって掘り下げていく。ドライバーの各グループ——フルタイム、パートタイム、趣味——に、それぞれ固有のニーズがあることを考えれば、Uberはドライバーの一人ひとりを対抗させることによって労働力を分裂させて支配する方法を見いだしたと言えるだろう。

これに続く第3章では、Uberがその帝国を拡大するために依存しているストーリーテリングについて検証する。アントレプレナーシップ（起業家精神）はアメリカの崇高な遺産であり、実際、Uberもドライバーを採用するにあたってこれを利用している。ところが、この会社の壮大な公約にも関わらず、Uberがドライバーにもたらしている体験は、実際のアントレプレナーシップとはかけ離れている。Uberの給与体系、情報の非対称性、マネジメントにおけるコントロールは、ライドヘイルの仕事が、この会社が見せかけているような起業家精神にあふれた企てではないということを示している。

そして、常に引っかかっている疑問——私たちはUberを公正で正直な仲介者として信頼することができるか？——、これが第4章の主題である。テクノロジーを介した取引について考えるとき、テクノロジーの部分はかなり中立的なもの——舞台裏で機能するエンジンのようなものに過ぎない——のように聞こえる。しかしUberの時代においては、「テクノロジー」は言うほど他意のないものではないのだ。Uberのアルゴリズムは中立的ではない。それは、会社の定めた規則に従って取引を仲介している。このルールには、最終的にこの会社の利益となるような偏見が組み込まれているかもしれないのだ。

報告、リーク、調査、そしてドライバーや乗客から直に聞いた話をベースに、私たちは、Uberが膨大な情報（ユーザーの端末のバッテリー残量から、クライアントが高額料金を支払う気があるかどうかの可能性まで）を収集し、こうしたデータポイントを利用して、ドライバーと乗客の両方を手玉にとっている可能性があることを知る。第5章では、Uberがアルゴリズムによる支配に利用しているツールのいくつかを掘り下げることで、公正さという問題をさらに追及していく。こうしたツールには、レーティング・システムや、ロボット的に思える顧客サービスのシステムなどが含まれる。

Uberは単なるライドヘイル会社だけにとどまらない。グーグルやフェイスブックといった世界の憧れの的であるシリコンバレーの他の企業と同様、公共政策のイニシアティブを巧妙につくりあげ、その事業を積極的な社会貢献というかたちでブランド化しているのだ。Uberは、たとえば刑事司法改革をサポートしたり、MADD（飲酒運転根絶を目指す母親の会）と協力したりなど、公の場で積極的にブランドを拡大してきた。第6章ではドライバーと乗客の垣根を超え、Uberがそのゴールを達成するために、競合する利害関係者との間に結んでいる協力関係について探る。こうした関係のほとんどが、ダブルスピークのかたちをとっているのがわかる。Uberは、一方では市の行政に対して、フルタイムの仕事と同等のものを生みだすと語り、他方では、ドライバーは最低賃金など、フルタイム業務に携わる従業員の権利の多くを受ける資格がないと主張する。ウーバーランドでは、Uberが社会に与える影響に関するハイレベルな議論と、その関係がドライバーにもたらす下流効果との間に、しばしば大きな隔たりがある。にもかかわらず、ドライバーは図らずも、Uberがその競合する利害関係者に対して張る戦線に参加させられている可能性があるのだ。

最後の短い結論の章では、Uberが火をつけ、加速させてきた社会的変化の観点からUberを考察する。プラットフォーム企業が私たちを実験台にするようになるにつれて、私たちは次第に、彼らに搾取されているのかもしれないという現実を捉えるようになるにちがいない。これはすでに、グーグルやフェイスブックといった消費者プラットフォームのユーザーを悩ませているかもしれないが、労働者が生活のためにUberのようなプラットフォームに依存するとき、リスクはより高くなる。こうした関連性は、たとえUberが明日消え去ることになるとしても、これからの労働、テクノロジー、法規制の世界を形成する重要な変化という遺産をあとに残すだろうということを証明している。その意味で、Uberは本書の主な焦点ではあるが、それは同時に、社会で起こっている、より大きな問題を象徴するものでもあるのだ。

1　運転という魅力あふれる仕事

Uber はシェアリング・エコノミーの神話をどう利用するか

二〇一〇年の春、Uberは、いまとなっては有名なスマートフォン・アプリの最初のベータ版を発売した。それは、輸送手段に大変革をもたらすことを約束するものだった。Uberは車をもっているどんな人にも、ドライバーという臨時の仕事を通じて副収入を得る新しい方法を提供した。その一方で、配車を必要とする人ならだれでも、手頃な価格であちこち移動できるオンデマンドの送迎サービスを依頼することができるようになった。Uberのプラットフォームは、ユーザーに、乗客とドライバーをシームレスに結びつけることを可能にした。このプラットフォームが料金を計算し、クレジットカード情報を転送し、ドライバーと乗客双方の品質評価を維持するのだ。

Uberが一企業として、世界中の何百もの都市での移動方法を変えたことは疑いようもない。それはニューエコノミーのシンボルとなり、人によっては働き方の未来のシンボルとなった。Uberはその宣伝文句として、ドライバーはアントレプレナーであり、この不安定な経済状況においてさえ、フレキシブルなスケジュールで、中流階級並みの収入を得ることができると謳っている。だがこれは、どれほど詳細に検討しても非が見つからない主張なのだろうか？　それともこの会社は、嘘をついて私たちを弄んでいるのだろうか？

大不況とシェアリング・エコノミー

Uberがドライバーをどう扱っているかを理解する前に、一歩下がって考えてみる必要がある。Uberの雇用モデルは、いわゆるシェアリング・エコノミーと呼ばれるものから生まれた。(1) すなわち、大不況（グレート・リセッション）の経済的不安定に乗じて、ひとつのナラティブを売ろうというソーシャル・テクノロジー運動だ[2]。二〇〇七年から二〇〇九年にかけて、大不況とサブプライム住宅市場の崩壊が、差し押さえの波とともにアメリカの世帯に大打撃を与えた。金融市場の崩壊は、銀行取引や政府といったアメリカの制度の社会的信頼を揺るがし[3]、その一方で、元マイホーム所有者の集団大移動が地域社会を閉鎖し、デトロイトやクリーブランドといった都市の衰退を招いた[4]。職を失う人が急激に増え[5]、アメリカ全土の失業率は二〇〇九年の一〇月には一〇パーセントまで上昇した[6]。この不安定な状況は、労働力の六〇パーセントを占めるホワイトカラーの労働者が、長く失業状態に陥った際の経済的帰結をより悪化させた。二〇〇九年までには、こうした人々が長期失業者の半分近くを数えるまでとなった[7]。それでも、大不況による最大の雇用喪失は、三〇歳以下の労働者のうち、ブルーカラー産業に集中していた[8]。大不況は、正式には二〇〇九年六月に終焉を迎えたとされているが、それが失業率に与えた影響は、景気が回復してからもなお続いていた[9]。

こうした状況は、Uber などのシリコンバレー発祥のシェアリング・エコノミー会社が、なぜそれほどまでに、自らのテクノロジーを雇用創出のパワフルなエンジンと言い切るかを説明するのに役立つ。メディアやアカデミックな場での議論において、未来の働き方はロボットが人間の仕事を奪う脅威という枠にはめられる。社会は仕事の自動化から恩恵を受けるかもしれないが、恐ろしいのは、こうした恩恵が平等に分配されない可能性があることなのだ。仕事のない未来というのは、取り残される人がいるということを暗に意味する。この脅威はテクノロジーに本来備わる性質ではなく、むしろ、現在のアメリカの経済情勢からくるのだ。国連人権調査官フィリップ・アルストンが二〇一七年末に述べたように、「実際のところ、アメリカの社会的流動性はいま、世界中のすべての先進国のなかでおそらく最低レベルだろう。貧しく生まれたら最終的にどうなるか——結局貧しいままだ[10]」。テクノロジー業界のイノベーターが「雇用創出」という言葉を使うとき、彼らはヴァーチュー・シグナリング〔万人に受け入れられるような意見を表明することで、自分が道徳的にすぐれていると思わせようとする試み〕をしているのだ。つまり、彼らは社会にとって大きな経済的利益を生みだしているという点で称賛に値するだけでなく、(11) 結末が肯定的であるがゆえに、そのやり方に対して厳しい批判を受けないで済むというわけだ。

シェアリング・エコノミーは大不況の影響を受けた人々を窮地から救うことを約束した。テクノロジーを利用して、社会全体の何百万人もの人々が、自分の限られたリソースを効率的にプールしシェアすることができるようになる、と。Uber の種は、深刻な経済的不確実性という風土のなかに根づいた。二〇〇七年に不況が襲ったあと、経済悪化の波が世界中に押し寄せた。ギリシャ政府は破綻へ追いやられ、アイスランドでは、年間GDPの七倍にあたる民間銀行の負債を生みだし、国に重い負担をかけたとして銀行家らが投獄された。新聞の一面は、その余波である、ヨーロッパを目指す途中に海で溺れた中東とアフリカの難民を定期的に特集した。アメリカにおける経済的切迫状態の感覚は、地政学的対立から生じた世界規模の人道上の問題によってさらに深刻なものになった。ウォール街の大暴落は、どんな帝国も――アメリカという金融王国でさえ――絶対ではないということを思い出させた。世界銀行と国際通貨基金では、第一線のエコノミストが、何をおいても成長を重視するといったそれまでの考え方を改め、所得の平等に新たな焦点を合わせるように、その理論を書き換えはじめた。(12)

アメリカに話を戻すと、大不況の犠牲者は、この危機を引き起こした企業やビジネス慣習に強く抵抗しはじめた。とりわけボルチモア市、イリノイ州、およびペンシルベニア人権委員会といった差し押さえの被害がより大きかった犠牲者は、ハイリスクの融資によって大不況を激化させた悪名高き金融機関――ウェルズ・ファーゴなど――を訴え、数百万ドルで妥結した。(13) 収奪目的の融資という手法は、サブプライムブームのなかで人種的マイノリティをターゲットにし、社会的不公正における金融の役割を強調した。「ウォール街を占拠せよ」などの社会的公正を擁護する新興の社会運動が、モラル・エコノミーを再度、社会の中心とするべきだという共通の願望をもつ活動家を結集させた。

「ウォール街を占拠せよ」の活動家が、ウォール街のズコッティ公園にテント設営地を形成する一方で、「ブラック・ライブス・マター」のメンバーは全国で抗議運動を展開し、不平等の根本的原因に取り組むための政治的目標を提唱した。(14) まもなく、この呼びかけに多くの人々が賛同するようになった。トップからの参加者もいた。フェイスブックの共同創業者で慈善家のクリス・ヒューズは、その知的思考のリーダーシップをユニバーサル・ベーシックインカム〔就労中か否かに関わらず、すべての国民に無条件で一定の金額を給付するという新しい社会保障のあり方〕の促進に捧げ、(15) 彼の元ルームメートだったマーク・ザッカーバーグは、ハーバード大学で行なった学位授与式のスピーチでこのことに触れた。(16) この道徳的に見せかけた所得不平等への解決策――およびこの世代に平等の定義を拡張すること――を、アメリカで最も支持しているのはシリコンバレーの人々である。ニューエコノミーにおいて、若干気乗りのしない政治的エリートとなりつつある、一〇億ドル規模の、業界の巨人を擁するシリコンバレーとテクノロジー文化は、アメリカの主要都市のビジネス、政治、メディア文化全体に影響力を広げている。さらにシリコンバレーは、自動運転などの自動化技術が、私たちの仕事のすべてを奪ってしまうのではないかという全国的な議論に強い利害関係をもっている。ユニバーサル・ベーシックインカムは「自動化保障手当」の一形態で、自動化がもたらすと言われている不平等の悪化を和らげるために提案されたものである。

こうした経済的文化的風潮のなかで、「シェアリング・エコノミー」をめぐって周囲がざわめきはじめたのだ。その公約は魅力的なまでにシンプルだった。シェアリング・エコノミーは、テクノロジーを利用してリソースをより効率的にシェアするために設計されたソーシャル・テクノロジー運動だった――つまり、大不況によって助長された不確実性を改善することを目指した、真の「コモンウェルス」〔直訳では共同の財産。つまり富を共有することを目的として構成される政体〕なのだ。シェアリング・エコノミーは、レンタル産業やカーシェアリング、コーペラティブ・ハウジング（共同住宅）などに関する、初期の学問的議論の上に構築されたものである。テクノロジーは、こうしたフル活用されていないリソースやスキル、消費者対応に使える時間を所有する人々を結びつけることのできる、いわば所有コストを減らして商品とサービスをより効率的に流通させる事業の一形態だった。[17] 景気後退によって立場を失い、苦しんでいたミレニアル世代にとって、この新しいモデルは、収入を得るための希望に満ちた新たなパラダイムを提供した。カーシェアリング・サービス会社 Zipcar の共同創業者ロビン・チェイス[18]は、二〇一五年にこんなことを書いている。「新しいコラボ経済において、プラットフォームや車の座席、ベッドルームなどの資産をシェアし、互いにネットワークとして結ぶことは、必ず、より大きな価値をより速く提供することになるだろう[19]」

学者のニック・スルニチェクなどの批評家は、シェアリング・エコノミーは何か斬新なものであるという考え方に反証を挙げ、これは一九七〇年代のプラットフォーム資本主義の単なる蒸し返しに過ぎないという刻印を押した。[20] 異なる未来の可能性を提唱するスルニチェクは、プラットフォーム資本主義は労働の終焉を早めるだろうと主張する。[21] 一方で、文化学者兼活動家のトレバー・ショルツは、プラットフォーム・コーペラティビズム(プラットフォーム協働主義)を、Uberのようなプラットフォーム企業の収益を労働者に再分配する実行可能な方法として見ている。一〇億ドル規模の最大手テック企業と社会の他の人々との間に存在する格差により、資本主義を批判する者は大声で発言しやすくなり、二〇一〇年代の中頃には、その批判者はさらに増えた。学者や政策立案者、労働者権利の擁護者といった人々が、あからさまに、より断固とした態度で問いかけていた疑問は、二〇一七年の終わりになると、いたって単刀直入なものになっていた。つまり、アメリカではなぜ賃金が上がらないのか?[22]

この物議をかもす背景のなかで、ライドヘイリングのプラットフォームが、運転したいと思っているあらゆる人のための中流階級への道として、自らを宣伝しはじめたのだ。Uberは、たちまちのうちにシェアリング・エコノミーの広告塔となり、その宣伝文句は「ボタンのタッチひとつで乗客とドライバーをつなぐスマートフォン・アプリ」だった。二〇〇九年三月にサンフランシスコで創業したこの会社は、新たな都市や地域でスタッフを分散して採用することで、急速に成長していった。こうした、能力のある新しいスタッフたちは、スタートアップの広大なネットワークと同じく、Uberの業務を電光石火のスピードで確立していった。二〇一七年の半ばには、世界六三〇以上の都市で営業を行ない、乗車数はのべ五〇億回を超えた。[23]二〇一八年三月には、世界中に三〇〇万人を超える現役ドライバーを所有するまでとなった。[24]ところが、さらに重要なことに、Uberはドライバーに対して、個人的自律性のある仕事と、中流階級並みの生活への道筋を与えたのだ。とはいっても、この中流階級自体が萎みつつあったのだが。[25]Uberは、二〇一四年には、そのドライバー収入の中間値がニューヨーク市で年間九万ドルを少し超えるくらい、サンフランシスコでは七万四〇〇〇ドル以上だと発表した[26]。

おそらく、シェアリング・エコノミーにおいてテクノロジーが達成した主なことは、臨時の雇用をフレキシブルな労働者に提供するためのプラットフォームをしっかりと構築したことだろう。こうした労働者たちは、パートタイムや不安定な仕事、臨時雇用の仕事をまわしながら生活をやりくりしているのだ。もちろん、ギグワーク〔デジタル市場で行なわれる偶発的な仕事〕は、シェアリング・エコノミーを成り立たせている特徴的なテクノロジーの枠組みよりも前から存在する[27]。経済学者のローレンス・F・カッツとアラン・クルーガーは、ギグワークに雇用される労働者の割合は、二〇〇五年二月の一〇・〇七パーセントから、一〇年後の二〇一五年後期には一五・八パーセントまで上昇したと論じている[28]（この分野での成長は大きいものの、ギグエコノミーの正確な測定値は知られていない。アメリカ労働統計局は、一時雇用労働者に関する調査を二〇一七年に実施する計画だったが、本書〔原書は二〇一八年刊行〕が印刷にまわされる時点でもまだ保留の状態である[29]）。

臨時雇用、ギグワーク、および一時雇用の仕事が広く普及したことについては、二〇一七年の終わりに『ウォール・ストリート・ジャーナル』が次のように要約している。「世界最大の雇用主は、もはやモノを売っているのではない。彼らは労働者をレンタルしているのだ」と[30]。アメリカの最大手企業の五社に三社が、どのように契約労働を配分しているかを浮き彫りにするこの記事は、こうした企業がいかに人材派遣会社のように機能しているかを説明している。Uber は私たちに、ひとつの会社がテクノロジーを駆使し、乗客をA地点からB地点までオンデマンドで連れていく――ドライバーがログアウトを選択するまで――ことのできる単位として、多数の人間を整理することができることを示している。この同じテクノロジーは、根本的に労使関係をも変えている。つまり、ドライバーは労働者ではなく、Uber のマッチング・テクノロジーの消費者として処理されているのだ。

Uber の労働力にドライバーとして加わるために、志願者はまず、Uber のドライバー用アプリをスマートフォンにダウンロードする。それから Uber に適合した車両を地域の整備工場へもっていって、正常に動作しているという認定をもらい、運転免許証番号と自動車保険証券番号を、Uber のウェブサイトまたはアプリを介して自分のアカウントにアップロードすればよい（私が話をしたドライバーで営利保険を取得している人は、規制上の要件で義務づけられていない限りほとんどいない）。その後、多くの地域で一週間ほどかかる身元調査に同意すると、あとは準備をして待つだけだ。言い換えれば、ドライバーになるためのハードルは非常に低い。プラットフォームをこれほど価値あるものにしているのは、分散した全従業員のどんな人にも仕事を与えることができるという、その能力だ。経済社会学者のヴィリ・レードンヴァータは、次のような意見を述べている。

> 出来高払いは、より直接的なマネジメント的支配に代わるものだ。時給で支払う雇用主は、そもそも社員として受け入れる人の選り好みが激しいが、こうしたプラットフォームの強みは、ほとんどだれもが申し込むことができ、最低限のハードルを越えるだけですぐに仕事が始められる点だ。そして時給ベースで支払われる労働者は通常、出来高払い労働者ほど簡単に休憩を取ることができない。この低い採用基準と、ほぼ分刻みとも言えるフレキシビリティの可能性が、プラットフォーム・ベースの出来高賃金制度の真の特徴であり、このことに労働者は価値を置いているのである。[31]

Uber のプラットフォームは、深層にある緊張関係をはっきりと示している。つまりこの会社は、アルゴリズムによるマネジメントを通じて、多数の人々の仕事を標準化することを求める一方で、同時に、労働者に対する責任からは距離を置いているということだ。

乗客の間での Uber 人気は、シェアリング・エコノミーに対する国民の支持の中核をなしてきた。世論に支えられて、テクノロジーと労働のかけあわせを擁護する者は、メディアを通じ、アプリを介した仕事がいかに働き方の未来、すなわち、大不況以後の沈みつつある船から脱出するための、進歩的な機会というタラップになるかを主張している。おそらく、Uber の労働市場の新たな担い手としての輝かしい可能性を強調するエコノミストは、大不況による雇用喪失後、「雇用の増加回復の多くが、経済に参入する新しい組織からきた」ことを指摘している。[32] シェアリング・エコノミーの仕事の多くはサービス産業に集中している。人、食品、洗濯物の配送といった仕事は、オフショア化や自動化が（まだ）簡単にはできないのだ。

Uber が成功したことで、他の数えきれない企業がこれに追随しはじめた。Handy などの家庭向け清掃事業プラットフォームから、Fiverr といった多産業にわたる派遣プラットフォームに至るまでのあらゆる新企業は、自分たちのサービスは「Uber の○○版」だと、崇拝的に主張したがっているように見えた。[33] こうした模倣者の多くが倒産に追いやられた。オンデマンドのランドリーサービス Prim、ホームクリーニング市場の Homejoy、家庭教師の Tutorspree、Uber の直接的なライバルだった SideCar といった企業だ。[34] にもかかわらず Uber は、育児やトラック運送といった多くの産業にわたるさまざまな会社にインスピレーションを与え、デジタル・プラットフォームを介して独立したサービス提供者と消費者を組織することによって、テクノロジーをどのように利用すれば効率的なオンデマンド・サービスを生みだすことができるかを彼らに考えさせた。シェアリング・エコノミーを定義することは、ゼリーを壁に釘づけしようとするのと同じだ。それは、大衆を引きつける力をもつ、収束するアイデアの薄霧のようなものなのだ。すべての業界の雇用主が、シェアリング・テクノロジーを採用し、労働力を管理する日が来るのだろうか？

シェアリング・エコノミーは、あらゆる人の想像を裏切るほど急速に成長した。ピュー研究所〔アメリカのワシントンDCを拠点とする世論調査機関〕が発表した二〇一六年の調査によると、その前年、アメリカの成人の八パーセントが、ライドヘイリング、オンライン業務、クリーニング／ランドリーなどさまざまな業種のオンライン雇用プラットフォームで賃金を稼いでいる。(35) 度重なるベンチャー・キャピタルからの投資が、Uber と Airbnb というシェアリング・エコノミーの時代に最も成功した二社を支えた。両社ともに、評価額が一〇億ドル以上のスタートアップに与えられる称号である「ユニコーン企業」となった。二〇一六年、Uber は評価額が六八〇億ドルに達した一方で、Airbnb は三〇〇億ドルとなり、(36) いずれもそれぞれ二〇〇九年と二〇〇八年の創立後一〇年足らずでこの金額を達成したことになる。二〇一七年七月、オックスフォード・インターネット研究所の iLabour プロジェクトは、オンラインに投稿された仕事の事務およびデータ入力サービスを含むオンライン・シェアリング・エコノミーが、前年度比で二六パーセント増加したことを示すレポートを発表した。(37)

ところが、シェアリング・エコノミーが成長するにつれ、事態は複雑になってきている。「シェアリング・エコノミー」は次第に、「ギグエコノミー」の激化した形態として特定されるようになった。というのも、不安定な、非常勤の、出来高払いの雇用を婉曲的に表現するシェアリングという言葉遣いに、人々が疑念を抱きはじめたからだ。(38) 学者だけでなく、『ニューヨーク・タイムズ』や『バズフィード』などのメディアは、利他的行為と雇用との間の矛盾を緩和するため、「ライドシェアリング」〔乗用車の相乗り〕という語を「ライドヘイリング」〔自動車による送迎（配車）サービス〕に改める動きを見せている。シェアリング・エコノミーという言語は長い間包括的かつ不正確なものであり、デジタル・カルチャーやニューエコノミーといった捉えどころのない言葉でもって、サービス産業とホワイトカラーの仕事を一様に塗り替えてきた。

シェアリング・エコノミーは、奇妙な協力関係も生みだした。コーペラティブ・ハウジングや自転車シェアリングを擁護する希望に満ちた左寄りの人々は、自分たちがいつの間にか、産業テクノロジー至上主義者（テクノロジーが必然的に、継続的な社会の進歩につながると信じている人たち）と手を組んでいることに気づいた。シェアリング・テクノロジーが社会においてより重要な役割を果たすにつれて、市民社会のその他の人々も、Uber の未来の発展の支援者になることを選びはじめた。全米有色人種地位向上協会は Uber と協力して、暴力犯罪歴のないドライバーに雇用機会を提供し[39]、飲酒運転根絶を目指す母親の会（MADD）は Uber に対して、ライドヘイリングを通じて飲酒運転を減らすよう促した[40]（のちに、ドライバーの労働条件が良くないことがわかったとき、Uber の巧妙な策略によって、労働権擁護者と市民権提唱者は実質的に対抗させられたが、彼らはともすると、弱い立場のグループの権利を保護することに共通の基盤を見いだすことができたかもしれない）。

社会における Uber の役割について話し合うのは意味のあることだが、ウーバーランドにおける混乱は、多くのドライバーの生活や仕事にとっては些細なことなのかもしれない。モントリオールで、私はシリアからカナダへ移民してきたアドナンと出会った。彼の話を聞いているうちに、その劇的な体験談に引き込まれていった。アドナンは、妊娠した娘をどうやってシリアの戦線から取り戻したかについて、順を追って話してくれた。カラシニコフ銃〔一九四七年にソ連軍が採用した、ミハイル・カラシニコフ設計の自動小銃〕をもった三人の男を雇い、暗視ゴーグルをかけた男が運転する車に一緒に乗って、レバノンから山々を超えて忍びこんだのだという。アドナンはかつて、シリアで娯楽ビジネスをしていて、政府の要人向けのイベントに参加するために雇われたり招待されたりするような、有名な俳優の知り合いをたくさんつくった。彼らは早い段階から、状況はさらに悪化するだろうとアドナンに警告していた。彼はシリアでの紛争が全面的な内戦に発展する前に、そこを立ち去る準備を始めた。二〇一二年、アドナンは長女を連れてシリアを訪れ、そのまま娘はそこに残って結婚した。やがて妊娠すると、もっと安全な場所に住みたいと思うようになった。そこでアドナンは娘を助けにやってきたのだ。アドナンがモントリオールでUberのドライバーをしたのは、彼によれば、前の仕事の上司が彼を気に入っていなかったからだ。Uberのドライバーの仕事は、切羽詰まったときにはもってこいだと彼は言う。なんといってもフレキシブルだからだ。だが、生計を立てるほどは稼げなかった。幸い、妻には会計士という安定した職があったため、彼も医療給付を継続することができたという。

ギグエコノミーが成長を続けるにつれ、それはときにアメリカ以外の国でも、収入の頻繁な変動や雇用格差に苦しむ労働者のための社会的なセーフティネットとして機能することがある。[41] シェアリング・テクノロジーが経済的ポピュリズムの推進力として捉えなおされてきたのも、こうした理由が一部にある。働き方の未来にUberが及ぼす影響は、二〇一七年に七〇〇億ドル以上を記録したこの会社の並外れた評価額と、世界におけるシリコンバレーの巨大すぎる影響力によってさらに拍車がかかっている。[42] 民間企業としてのUberの評価額は不変のものではない。二〇一五年の終わり、この会社への投資者たちは六二五億ドルの評価額をつけた。二〇一六年、Uberの評価額の最高値は六八〇億ドルだった。(43) 二〇一七年末、ソフトバンクが率いる企業連合は評価額四八〇億ドル程度という理解のもとに、この会社へ投資した。(44) アルファベット社〔グーグルおよびグループ企業の持株会社として二〇一五年に設立された〕は二〇一八年二月、七二〇億ドルという評価額をもとにUberの株式を取得した。(45) この会社の資産価値は新規株式公開後、より具体的に定まったが、数十億ドルというUberの価値に対する疑問こそ、Uberが常にニュースのトップ項目になる要因となっている。国際舞台でのこの会社の位置づけは、アドナンのようなドライバーがその人生に刻んできた激動とは、比較的無関係に見える。ときおりUberの政治性は、ドライバーたちの生きられた現実からすれば、影の薄いものに見えることもある。シェアリング・エコノミーが本当にシェア（共有）することに関わっているのかという疑問を、ライフルや暗視ゴーグルとどうやって比較すればよいのか？　だがこの見方は、まさにUberの扇動性を誤解している。Uberがたまたま政治的だというわけでもなければ、この会社の政治性が、アプリやドライバーポリシーといった特徴だけに限定されているわけでもない。どこで営業しようとも、Uberはコミュニティから輸送産業にいたるまで、日々の生活の構造を混乱させてきた。Uberがこれほどまでに私たちを手玉にとることができるのは、その方法、あるいはその成功に、不均等に関与するさまざまな種類の利害関係者が存在するからだ。たとえば、ドライバーや市民権運動に携わるグループ、プログラミングをする女子をサポートする非営利団体、規制当局などだ。アドナンのように、ドライバーの人生においてUberが端役しか演じていないような場合でも、その政治力学は、彼らの労働条件と仕事上のリスクに、はるかに大きな影響を与えているかもしれないのだ。

2章以降では、Uberの実践のしくみと、こうした実践が、乗客や規制当局から市民権運動家やその他のシリコンバレー企業に至るまで、すべての人にどのような影響を与えるかを考察する。だがまずは、アメリカ国内のサービスとして、会社として、また経済的なシンボルとしてのUberが提示する根本的な公約について考えたい。Uberのビジネスモデルとその大衆イメージは、他の数多くのスタートアップや模倣者のイメージと同じように、三つの詩的な寓話に依存している。第一に「シェアリング」の経済的価値という神話、第二にテクノロジー例外主義という神話、そして第三に美化されたミレニアル時代の働き方という神話だ。

シェアリングの神話

Uberは自らを、他者の利益を優先する利他的な会社と見せかけている。輸送会社ではなくテクノロジー会社と謳うことで、タクシー業界を規定する法律と、Uberが規定するものとの間に明確な境界線を引いている。だが、テクノロジー・プラットフォームを介して仕事を得る場合、労働はある種の共有経験となるとも述べている。シェアリングというレトリックや、「コミュニティの乗客たちを乗せて街を走るだけで、週払いで給料がもらえます」といったドライバーの募集広告を通じて伝えられるひとつのメッセージである。Uberのドライバーは法的観点から個人事業主に分類され、Uberの公式用語では「ドライバーパートナー」という言葉で示される。こうした分類は、実際よりも高いレベルの自律性と公平さがこの会社にはあるということを暗に含んでいる。Uberは、「自分自身の上司になろう」とか「自分のスケジュールに合わせた運転でお金を稼ごう」といったメッセージでもって、ドライバーを「パートナー」に位置づける。アマゾンのメカニカルタークをはじめとする、その他のデジタル・エコノミーの労働プラットフォームやTaskRabbitなどのシェアリング・エコノミー企業は、それぞれ自社で働く労働者を「Turkers(ターカーズ)」、「Taskers(タスカーズ)」または「Rabbits(ラビッツ)」と呼び、彼らをアントレプレナーとかマイクロプレナーだと公言している。[46] これらの呼称を織り交ぜることで、労働法の規則と規範からプラットフォームの雇用主が注意深く遠ざけられている。[47] こうした新しいプラットフォーム企業は、「コーペラティブ・コマース(協働商業)」の系統、またはヒッチハイク、カープーリング、カウチサーフィンといった相互扶助とホスピタリティの行為と同列だと自らを位置づけようとする。[48] だがこれらの会社は、こうしたテクノロジーとの協働というイメージを、社会における根本的に新しい力だとしてもいるのだ。

テクノロジーは実際、フル活用されていないリソースや、食品やサービスの二次流通市場へのアクセスを容易にし、[49] 規模拡大による効率化を既存の取引関係にもたらすことで機会を広げている。[50] そして、シェアリング・テクノロジーとは何かをめぐるストーリーは実際、「これらまったく異なる産業と労働形態を結びつける役割を果たすことができる。デジタル・プラットフォームによって、こうした産業の規模拡大から利益を得ている、起業家精神にあふれる個人事業主に権限を与えることによって、安くて便利ですばやいサービスが可能になる」と、メディア歴史学者のキャロライン・ジャックの書物を引用して、リサーチャーのアレクサンドラ・マティースクは述べている。[51]

Uber、Airbnb、その他のシェアリング・エコノミーのサービスは、運転や宿泊客のホストといった類の「シェアリング」労働に費やされる仕事量を、実際よりも控えめに言う。その代わり、これらの仕事を社会的互酬の一種と捉える——ユーザーはただ、家、車、ツール、スキル、時間を、プラットフォーム上の他のユーザーとシェアしているだけ、ということだ。この論理は、テクノロジー文化全体からもたらされている。フェイスブックは揺るぎない信条として、その二〇億人のユーザー全員が「コミュニティ」だという考え方をする。ウィキペディアなどのソーシャル・ソフトウェアは、共通の目標に対して公平に貢献できるユーザーのコミュニティ全体で、協働的な環境を育んでいる(52)(これは協働的でオープンソースのソフトウェア・プロジェクトの背景にある考え方だが、この公平さのビジョンが当てはまらない例もたくさんある。たとえば、女性の手によるウィキペディアの編集ページは男性のそれよりも却下されたり、差し戻されやすかったりすることが多い。そうした女性たちの経験は、すべての貢献が平等に扱われているとは限らないということを私たちに警告する）(53)。ウィキメディア財団などの組織がインスピレーションを与えた善意を、Uber のような会社がじゅうぶんに利用し、不安定労働を生みだすビジネスモデルを推し進めるためにその善意を吸収するとき、それらの会社は、オンラインの共同プロジェクトに対する人々の暗黙の考え方と理解につけこんでいるのだ。ギグエコノミーのモデルでは、オープンソース・ソフトウェアという文化のイメージに沿って、プラットフォームがトップダウン式階級制度の雇用主に成り代わる。ここでは、だれもが自分のコードを投稿したりシェアしたりして、極上のデジタル製品やサービスを生みだすことができるのだ(54)。そして、まさにこのシェアするという行為こそが、役割アイデンティティの崩壊を示唆している。というのも、生産者と消費者との境界線があいまいになるからだ――これらを合体したアイデンティティに *produser*（生産者（producer）と利用者（user）を合わせた造語）という用語をあてる学者もいる(55)。市場経済のインセンティブをあいまいにすることによって、シェアリング・エコノミーは、コミュニティ指向と感じられるような資本主義の肖像画を描いたのだ。

参画のハードルが低い Uber ドライバーの仕事も同じイメージのもと、ドライバーが労働力を提供し、「余分な」お金を稼ぐための「オープンソース」の機会として位置づけられている。テクノロジーはしばしば、賃金労働と無給労働の区別をあいまいにするが、これは女性の仕事への貢献度が過小評価されているのと同じだ。感情面でのケアなど、女性の仕事のいくつかの形態を社会が仕事として認めていないのは、女性はそうした仕事が好きだし、そっちのほうが簡単だからそうしている、したがってそれは仕事とは言えない、という前提に基づいている。シェアリング・エコノミーも同じように、テクノロジーは仕事を以前とはちがうものにするということを事実として仮定している。それは、社会的なもの、コミュニティ指向のもの、個人の情熱に関わるものがとても楽しく、そしてだからこそ、それらは仕事とは言えないという前提を利用しているのだ。このテクノロジー文化は、労働と見なされるものと見なされないものというカテゴリーをあいまいにする可能性があり、また実際にそうしている。たとえばブログは、無償でのコンテンツの生産方法を生みだし、情報生産へのアクセスを容易にすることによって、それが実質的にプロのジャーナリズムを徐々に蝕み、より不安定な仕事にしている。Uber はテクノロジーに関する私たちの文化に根ざした仮定を利用し、あらゆるドライバーは自分自身の上司であるとする。そこには、プラットフォームが、従来のトップダウン式の労働やマネジメントの序列とは無縁で、協力的で公平な環境を推進しているという意味合いが含まれる。これは幻想に過ぎず、シェアリングというレトリックは現に、臨時雇用のより長い歴史にぴったりと重なっているのだ。

Uber、TaskRabbit、Fiverr において提供されるギグエコノミーの仕事は、すでに低賃金労働の一種となっている。社会学者のジュリア・ティコナと会話をしていたときに彼女が語っていたように、低賃金労働者が面しているのは、TaskRabbit や Uber と、福利厚生のある週四〇時間の仕事との間の選択ではない。それは週二〇時間の労働をTaskRabbitでするか、マクドナルドでするかの選択であり、残りの二〇時間は友人のハードウェア・ストアで仕事をするのだ。公式の仕事と非公式の仕事が融合することで、私たちが長い間敬虔な気持ちを抱いてきた、仕事のカテゴリーというものすべてが不鮮明になっている。[56] にもかかわらず、シェアリング・エコノミー企業は、仕事の本質をテクノロジーの一現象として、また「シェアリング」の一形態として再定義することに大成功を収めた。というのも、テクノロジーは、より搾取的な事業形態に対抗する手段であると言い表すことができるからだ。

テクノロジー例外主義という神話

Uberは無許可で営業しているのだから、タクシー業界を規制する法律に違反している、とタクシードライバーたちは抗議してきたが、Uberは、自分たちはタクシー会社ではないと主張する[57]――中立的なアルゴリズムを使用して、消費者とドライバーの結びつきを促進しているだけのテクノロジー会社だ、と。一方で、Uberは厳しく規制されてきたタクシー業界が独占していた、運転代行業においてまたたく間に脅威となった。UberやAirbnbといった会社は、「シェアリング」プラットフォームという利他的な前提を強調することで、先駆者であるタクシー会社やホテル会社と一線を画している。Airbnbは、自らはフェイスブックやユーチューブ、グーグルのような、ホストとゲストをつなぐテクノロジー・プラットフォームだと主張する。Airbnbと対立するホテル業界は、この会社は違法ホテルを運営していると断言する。ホストは空いている部屋や家を旅行客に貸しだすものの、ホテルやベッド&ブレックファストを取り締まる安全規制を守る必要はないのだ。[58]

同様に、ニュース・シェアリングのビジネスを行なっているフェイスブックは、メディア会社に分類されることに抵抗する。メディア会社は規制され、ジャーナリズムの倫理、編集責任、ニュースの正確性（「フェイクニュース」とは反対に）といった責任を追及される可能性があるからだ。アルゴリズムを使用してコンテンツを拡散したり、ニュースフィードをキュレーションしたりする中立的なプラットフォームは、エンジニアリングと自動化の成果であり、これらはメディア企業が負っていたかもしれない責任を、テクノロジー的無罪という名目で払拭する。[59] 学者やジャーナリスト[60]は、フェイスブックの主張に対してあからさまな反論を文字にしてきたが、フェイスブックが使用する論理はUber が展開しているものと類似している。

シリコンバレーは、「テクノロジー例外主義」を掲げている。自分たちは主にテクノロジー会社なのだから、同業種のライバルや前任者に適用される規制や法律は、自分たちには当てはまらないという考え方だ。こうしたテック系の最大手企業は、ありふれたゴール（乗客をA地点からB地点までタクシーで運ぶといったような）を達成するために提供しているテクノロジー・サービスは、こうした法律が規制しようとする行為とは質的に異なると判断している。このことは実質的に、法律をある程度まで旧態依然のまま維持する。そして、このシリコンバレーのテック企業に見られるパターンは、しばしば「ディスラプション（破壊）」という用語で呼ばれている。法学者のジュリア・トマセッティは、シェアリング・エコノミーは結局のところ、規制潜脱（都合の悪い規制を回避する試み）に等しいと述べている。[61]

美化されたミレニアル時代の働き方という神話

Uber はその求人メッセージを手間暇かけて練りあげ、目新しいだけのタクシーサービスではなくグローバルなテクノロジー会社で働けるという勧誘の仕方で、可能性のあるドライバーを引き入れる。そのマーケティングはもっぱら、「ミレニアル」の典型的イメージを中心に構成されている。一九八〇年代から二一世紀初頭にかけて生まれたミレニアル世代は、社会においてテクノロジーを最も活用するユーザーとして、ことあるごとにもちあげられ、オンデマンドのギグエコノミーで職探しをすることが多い。Uber のドライバーに特に人気のある、個人事業主のための税務会計ソフトウェアを提供する Intuit のCEOは、ギグエコノミーはミレニアルに特有の現象だという意見に賛同し、こうコメントした。「ギグエコノミーは現実のものなのです。それはすでにここにあります。これは世俗的なトレンドです。Uber や Lyft から始まったわけではなく、何年も前から始まっていました。これはミレニアル世代のライフスタイルのひとつの選択肢なのです」[62]。ミレニアル世代はその雇用の見通しが限られているとして笑いものにされてきたが、同時にインターネットの無限のチャンスに恵まれているということで高い評価も得ている。

デジタル・カルチャーのミレニアル世代は、『GIRLS／ガールズ』などのテレビ番組のなかで、ニューヨークをはじめとする、巨大なサービス産業をもつ都市に住む者の典型として描かれている。『GIRLS』の主人公たちは主に、ミレニアル世代を象徴する「ナルシシズム」的要素を備えた若い女性だ[63]。登場人物は終わりのない娯楽の選択肢にあふれる生活に組み込まれていながらも、仕事と不安定な恋の行方との間を揺れ動いている。彼女たちの親密な生活は、ネオリベラルなキャリアの選択を反映しており、一昔前は大人らしさを表していた、結婚や安定した仕事といった安定した指標ではなく、自らの情熱にしたがった自己決定を求めている。[64] 二〇一七年のFiverrのキャンペーンを考えて欲しい（図1を参照）。Fiverrとはフリーランサー、およびプログラミングやテック系を含む分野の労働者を雇う「リーン・アントレプレナー」〔無駄をなくし、リスクを最小限に抑えて効率的にビジネスを発展させる起業家〕を対象とする労働プラットフォームだ。ニューヨークの地下鉄に掲げられたFiverrの広告は、勤勉でありながら夢を追いつづける無根のミレニアル世代という文化的イメージの上に築き上げられた、美化されたギグエコノミーの働き方という幻想を売り込もうとしているように見えた。[65] 私が見つけたそうした広告のひとつに、愛嬌のある若い女性が頬杖をついていて、顔を少し斜め上に傾けているせいで、見ている人を微妙に超えた向こう側に視線をやっているような印象を与えるポスターがあった。キャプションには「あなたは今日、どれくらい上司の役に立ちましたか？」とあり、その下に、緑色のFiverrのアイコンとロゴとともに「我々はドゥアー」と続く〔アメリカの公式な標語で、紙幣や硬貨の裏に書かれてある「我々は神を信じる（In God We Trust）をもじったもの〕。同じ地下鉄の車両にあったもうひとつのポスターには、シンプルに「起業について読むことは、セックスについて読むことと同じだ」とだけ書かれ、同じく緑色のFiverrのアイコンとロゴとともに「我々はドゥアーを信じる」と続く。『ニューヨーカー』にも、「ギグエコノミーは死に物狂いで働くことを称賛する」というタイトルの記事が掲載された。[66] あるUberのドライバーがフォーラムにこの記事のリンクを貼り、「ギグエコノミーで超過労働するほうが、九時から五時まで会社の机に縛りつけられる奴隷になるよりマシだ」というコメントをつけている。こうした見方は、『ニューヨーカー』に掲載されたFiverrの広告の主旨――美しい女性が、ランチを必要とするような、つまらない凡人よりも上へとあがることを固く決意している――をよりいっそう強いものにしている。その少しやせこけた顔と、櫛の通っていない長い髪は、自分を「ドゥアー」と定義する労働を美化している。

シェアリング・エコノミーは、昔からピンクカラー〔看護師、保育士、家政婦、秘書など女性が従事することの多い職業〕およびブルーカラーの労働者――有色人種や新しい移民など――がしていたギグワークを選び、これを人気のあるテクノロジー会社やオンデマンドのプラットフォームのための、ファッショナブルで魅力的な労働として宣伝する。(67) 労働が美化されるのは、一部にはソーシャルメディアなど、多くの人から支持されているテクノロジーを使ったコミュニケーションが、私たちの生活全般のありふれた側面を理想化しているからだ。グルメ、友だち、ファッションなど、インスタグラムでシェアされる写真は、自分が社会経済的スペクトルのどこに位置するかに関係なく、豊かさと贅沢な消費という概念を広めているのだ（もちろん、自分たちのステータスをソーシャルメディアに積極的に投影しているのはミレニアル世代だけではない。インスタグラムのアカウントをスワイプしなが

図 1. 2017 年の Fiverr の広告の一例

ランチの代わりにコーヒーを飲む。
フォローしたことも
もう一度フォローする。
睡眠不足はいちばんの特効薬。
そんなあなたはドゥアーかもしれない。

fiverr
我々はドゥアーを信じる。

ら、アドナンは、新しい生活でうまくやっているふたりの娘の写真を自慢げに見せてくれた。ひとりは交換留学プログラム中で地球の向こう側に住んでいるという)。一方で、ミレニアル世代がフェイスブックやツイッターなどのSNSに投稿する個人的な最新情報や日常の一部は、彼らが常に何かの「ドゥアー」であることに大忙しだという印象を与える。予測できない「フレキシブル」な労働は、こんにちの経済を機能させるひとつの要素となっている。こうした現実は、Uberのビジネス手法に限ったことではない。デジタルライフは多くの労働者を常に「働かせて」いるのだ。Uberやその他の会社が、ギグワークをフレキシブルなミレニアル世代の労働という枠組みに入れるとき、それは、この仕事が提供すべきものに対する私たちの期待を具現化しているのだ。

ミレニアルのイメージを利用して、ギグエコノミーにおける労働者像を決定することにより、Uberとその他のオンデマンド・プラットフォームは、長い間ステータスの低い労働者と関連づけられていた仕事に、より高い社会的ステータスを投影する。ステータスの低い仕事というのは単に、女性やマイノリティの伝統的な仕事を二次的だとする歴史的考え方の延長に過ぎない。たとえばアメリカでは、農業労働者や家事労働者は、最低賃金法の保護を受けていない。プランテーションで働くアフリカ系アメリカ人の奴隷や、裕福な家庭で家事労働をする有色人種の女性などに対し、人種差別や性差別を行なってきた歴史を反映しているのだ。ギグエコノミーはテクノロジーを利用して、この仕事はより文化的に望ましいものであると洗脳するのだが、その情熱とシェアリングというレトリックこそが、この手の仕事に携わる労働者は生活賃金や労働保護を受ける資格がないという古い考え方を助長しているのだ。ギグエコノミーは、雇用における経済的トレンドの社会的表出でもある。たとえば、一九八二年から一九八三年、一九九〇年から一九九一年、そして二〇〇七年から二〇〇九年にかけての景気後退のさなか、一家の稼ぎ手である男性が安定した雇用を失ったことにより、多くの妻たちが仕事場に参入し、長時間労働に従事するようになった。これを経済学者は「付加的労働力効果」と呼んでいる。あるすぐれた研究によれば、二〇〇七年から二〇〇九年の大不況で、こうした影響が最も強く表れたとされている。臨時雇用への「ニーズ」は、ギグエコノミーによって、「臨時」収入を得るためのポジティブな機会として捉え直されてきたのかもしれない。実際、だれもがサイドビジネスをもつべきという考え方を促進する労働文化は、男性（および女性）の稼ぎ手の減退しつつある経済的見通しに明るい光を与えている。

シェアリング・エコノミーはこうした背景を利用し、シェアリング・エコノミーの仕事を単なるサイドビジネスとして分類整理することで、労働から正統性を奪い、女性化している。ドライバーや他のギグエコノミーの労働者が住宅ローンや大学の授業料、医療費といった主な家計を自分の収入に頼っているときでさえ、これらは単なる「サイドギグ」だという考え方がまかり通っているために、こうした仕事への期待が根こそぎ奪われてしまうのだ。さらに、家庭における女性の仕事（子育てや家事など）は、長い間、社会的な義務であると考えられてきた。つまり、それは生活賃金を支払うための仕事ではなく、家族や社会のために女性がするべき義務ということだ。(68)「シェアリング」という言葉は、この考え方の弱みにつけこむ——社会的善は、報酬を伴う仕事の代わりとなるにじゅうぶんだ、ということだ。「シェアリング」という言葉はさらに、ギグを仕事と考えることがどれほど文化的に望ましくないかということも暗示する。それはまるで、私たちは労働条件を変えることができないのだから、代わりに、労働に対する私たちの考え方を変えると言っているようなものだ。

Uberはたしかに機能する

Uberは、単に成功を収めた新しいサービスにはとどまらないことを自ら証明してきた。それは、人々が都市をどのように経験するかということだけでなく、都市がどのように機能するかということをも急速に変えてきたのだ。ドライバーが飽和状態の都市では、乗客はもはや、自分の旅行プランを前もって計画する必要はない。ただUberを頼めばよい。このシンプルな事実が、ロサンゼルスのような車社会でのデートの仕方を変え、[69]酔った状態でハンドルを握らなければならないときに、ボタンひとつでしらふの運転手を呼ぶ頻度も高くなった。多くの人々にとって、Uberはあるひとつの問題を解決している。それは、信用できる公共交通機関の選択肢があまりない都市に住む人々にとっては安い民間の交通手段が実現され、多くの公共および民営の交通機関のオプションがある都市の人々にとっては、民間の交通機関の効率性が高まっているということだ。このライドヘイルモデルは、世界中の何百万人もの人々に革新的なテクノロジーの利点をもたらし、その影響を我々は直接的に肌で感じることができる。

消費者にとって、Uberのネットワークの大規模な影響力には目を見張るものがある。世界を旅する旅行者は、アメリカの真ん中にある中規模都市で飛行機から降りてiPhoneを取りだせば、ボタンひとつで車を呼ぶことができる。Uberの投資家でベンチャー・キャピタリストのクリス・サッカは、タクシー業界との闘争でUberが享受した一般大衆からの支持についての意見をまとめたとき、ジャーナリストでUber批評家のサラ・レイシーが行なった『Pando』のインタビューでこう力説した。「アメリカのタクシーサービスに満足している人なんているでしょうか？　そんな人はもはやどこにもいないでしょう」。イエローキャブが重要な交通機関となっているニューヨーク市のタクシーサービスについて、サッカはこうコメントした。「街なかを乗りまわすのにタクシーを使う人はいるけれど、概して、ニューヨークのタクシーシステムが死ぬほど好きだという人はいないでしょうね」。多くの消費者が、寡占的なタクシー業界やホテル業界がテック企業に潰されてきたのを、数多の自己満足の崩壊を目撃したことからくる奇妙な満足感とともに目のあたりにしてきた。Uber の乗客は自分が呼んだドライバーが近づいてくるのを画面上に見て、その動きを分刻みで追跡することができる。ドライバーが到着したことをSMSが知らせ、目的地を入力したらすぐに出発だ。車で連れ去られる心配もご無用。というのも、すべての行程が監視されているからだ。乗車に満足できなければ、Uber にクレームを言って、お金を払い戻してもらうこともできる。Uber に乗るのはタクシーをつかまえるよりも安上がりで、人間同士の関わり合いもあっさりしている。支払いはクレジットカードで処理され、二〇一七年六月まではチップを入力するボタンもなかった。目的地に着いたら、ただ車から降りるだけ。そしてあとになってから、そのドライバーを一から五の星の数で評価する。レーティング・システムはその他のかたちの認証システムや安全機構とともに、見知らぬ人同士の信頼を高める。このようにして、Uber のようなギグエコノミー会社は、eBay や Craigslist といったインターネットが介在する事業の、その他の非公式ネットワークよりも成熟し、進化したものとなっている。(70) Uber がこうしたパッチワーク的なEコマース・ソリューションを職業化し、規模を拡大し、その進歩とともに先例をつくったおかげで、他の制度も難なくこれを採用できるようになったのだ。

ドライバー経験の現実

大不況から見えてきたのは、金融システムや家の所有といった信頼できる制度がもはや機能しなくなったという現実だ。それはまた、教育の結果として、あるいはキャリアアップがあるだろうという予測として考えられてきた、既存の社会移動の経路の縮小をはやめた。制度への信頼が弱まったことが、雇用を規定する既存の規範や法律をUberが拒否する上での地固めとなった。

Uberのドライバーになることには、長所もあれば短所もある。マイケルはUberとLyftの両方のドライバーをしている。そのために、マリエッタからアトランタまで、およそ一時間かけて通勤している。二〇一七年の春、ある穏やかな午後にインタビューをしたとき、彼は街の中心部を走る主要幹線道路が崩落しているほうを指さした。ホームレスの子どもたちが火をつけたとも言われているが、おそらくは経年劣化が原因だろうとマイケルは言う。この崩落によって市内の交通量が増え、これが彼にとっては乗客を運ぶスピードの低下の原因となっている。約二ヶ月前にこの仕事を始め、今週は火曜日以外毎日運転してきた。シングル・ファザーの彼にとって、フレキシブルな仕事というのは重要だ。そうでないと、まだ幼い子どもたちのことを見てあげられない。同様に、UberとLyftでドライバーをする幼い子をもつ母親たちも、空いた時間に仕事ができることに感謝していると話してくれた。これがウォルマートなどの小売店の仕事だったら、どうしても帰れないシフトの間は、死に物狂いでベビーシッターを手配しなければならない。「週末は隔週で息子たちと一緒なんだ」とマイケルは説明を始める。「だから子どもたちがいない週は、週のはじめから週末までぶっ通しで働いて、子どもたちがいるときは平日だけ仕事をする」。スケジュールが自由に組めることを、彼はありがたく思っている。長いときは週七〇時間働き、休みの日を取らない。短いときは週に二五時間から三〇時間くらいとか、三〇時間から四〇時間くらいしか働かない。Uber と Lyft で働く前は、主に工場の仕事をしていた。「製造工場の三番目のシフトに入って、タイヤをつくっていたよ。夜間のシフトはいやだった。どうしても慣れることができなかったね。からだが順応できないんだ。本当にひどいもんだった」。彼はきっぱりとそう言い切ったことと、そう言えたことの驚きとに突き動かされているようだった。「だから工場を辞めたんだ。生まれて初めて、他に何も決まっていない状態で仕事を辞めたよ。辞めた二日後、こう宣言した。「Uber のドライバーになる」と。そして Uber の仕事を始め、実際にドライバーになった。それからこう思ったんだ。「Lyft も試してみよう」って。そしていまでは両方のドライバーになっている」。そうゆっくりと話す彼の姿には、ジムに定期的に通うのを当然のこととして話す人のような自信がみなぎっていた。

マイケルは、離婚したあとの変化への心構えができていた。彼は、私たちが話をする一年ほど前に離婚していた。それほど遠くない過去に、彼はキリスト教系の営利大学〔企業が営利目的で運営する大学。日本でいう専門学校に近い〕を卒業した。そして学際的研究の学位と、教育、心理学、数学の副専攻を利用して、ビジネスへの参入を望んでいる。速度を上げて交差点を越えたとき、前の車がいつまでもモタモタしていて、もう少しで追突しそうになるが、マイケルの筋骨たくましい腕にさざなみが走っただけだった。前方の車とは髪の毛一本ほどの隙間しかない。私はといえば、故郷のカナダでもらえるユニバーサル・ヘルスケア（国民皆医療保険）のことが一瞬のうちに頭をよぎり、喉から心臓が飛びだしそうになっていた。その間も、マイケルは話を続けた。このニアミスにまったく動じていないようだ。

「大人になってからはずっと大学に通っていた」と彼は振り返る。「ただ学位を取るためだけではなかった。二二歳から通いはじめたんだ。働くつもりもあった。だからときどき学校を辞めて、その分もっと働いたこともある。そうして断続的に行っては辞めてを繰り返して、一〇年くらいかかった」。三人の子どもたち――一八歳の娘と一五歳と一〇歳のふたりの息子――を育てながらフルタイムで学校に行くという選択肢はなかったが、子どもたちには経験のためにも、全員、寮生活をしながら大学に行って欲しいと願っていると言う。自分の学位について、彼はこう付け加えた。「まだその恩恵は受けていないよ」

マイケルが営利大学で学位を取った際の努力を聞いて、私は少し考えさせられた。というのも、それは、アメリカの中流階級生活への確立された道筋が、彼には役に立っていない証拠だからだ。彼だけではない。貧しい資格認定制度は貧しい労働市場の反映であると、社会学者のトレッシー・マクミラン・コットムは述べる。そして次のように書いている。「今の労働市場では、かつて大学が頼りにしていた仕事と労働者との間の社会契約が根本的に変化し、より多くの労働者を弱い立場に変えている[71]」。大学の学位が役に立たないという風潮が台頭したことは、社会的流動性という既存のシステムがアメリカでは失敗したということの明確なしるしであり、機会の格差が、シェアリング・エコノミーにおける仕事を魅力的なものにしている要因のひとつになっているのだ。シェアリングまたはギグエコノミーにおいて、テクノロジーは階級上昇の経路の減少に介入するものとして理解される。

ドライバー――自分の収入を最大化するための、より賢い方法を見つけることから、「オプティマイザー（最適化する人）」と呼ばれることもある――のなかには、複数の種類の仕事や機会をうまく両立させながら、デジタル・エコノミーを自分に役立つものにしている人もいる。ロンは、Uber と、ニューヨーク州とニュージャージー州の別のライドヘイル会社でドライバーの仕事を始めてから三年以上が経つが、それもこれも、ウェブホスティングのビジネスが失敗したからだった。二〇一五年に初めてインタビューをしたとき、彼は妻と一緒にAirbnbを運営していて、成長著しい子どもたちを支えていた。利益を最大化するため、いくつかの戦略を利用していたが、Uberが設定したルールに彼は苛立ちを感じていた。(72) たとえば、配車リクエストを受ける前に客の行く先を隠すなどして、正確な情報に基づく意思決定をさせてくれないのだ。もうひとりのオプティマイザー、ニコラス・スチュワートは元高校教師で、アトランタのUberとLyftでフルタイムのドライバーになるために教師の仕事を辞めた。ドライバー歴は四年だが、二〇一八年の秋から教師の仕事に戻る計画を立てていた。二〇一七年にインタビューをしたとき、彼は営利大学であるフェニックス大学の博士号を通信で取得する努力を続けながら、Airbnbも運営していた。賃金が基本運賃の二・五倍というプレミアム価格で急上昇しはじめたら、Uber一本に絞ろうと見積もっていた。というのも、その後は一マイルにつき二・五〇ドルを稼ぐことができるからだ——さもなければ割に合わない。空港ではUberの配車システムがドライバーを順番待ちリストに加え、ドライバーは自分の番号が呼ばれるまで何時間でも待つ。空港の長い列で待つ間、ニコラスはターミナルを何周も走って体を鍛えているが、列の順番が近づいてきたことがわかるようにスマートフォンは肌身離さずもっている。彼はアトランタのライドヘイル・ドライバーの地元フォーラムの運営にも関わっており、納税手続きをどうやって行なうか、経費をどう計算するかなど、自らの経験に基づいて他のドライバーにアドバイスをしている。

Uberでドライバーの仕事をする全員が、複数のニューエコノミーの活動をしているわけではない。ドライバーが自分の仕事をどう捉えているかは、多くの場合、バックグラウンドとモチベーションに左右されるのだ。ニコラスは主に、自分の仕事は教師だと言っているが、リカルドやファイクなどのニューヨーク市のタクシードライバーやトラック運転手は、いまはたまたまアプリのために働いているだけの職業ドライバーだと思っている。ほかに、モントリオールのマノイやニューオーリンズのカレンなどは、Uber ドライバーの仕事を、レストラン業界など、自分にできる他のサービス業と同じ枠内に含めている。諸手当のついたフルタイムの仕事をすることは、必ずしも彼らの選択肢ではない。マノイは Uber のドライバーをパートタイムで行なっているが、実はレストランの仕事のほうがチップも弾むので気に入っていると言う。彼は以前、モントリオールの衣料品工場で二一年間働いていた。ドライバーのなかにはさまざまな種類のギグワークをしている人もいるが、自分たちがやっていることを「シェアリング・テクノロジー」の項目に入るものとしては見ていない。

アトランタで、私は参与観察者として、ストレスのたまるふたつの乗車を続けざまに経験するという不幸に見舞われた（どちらのドライバーにもインタビューはしていない）。最初の乗車ではGPSが故障し、車ははじめに私を乗せた地点の周りをぐるぐると二〇分間まわりつづけた。これ以上ガソリンを無駄にできないとドライバーが仄めかしはじめたので、私は丁重に断って車から降りた。二〇一七年の春、アトランタでは、Uber と Lyft はドライバーに一分あたり〇・一二ドルを支払っていた。一マイルあたりに稼げる〇・七五ドルにははるかに及ばない。そのためドライバーは距離換算でしか金を稼げなかった。もうひとつの乗車では、ドライバーは心配そうな顔をしていた。どうやら私を Lyft 経由で乗せたあと、Uber のドライバーアプリからログアウトできないようだ。速度制限標識をまたたく間に通り越しながら、手元の iPhone をいじっている。ドライバーは、たとえば Lyft で配車を受けてから数秒以内に Uber をログアウトしないと、Uber の配車アルゴリズムからリクエストを受ける可能性があり、これを受け付けることはできないため、自分の配車受付率が悪くなることになる。この行為には、運転を継続しながら、携帯電話の複数の画面で指と画面の動きをすばやく調整する必要がある。ドライバーが複数のライドヘイル・アプリを動かすのはよくあることで、こうして収入を最大化しようという魂胆なのだが、どの街でも競合するオプションが利用できるとは限らない。

エンパワメント・ブランディングは、競合する雇用主と仕事のログイン／ログアウトを自分の裁量で選べるような、独立した起業家精神をもつ労働者を称賛する。だが、複数のアプリで働くという現実、いやひとつのアプリを使いこなすという現実だけでも、しばしばストレスがたまるものである。

Uber と Lyft の両方のドライバーとしてサンフランシスコで働くティムは、二〇一六年にインタビューをした際、道路を見ながら運転していると、配車リクエストが画面に小さくポップアップすることがあると話してくれた。こうした配車リクエストは、わずか一〇秒から一五秒で消えてしまうという（つまり、Uber はドライバーに対して、配車を受け付けるまでは一五秒しかないといっているのと同じだ）。「ちょうど車を止めようとしていたり、他の車が近づいてきたりしたらどうするんだ？　四六時中気にしている必要があるなら、そもそも危険すぎる」。あらゆる配車リクエストをドライバー側で停止することを選択できる機能を Uber が導入する前は、こうした縛りつけにティムは苛立ちを感じていた。「深夜二時ごろのときもあった。もうその夜はじゅうぶん働いたから上がりたいし、ベビーシッターのところへ娘を迎えに行かなきゃならない、だから今日はもうおしまい、と思った瞬間、次の配車リクエストが入ってくるんだ」。彼は、たとえばボーナスのためにその全シフトを働くこともできたかもしれない。ボーナスをもらうには、九〇パーセントの配車受付率を維持しなければならないのだ。その配車を逃せばボーナスを失うことになるかもしれない。アプリの技術的な問題も、彼のフラストレーションの原因だ。ときどき「ゴースト・リクエスト」を受けることもある。配車リクエストが一秒だけ現れて、反応することもままならないうちに消えてしまう――しかもこれが、彼の配車受付率に反映されてしまうのだ。ある意味でそれは、ドライバーが、シェアリング・エコノミーというチェスボード上のデジタルのポーン〔チェスの駒のひとつで、将棋の歩にあたる〕になってしまったような感覚だ。

プラットフォームは人々に、雇用の新しい規範としてギグワークを受け入れさせる準備をしている。ところがUberが謳っている自由とフレキシビリティという公約は、しばしば人々の期待には及んでいない。リカルドは、Uberのドライバーを始める前はトラック運転手だった。[73]七歳の娘ともっと一緒に過ごしたいから、街に出る時間を減らしたいと考えている。ここ九ヶ月間、彼はUberとニューヨーク市の別のライドヘイル会社のドライバーとして週に五〇時間をあててきた。そしていかにも誇らしそうにこう語る。

Uberにいるというのは拠点があるということ。もし家族がいたら？　そう、家族のためにそこにいるだろう。問題は、Uberの実際の最繁時間帯を見てみると、まず朝の六時から九時、次に夕方の五時から七時、その次が夜の九時から深夜なんだ。これを見て、もし自分に子どもがいるとして、それでもこの多忙なスケジュールに従うとしたら、朝、子どもの姿を見ることはできない。仮眠をとるためにランチタイムに家に戻るけれど、そこでも子どもには会えない。学校に迎えに行けば会えるかもしれないが、その時間帯は、ただ子どもをピックアップして家に降ろして、すぐにまた忙しいラッシュアワーで稼ぐために街へ戻らなければならないんだ。

デヴィッドにとって、Uber と Lyft のドライバーをするということは、前職だった地元の銃器小売店の事業が失敗したあとの一時しのぎの解決策だった。彼はサンフランシスコの Uber を介して、ひと月八〇〇ドルで車をリースしたが、低賃金長時間労働で、家庭生活と仕事とのバランスを取るのに一苦労だった。「あれは結婚生活の本当の意味でのひずみだったよ。一日一〇時間以上、週に六日以上働いた。ほとんど九ヶ月間、金曜の夜を妻と過ごしたことはなかった。まさに離婚の危機に瀕していたよ」と彼は真顔で訴える。一年以内に、彼は夢だった地元の醸造会社のマネージャー職に転職した。

マリエッタからアトランタまで通勤しているマイケルは、レシートは全部とっておくと言う。個人事業主として経費を計上することができるからだ。だが、多くの新米ドライバーと同じく、彼も可能性のある出費、たとえば車のメンテナンス費や摩滅消耗費、営利保険費、自身の健康保険費、自営業者税などのすべてを計上する準備ができているわけではない。「ピーク時以外で週に四〇時間運転すれば、経費差引前に一時間あたり平均二五ドルから五〇ドルは稼げる」と彼は見積もる。だが唯一、ガソリン代だけは計上している──実はこれは、新しいドライバーの間でかなりふつうに見過ごされているのだ。Uber で働きはじめる多くの人は、使い走りをする心構えはできているが、必ずしも自分の事業を経営する準備はできていない。自分の稼ぎが実際にどれくらいなのかを理解するのに数ヶ月かかる一方で、新しいドライバーはしばしば、その裏に隠れたコストがあることに気づくことなく、Uber や Lyft が両社とも売りにしている、たとえば「一時間三〇ドル」という数字を引き合いに出す。(74)『バズフィード』の記者、キャロライン・オドノヴァンはドライバーに関する Uber の自社データとともに、『バズフィード』が以前行なったドライバーの売上高を掘り下げて調べ、こう見積もっている。「たとえば、一時間に平均一五・四八ドルを稼ぐシカゴのミニバンのパートタイム・ドライバーは、Uber のモデルに基づけば、一時間あたり四・〇二ドルの出費を招き、これを差し引くと一時間あたりだいたい一一・四六ドルの稼ぎとなる。一時間あたり平均一八・二一ドルを稼ぐ四輪駆動のSUVを運転するワシントンDCのフルタイム・ドライバーは、一時間あたり約五・九四ドルの経費がかかるため、純利益は一時間一二・二七ドルとなる。[75] Uber が著名な経済学者と共同で行なってきた研究には、通常、ドライバーの売上高が引用されている（Uber の手数料差引後、減価償却費および燃料費の差引前）。つまり、経費差引後の真の手取り給与は、多くの場合、新米のドライバーのみならず、市民や規制当局にさえ知られていないのだ。[76] ドライバーの経費全体を正確に見積もるのが難しいのは、ドライバーによって運用コストが異なり、それらは、なかでも特に修理代やメンテナンス、燃料、減価償却費、車の型式といった要素に左右されるからだ。[77]

時が経つにつれて、多くのドライバーが、「ピーク時」だけに限定して仕事をするのが価値あることだと言うようになった。「ピーク時」とは、サージ料金〔繁忙時間帯の料金割増〕やプライムタイム、時間毎保証、クエスト報酬〔配達回数など、一定の条件をクリアすると追加で支払われる報酬〕、その他のさまざまな種類のインセンティブ報酬制度が実施される時間帯だ。丁寧に刈り込んだ髪の上で黒いサングラスを微調整しながら、マイケルは続ける。「僕としては、最終的にはもっと欲しいところだよ。自分の金と時間のすべてを、こんなにつぎ込んでいるんだから。僕は単純に、自分だけでビジネスがしたいんだ。働きたいときに働く。でも、それとこれは同じではない。彼ら［Uber］は二〇パーセントを受け取り、それが彼らの手数料になる。悪くない金額だと思うよ」。これを、たとえば一五パーセントに減らして、もう少しドライバーの負担を軽くすることもできるのに、とマイケルは言うが、Uberがより長く営業している都市では、手数料は上がる一方で、サービスの最下層のuberXでさえ、通常二五―二八パーセントにまで上昇している。マイケルは心から自分自身の上司になりたいという欲望を語り、前職の工場では得られなかった独立をUberで享受している。次の仕事が見つかるまでの転換期に、この仕事があることに感謝していると言う。とはいえ、Uberが一方的に行なう手数料の値上げや賃金の引き下げには反発している。Uberのドライバーの労働条件が変化すれば、割増金を稼ぐために特定の時間に特定の場所で働くというUberの提案に、多くの人がよりきっちりと従うようになり、自らの独立心の一部を実質的に諦めて、頻繁な変更やほとんどなきに等しい保証にさらされながらスケジュールどおりに働くことになる。

Uberで働くという現実は、しばしば、デジタル・テクノロジー文化の代表である典型的なミレニアルモデルとはかけ離れた、労働者階級および中流階級の人々のストーリーとより近しい立場にある。モントリオールでUberのドライバーをするアミールは、カナダに移住する前はアルジェで二八年間、化学エンジニアの仕事をしていた。すでに成人した息子と娘は、ふたりとも結婚しており、アミールもいまはオタワ郊外のケベック州ガティノーで息子と一緒に暮らしている。エンジニアリングの資格をカナダのものへと移行しようとすると、当局は大学をやり直すことを勧めた。彼は少し肩をすくめ、眉に深いシワをよせながらこう言った。「それは僕のような人間のすることじゃないよ」。過去一年半、彼はドライバーをしながら生計を立てている。一度に一〇日から一四日間、一時間半かけてモントリオールまで通勤し、Uberのドライバーをする。その期間中は、モントリオールの中心地から車で二五分ほどのところにあるディベルビルのホームシェアリング型のアパートを借りる。一日か二日、仕事が休みになると、ガティノーへ帰って休息をとったり、孫娘たちと遊んだりする。Uberで働くことは気に入っているが、日常生活においてテクノロジーの役割が増えていくことについては批判的だ。自分専用のiPadで遊ぶ赤ちゃんがいるのも彼は知っている。画面に釘づけになって過ごした赤ちゃんは、なんともうつろな表情でママとパパの顔を見るのだろうと彼は思う。

Uberは、アプリを使えばUberでドライバーの仕事を始められると、乗客にも伝える。乗客とドライバーは交換可能だという考え方を推進しているのだ。乗客が配車リクエストをすると、目的地の住所の下にこんなメッセージが現れることがある。「Uberのドライバーでもある何千人もの乗客の仲間に入りませんか?」画面には大きなドルマークと、スマートフォンを握る手が差し出されており、ひとつの機会が提示されている。このアイデアがタデッセの心を奪った。ワシントンDCでLyftのドライバーを始める前は、ライドヘイルの顧客のひとりだった。彼はUberを将来の選択肢のひとつとして考えている。「いつも車を呼んでるよ。何杯かひっかけると運転できないからね。Lyftを呼んで、ドライバーと話をする。友だちにも数人、運転の仕事を始めたやつがいる」。数週間、何もすることがなかったので、車を借りて試しにやってみた。「この仕事を気に入る人もいれば、気に入らない人もいる。いまのところ楽しいよ。悪くないね。金を稼ぐにはたくさん走らなければならない。そしてたくさん走るからお客さんもたくさんつく……でも安い。タクシードライバーと同じくらい稼ぐには、もっとたくさん人を乗せなければならない」。この種の仕事に彼を導いた道のりは、『GIRLS／ガールズ』の典型例からはかけ離れているが、それはUberの労働力における多くのドライバーを特徴づける移民としての物語の一部なのだ。タデッセがエリトリアを出たのは一六歳のとき、迫りつつある内戦がきっかけだった。アメリカに移住した当初は完全にひとりだったが、一二人の兄弟姉妹が仲間入りしてくれることを期待していた。が、ひとり残らず、非業の死を遂げた。若き移民として、彼は二〇年前、近所の大学のコンピューター・サイエンスの学士課程に入学した。ところがその途中で、タクシードライバーの仕事を始めたのだ。友だちができはじめ、ガールフレンドまでできると、お金のために勉学からどんどん離れ、フルタイムの仕事を始めるに至った。学校を辞めたことを彼は後悔している——よりよい選択肢へ彼を導いてくれたにちがいない良き指導者が、もうそばにはいないことに触れ、それが失った家族のことを思い出させると彼は言う。タクシードライバーとして働きはじめた当初から、レストランやバーのマネージャーなどたくさんの仕事をしてきた。「だれかほかの人のために仕事をするのがきらいなんだ」と彼は言う。そして次に何をやりたいのか、なんとか自分で探しだそうとしている。しかし、彼が付け加えて語るように、テクノロジーはずっと彼にとっての恩恵だった。「テクノロジーがなかったら、この仕事は不可能だ。この仕事はここになかった」——彼はLyftのアプリ上のGPSナビシステムを指さす——「これがあれば、どこにでも行ける」

長らく、シェアリング・エコノミーの神話は、ドライバーに対してどんな労働条件を生みだしているかという真の説明からUberを保護してきた。テクノロジーを通じて多くのアントレプレナーシップと中流階級への道筋を提供する、というこの会社の公約は、マイケル、アミール、そしてタデッセの経験とは似ても似つかない。そのバラ色に彩られたレトリックと裏腹に、この仕事はシェアリング・エコノミーの利他的行為としての特徴を何ももたらしていないのだ。ドライバーのなかには、自分の生計を立てるため、多くの場合、家族のために一生懸命働いている人がいる。また、タデッセのようにお試しでやってみたところ、テクノロジーが自分に新しい可能性を切り開いてくれたという事実に感謝する人もいる。この新しいギグ市場は、テクノロジー文化と美化された働き方の自然な延長だと言われている。だが、シェアリング・エコノミーの魅惑的なマーケティングと、この仕事をだれがなぜやるのかという、ありのままの現実との間には、明白なギャップが存在するのだ。

2　ドライバーになるモチベーション

Uber のシステムは
フルタイム・ドライバーと趣味のドライバーの報酬を
どのように変えているか

深夜少し前、私は空港ホテルのとなりの歩道沿いに立っている。いまこちらに向かっているとスマートフォンが知らせるUberドライバーのために、空いているピックアップゾーンを探している孤独な旅人だ。私がいるのはモントリオール。Uberがいまも違法とはいえ、なぜか営業している街だ。数名の風が私の薄手のジャケットを捲りあげ、ロビー出口付近の灰色の歩道の埃を巻きあげている。数名のタクシードライバーが一方の側に並んで待機している。そのうちのひとり、ひげを短く刈り込んだ男性が数メートル離れたところから私を大声で呼ぶのが聞こえたので、私はスマートフォンに目を向けたまま少し振りかえる。乗りたいのかと尋ねる彼の目が私のスマートフォンに注がれるのを見て、その質問の意味を理解する。私はUberのドライバーを待っているのよね、と自分に確認してから、主人が拾ってくれることになっているから、それを待っているのよ、と彼のほうを見て叫び返す。彼はしぶしぶ承諾し、そりゃあ良かった、と冗談交じりに返してくる。ほっとしていると、ホテルのエントランスの影に目立たない車が停まっているのが見える。怯えたような表情をしたドライバーが背中を丸くしてハンドルを抱え、グレーのニット帽の下から、これから乗せる乗客が待っていないかと、ここそことドアのあたりを見回している。私は彼のほうへ歩いていって、すべて承知の上だという合図をなんとか送りながら助手席に滑りこむ。乗車中は、私は彼の友人であり、お金を払って乗っている客ではないということになっている。ドライバーの名前はハリ。腿から落ちないようにバランスをとり、通行人の目をくらましながら、スマートフォンの「出発」ボタンを押す。高速道路に入った途端、ハリは見た目にもリラックスしはじめる。街の中心地を離れると道は空いている。ハリは妻と四人の子どもたちを支えるためにUberのドライバーをしながら、別の仕事も探している。電気機械技術の勉強を終えたが、健康上の問題を抱えてから仕事を辞めてしまった。家にいる間、数ヶ月ずっと履歴書を送りつづけるという生活をしていたところ、Uber のドライバーをしている友人から電話があり、転職活動中にこの仕事をやってみないかと誘われたのだ。

Uber はアルゴリズムでドライバーを管理するという手法でもって、働き方の新時代を率いてきたが、ドライバーがその仕事をどう体験するかはアルゴリズムによる管理を超えている。地域的状況、ドライバー自身の仕事に対するモチベーションや経験、そして仕事への自己投資レベル、そういったすべてが、この仕事の長所と短所の受け止め方に影響を与えている。過去四年以上の間、私はウーバーランドで、運転するということの意味は人と場所によってちがうということを見てきた。Uber のドライバーには三つの主要なカテゴリーがある。趣味としてやっているドライバー、パートタイムのドライバー、そしてフルタイムのドライバーだ。趣味のドライバーは、端的に言えばお金を稼ぐ必要がない。パートタイムのドライバーは、お金は必要だが、さまざまな理由でフルタイムでは働かない、または働くことができないような人たち。そしてフルタイムのドライバーというのは、その主な収入を Uber で運転することから得ている人だ。なかには、かなりの時間をこの仕事につぎ込む人もいる。ほとんどのドライバーはパートタイムだが、生活の糧を稼ぐためにフルタイムと同じくらい長時間働いている少数派もいる。同じ労働条件が、さまざまなカテゴリーのドライバーにまったく異なる影響を与えることもあるのだ。

フルタイム・ドライバーとパートタイム・ドライバーのさまざまなモチベーション

Lyft には二〇一七年一一月の時点で七〇万人の現役ドライバーがいた。(1) 同月、Uber には七五万人の現役ドライバーがいて、二〇一八年三月には九〇万人に膨れあがった（両社で「現役」の定義の仕方は異なるかもしれないが）。一方、カナダでは、Uber は五万人の現役ドライバーを抱えている。[2]「現役ドライバー」という用語は、何人の人が Uber または Lyft のドライバーとしての経験があるかという全体像は映しださない。たとえば、二〇一五年一月から二〇一七年三月までの間で言えば、Uber には世界一九六都市で、uberX と uberPOOL で働くドライバーが一八七万七二五二人いた（uberXL や uberBlack、uberEats といった他のサービス階層は除外）。[3]

『ハーバード・ビジネス・レビュー』[4]の記事で私が初めて紹介したように、調査によると、こうしたドライバーのほとんどはパートタイムで働いているということがわかっている。たとえば、Uber のチーフエコノミストのジョナサン・ホールと、プリンストン大学の経済学者アラン・クルーガーが二〇一五年に発表した分析によると、Uber のドライバーの五一パーセントが週に一時間から一五時間働き、三〇パーセントが一六時間から三四時間働いているという——一方で、週に三五時間から四九時間働いているのは一二パーセント、五〇時間以上働いているのは七パーセントだという。[5] Lyft によると、二〇一五年には七八パーセントのドライバーが週に一時間から一五時間、八六パーセントが他でフルタイムで働いているか、フルタイムの仕事を探していたという。[6] アメリカとヨーロッパ全体では、特定の雇用主に雇われずに働く人は Uber のようなプラットフォームを主要な収入源として頼っていないという別の報告もある。[7] しかし、ギグワークのプラットフォーム・モデルは、労働者の高い離職率を伴う——オンライン・プラットフォームの労働者の六人に一人が、ある一定の月において新参者であり、その半分以上が一年以内に辞めるという。[8]

ライドヘイルのモデルはパートタイム労働を念頭に置いていると、Uber と Lyft 双方による最近のレポートは伝えている。たとえば、Lyftは五二の主要都市で、三万七〇〇〇人のドライバーと三万人の乗客に対して調査を行なった。二〇一八年のレポートに発表されたその結果には、アメリカでは全国レベルで、ドライバーの九三パーセントが週二〇時間以内の労働で、九三パーセントが他に職をもっている者、または仕事を探しているフルタイムの学生、もしくは退職者だと記されている。[9] 二〇一八年二月、Uberは「アメリカのドライバーの約六〇パーセントが、週に数時間しかUberを利用していない」と書かれたブログ投稿を発表した。[10] この後者の統計は、Uberのポリシーチームに属するデータ・サイエンティストによると、過去三ヶ月の間、典型的な労働週に一〇時間以下しか運転しないドライバーのことを指しているということを、Uberは私宛てのEメールのなかで認めた。[11]

ところが、UberとLyftのいずれかの会社で、ドライバーがどれくらいの時間働いているかに関する両社のレポートは、このストーリーの一部しか物語っていない。私がニューヨーク市で会った典型的なドライバーは、複数のアプリ（多くの場合二つか三つ）でフルタイムで働いていた。たとえばUber、Lyft、Juno、Via、Gettのいずれかを組み合わせるかたちだ。実際、ニューヨーク市の市長室による二〇一六年のレポートには、タクシーや客待ちドライバー（ライドヘイル・ドライバーを含む）のなかで、「すべてのドライバーの四分の三が、タクシーその他のハイヤーを運転するのが自分のフルタイムの仕事だと言っている」と書かれている。[12] Lyftの二〇一八年のレポートも、ドライバー統計の都市ごとの分析結果を提供しており、ニューヨーク市ではドライバーの九一パーセントは労働時間が週に二〇時間以下だと伝えている[13]——だがこれは単に、フルタイムで働くドライバーが自分の時間の一部を、UberやJuno、Viaといった地元の競合会社に割いているという事実を反映しているに過ぎないのかもしれない（リサーチ中に私が出会ったドライバーのなかで、ニューヨーク市のほとんどのドライバーはフルタイムで働いている)。ドライバーは週に平均一〇―二〇時間働いていると各社が主張した場合、それは、ドライバーは、たとえば収入を補うために、主にパートタイムで働いているということを示していることになる。

パートタイムとフルタイムのドライバーに関する信頼できる統計は手に入らないが、それにもかかわらず、パートタイムで働くドライバーとフルタイムで働くドライバーの間には溝が存在する。UCLAの法学教授ノア・ザッツはこう述べている。「ドライバーのほんの一部がUberの仕事の大半を担っている」[14]。このことがフルタイム・ドライバーという少数派と、補助的収入や社会的理由のために働くパートタイム・ドライバーという多数派との間の緊張関係の原因となっているのだ。パートタイムで稼ぐ人の可動率の高さは、収入を得るための、より持続可能な機会を生みだそうとする雇用主へのプレッシャーを軽減する。ライドヘイルの仕事で生計を立てたいと願う労働者は、ほとんどのリスクを負うことになる。そして、ドライバーにとってこのモデルの帰結は、要約すれば、主に彼らがシステムのなかにもつことになる利害関係である。カナダのトロントでUberの運転手をするスティーヴンは、使っていないメルセデスを利用して、趣味としてuberXのドライバーをしている。Uberのドライバーとして、彼はこの仕事を通じた人々との交流、あらゆる職業や地位の新しい人たちと知り合い、新たな近隣の人を発見する機会に喜びを感じている。彼はこんなことを言っている。「実は退職したばかりなので、まずはパートタイムとしてやることにしたんだ。楽しみのため、完全に楽しみのためだけにね。本当にこの仕事が楽しいんだ」。スティーヴンは三〇年前に南アフリカからトロントへ移民としてやってきて、ビジネスマンとして成功を収めてから退職し、裕福な郊外の家に戻ってきた。趣味でやっている他のドライバーと同じように、スティーヴンにも余分な資産があるので、この仕事へのモチベーションは主に娯楽的理由だという。スティーヴンのようなドライバーは、自分を労働者として見る必要もない。趣味でやっているドライバーは主に、退職者や他分野で職業をもっている人である。

ドライバーのモチベーションの全スペクトルは、私たちがUberモデルをいかに幅広く理解するか、そして今後短期間の働き方の未来に対するその影響力をどのように理解するかという問題を複雑にする。娯楽、または趣味レベルのドライバーは、たとえば、より良い賃金を求める経済的インセンティブに欠けているため、この仕事をもっと軽く捉えている可能性がある——しかし、ほとんどのドライバーは、Uberのシステム内の不平等問題に対する感受性が強い。そして、Uberのドライバーだろうとタクシー会社のドライバーだろうと、多くのドライバーが、新しい人に出会うことから得られるポジティブな社会的つながりを引き合いに出す。ウィニペグでタクシーのパートタイム・ドライバーをしているハカムは言う。「意見交換が大好きな、いろんな人と出会えるよ。陸軍出身の人にも会って陸軍のことを聞いたこともある——どんなトレーニングをするのかとか、そういうこと。いろんな知識が得られるんだ」

ドライバーは自分のモチベーションや投資量にしたがって、意図的に自分を階層化するのではない。というのも、彼らは分散した労働力として働いているからだ。調査の初期段階で、他のライドヘイルのドライバーに会ったことがないというドライバー数人と出会った。オンライン・フォーラムでは、ドライバーが大きな全国的グループとして親しく語り合い、さまざまな都市で経験したことを投稿している。ところが、もっと小さなローカル・グループも芽生えはじめている。運転がすべての人にとって同じではないことは明らかだが、Uberのビジネスモデルは、この仕事にそれぞれ異なった規模の投資をするドライバーを抱えることから恩恵を受けているのだ。たとえば最低限のニーズ――パートタイムで稼ごうとする人々のそれ――を満たすために、賃金を引き下げることもできる[15]。

Uberの成功の裏側で、この会社のモデルは、最も投資しているドライバーと最も投資していないドライバー（多数派を構成する）とを、効果的に対抗させているということを理解するのは重要だ。たとえドライバーが多くの場合、このモデルにうまく操られて参加させられているにしても、だ。ドライバーはアプリを使って一匹狼として働き、ドライバー同士のコミュニケーションの正式な経路はひとつももたない。私が出会い、観察するほとんどのドライバーは、労働者の権利擁護のための組織をもたないが、なかには、オンライン・フォーラムで活発な仕事文化や情報共有の実践に加わっている人もいる。とはいえ、フォーラムは多くの地域からのドライバーであふれており、それゆえに、中央集権化された労働者団体や勢力という地域基盤を与えることはないのだ。

転職活動中の人にとって、参入のハードルが低く、ほぼ即座に収入が得られる仕事があるというのはすばらしいことである。一方フルタイムのドライバーにとって、パートタイムのドライバーは、ちょっとしたかさぶたのような存在だ。臨時のドライバーは、家族を支えようと必死に働く職業ドライバーが忌み嫌うような労働条件でさえも耐えられる。実際、この分断をUberは武器として積極的に利用し、職業ドライバーが労働条件を改善しようとして団結して行なう活動を徐々に蝕んでいるのだ。

たとえばシアトルでは、個人事業主に分類されているライドヘイル・ドライバーを代表する労働組合の組織活動が進行中だ。二〇一五年一二月、シアトルはドライバーに団体交渉を許可する条例を通過させた（商工会議所の反対にあったが、最終的に連邦裁判所で認められた）[16]。Uberは、すべてのドライバーがその組合で発言権をもつべきだと主張する。そうすれば実質的に、週に五時間しか働かないドライバーと、週に五〇時間以上働くドライバーに同じ比重をかけることで、労働組合の牽引力を弱めることになる。シアトル市議会は最終的に、過去一二ヶ月のいずれかの三ヶ月間に、少なくとも五二回の配車を受け付けたドライバーは、労働協約への投票権をもつべきであると提案した。これには数多くのパートタイム・ドライバーが含まれている。[17]

フルタイムのドライバーも、パートタイムのドライバーも、さまざまな理由でこの仕事をしている。いままさに転職活動のさなかだったり、収入を補う必要があったり、なんらかの娯楽を望んでいたりする人もいる。ほぼすべてのドライバーがフレキシビリティに価値を置いているのは、自由意志でログインとログアウトができるからだ——ところが、保証つきの時間給やサージ料金設定といったプロモーションは、いつどこで運転するかに関する一定の追加基準を満たすことで割増料金を求めるドライバーに、シフト勤務の条件を再現することにもなりかねない。こうした矛盾は、ドライバー経験に多大な影響をもたらすことがある。たとえば、多くのドライバー、特に趣味でやっているドライバーは、働くための主なモチベーションとして、UberやLyftから得られる社会的つながりを引き合いに出す。職業ドライバーやパートタイム・ドライバーも、仕事のこの部分を享受している人もいるだろう。もっと稀なケースなかには、第二言語として英語を勉強したいと心から思っている人もいるかもしれない。運転することでは、社会不安を抱えていると客に打ち明けてくるドライバーもいるかもしれないし、運転することで、ふだんより楽に社交的になれるという人もいるかもしれない。第二言語としての英語の勉強や社会不安の管理は一般に、働くことへの主要なモチベーションというよりも、この仕事の「ソフト面」でのメリットの一部である。他にも、もう一方の、Uberではない選択肢と比べて「割に合わない良い仕事」に価値を置くドライバーもいる。[18] こうしたさまざまなモチベーションと背景は、仕事に対するUberの影響力がなぜそれぞれ異なるかの理由を示している。それらはまた、声高に主張する少数派のUberドライバーを活気づけている反対意見が、なぜドライバー労働者の間でもっと広く共有されないのかを説明するのにも役立つ。

趣味で働くドライバー

ギグワークに金銭的に頼っている人（調査対象の労働者の五六パーセント）と、余分な収入がなくても快適に生活できるという「臨時の」ギグワーカー（四二パーセント）の間には大きなちがいがあることを、ピュー研究所の二〇一六年の調査は示している。[19] だが、補足的な仕事として始めたことが、フルタイムの仕事に変わることもありうる。デヴィッド・アギーレはテキサス州ヒューストンでUberのドライバーをしているが、二〇一八年に彼と話したとき、かなり一般的な経験について語ってくれた。「僕としては副業のつもりで始めたんだけど、［二〇一七年の］九月にフルタイムとして働くことにしたんだ。それまで勤めていた会社が倒産しちゃってね」。ドライバーがこの仕事にどれほど経済的に依存しているかは、時とともに変化する。そしてピュー研究所の調査が強調しているように、（ライドヘイリングの域を超えた）ギグワークは、ある人にとっては必要不可欠だが、また別の人にとっては娯楽だったりする。[20] 趣味のドライバーの選択肢は、シェアリング・エコノミーが仕事を利他的努力としているという文化的主張には適合するが、ブロガーがジャーナリズムという職業を定義しないのと同じように、ドライバーという仕事の全範囲を定義してはいないのだ。

ある午後、モントリオールのカフェでコンピューターに向かって仕事をしている間、ロサンゼルスでドライバーをしているネイサンが、休み時間を利用して電話インタビューに答えてくれた。彼は六〇代後半で、臨床ソーシャルワーカーの資格をもっている。そしてロサンゼルス地区の精神衛生関連の仕事をしている。本業の仕事が入っていない週末は、Lyftで六時間から一二時間、ドライバーの仕事をする。お金は増えるけれど、彼が運転するのは主に社交上の理由からであり、患者を扱うという精神的にひどく骨の折れる仕事のあとに、リラックスするためでもある。彼はこんな話をしてくれた。「私はPTSDの患者を担当しています。非常にやっかいな精神疾患だし、長期にわたる闘いでもあります。外に出て、人とこんなふうに、どちらかといえば呑気な関わり合いがもてることは、私にとって、ある意味良いことなんです……。これは、人が互いに交流するための新しい方法と言えるでしょう」。ネイサンは精神療法医として一時間約一三〇ドルを稼ぐ。Lyftの運転では、はじめのうちは（インセンティブ報酬のおかげで）一時間に三四ドルだったが、これが運転を始めて四ヶ月も経つと、一時間に一五ドルから二〇ドルの間を行ったり来たりするまでに落ち込んだ。彼はこう言う。「外に出かけていって運転することが好きじゃなかったら、きっと辞めているでしょう」

サウスカロライナ州チャールストンで、キャロルは、新品のSUVを買って以来、運転もせず、ドライブウェイに停まったままになっているのを息子にからかわれたのをきっかけにUberのドライバーを始めたという。夜、乗客を目的地の街で降ろしたついでに、新しいショーやレストランを開拓できるのを彼女は楽しんでいる。それらをじゅうぶんに堪能してから、郊外の家路につくのだ。私が路上で出会う他の女性ドライバーと同じように、キャロルも基本的に深夜の、いわゆる「嘔吐シフト」を避けているが、夜遅いシフトで若い男性にからまれるといった現実の問題に直面したことは一度もない。彼女にとってUberの良いところは、新しいことを学びながら、同時に息子からの敬意を得るチャンスがあることだった。Uber のフレキシブルなモデルなら、好きなときに仕事ができる。補助的にお金を稼ごうとするドライバー——大部分は退職者か、プロとして他の仕事をしている人か、または子どもが巣立った親だ——は主に、社交上の理由からこの仕事のモチベーションを得ている。私の調査によれば、彼らは個人事業主としての労働という Uber の雇用モデルから、最も明白な利益を得ている。臨時の雇用機会をより多く獲得しているだけでなく、家計収入の大部分を Uber に頼っているようなドライバーらがストライキや抗議を行なうようなビジネス慣習（賃金カットなど）の影響も受けにくいからだ。

パートタイムのドライバー

Uber のドライバーの大多数がパートタイムだ。私の調査によれば、この種の仕事をする人には共通する三つのモチベーションがあることがわかった。転職活動の埋め合わせになるということ、必要性の高いフレキシビリティがあるということ、そして「割に合わない良い仕事」へのニーズを満たしてくれるということだ。

転職活動中の収入を重視するドライバー

「感謝しているって言いたいね」とジェイクは Uber の仕事について語る。「以前いた会社が大きな打撃を受け、どうにか這い上がらなければならなかったんだ。それに住宅ローンの支払いもあったから、これは本当に助かる」。ジェイクは高級栄養食材の業界にいて、コロラド州デンバーで約一年間、

Uberでパートタイムのドライバーの仕事をしている。雇用不安や搾取といった観点からUberドライバーの苦境に目を向けるのは、しばしば簡単なことだが、これをすぐさまドライバーのすべてに適用することはできない。彼らのなかには、ライドヘイルの仕事の価値を、不運な状況の改善策として推進する人もいるからだ。

ラジはトロントで九年間、プロとして運転をしてきた。最初はタクシードライバーとして、次にハイヤー事業のオーナーとして、そして現在はuberSelectという、Uberのより高級なサービス階層で働いている。彼はUberのテクノロジーを称賛しているが、アマチュアのドライバーの流入を自らの生計への脅威と見ている。「競争はどんなときも、だれにとっても良いものだけれど、やはり道理をわきまえたものであるべきだし、ただ単にこの市場に乱入するのは良くない」。Uberの出現とともに、彼はプロのドライバーとしての自分の収入の安定性が心配になり、仕事を変えようと思っている。助手席のシートの下にテキストをしのばせ、配車の合間に住宅ローン仲介業者として働く勉強をしている。[21] 実際、Uberのモデルは仕事が欲しい人ならだれにでも雇用機会をオープンにしているが、Uberがこの仕事に設定する条件は、正規の職業としてのドライバー職を徐々に蝕んでいるのだ。

これは直観には反するが、雇用の不安定さと定着率の低さは、この仕事やギグエコノミー全体での類似の仕事における、長期的予想収入をより安定させなければならないことは示していないかもしれない。二〇一六年二月にJPモルガン・チェースが発表したレポートは、三〇のオンライン・プラットフォームのうち、少なくともひとつに参加したチェースの顧客からの支払いデータを検証したものである。リサーチャーは、Uberなどの労働集約型のオンライン・プラットフォーム上で（Airbnbのような資産集約型のプラットフォームではなく）、五六パーセントの時間、ユーザーが活動しており、副次的収入源としての依存度は長期間変わらないことを発見した[22]。これはなぜかといえば、それぞれの労働者が自分の収入を、短期的出費をカバーしたり、他の仕事へ転職する過渡期に利用したりしている可能性があるからだと、ホールとクルーガーはUberのドライバーの高い離職率について論じている[23]。

私のリサーチからの洞察が、また別の説明になるかもしれない。フルタイムで働くことに躊躇するドライバーがいるのは、他の仕事をするよりもドライバーをしたほうがたくさん稼げるとしても、これがリスキーな仕事だという考えがあるからだ[24]。そしてドライバーによっては、ギグワークは不安定な収入や予期せぬ出費、前の仕事と次の仕事の間の間隙などをうまく取り繕うひとつの方法だったりする。UberとLyftはログインして働こうとするドライバーに仕事を提供し、ドライバーはスケジュールどおりに——週ごと、または即時払いの場合もある——給与を受け取る。これは決してあなどれない。サイドギグとして、それは他の仕事の代わりというよりも、むしろそれに対する添加物として利用することができるのだ[25]。

フレキシビリティに価値を置くドライバー

ギグエコノミーの公約のひとつに、労働者は自分の好きなときに好きなだけ働けるため、フレキシビリティが増えるというものがある。だからこそ、多くの人が正規の仕事の他に副収入を得ようと、こぞってドライバーの仕事を始めるのだ[26]。UberとLyftのドライバーは、その仕事の最も重要な利点のひとつとして、フレキシビリティ——好きなときに休憩をとって、買い物に行ったり、家に戻って昼寝をしたりすることができるという自由——を挙げている。企業としてのUberは、ドライバーの大多数は自由とフレキシビリティを謳歌するパートタイマーだという点を指摘し、これが、自由意志で仕事にログイン／ログアウトすることのできるドライバーの仕事を特徴づけているのだ。

ニューヨークのUberとLyftのドライバーで、元イエローキャブのドライバーのラウルは、料金値下げ前は一日八―九時間働いていた。現在は一二―一四時間働いている。それでも、一日の仕事量が選べるというフレキシビリティに価値を置いている。午後三時に家に帰って仮眠をとったり、妻が用意してくれる昼食を自宅で食べたりすることもできる。だが、一日二四時間のうちのどの一四時間に働くかを選べる自由があるからといって、「フレキシビリティ」というレトリックが含有する自由の感覚は得られない。ラウルはかつて、夕方六時くらいまで家にいて、子どもたちが学校から帰ってくるのを見届けていたが、いまは料金値下げ分を埋め合わせるため、夜の九時まで働いている。実は再度タクシー会社での就職を探していると言う。もっと信頼できるシフトと安定した収入が欲しいからだ。

ほとんどのドライバーはスケジュールを組む際のフレキシビリティを重視しており、この利点を利用して補助的収入のためにパートタイムで働く人もいる。とはいえ、この仕事は、Uberが長期にわたって提供する流動的なインセンティブ賃金制度にドライバーが従わない限り、主な収入源として長期間持続することはできないのだ。

「割に合わない良い仕事」に価値を置くドライバー

UberとLyftでドライバーとして働くことは、ある人にとっては「割の合わない良い仕事」だ。特に犯罪歴があったり、じゅうぶんな教育を受けていなかったりする人にとっては。[27] 二〇代半ばのコーディは、アナーバーからデトロイトに至る地域のLyftドライバーだ。高校の教育しか受けていないため、良い仕事に就けないと私に話す。「週八〇時間の工場勤務みたいな仕事以外、高卒の割に給料がいいという仕事はそうそうないんだよ」と彼は言った。ピュー研究所の二〇一六年の調査によると、回答者の五人に一人が、住んでいる地域の雇用機会が限られているため、こうしたデジタル・プラットフォームを利用しているという結果になった。コーディの前職は青少年カウンセラーだったが、働きはじめて四日目に、カウンセリングをしていた若者に顔を殴られたという。コーディにとって、ライドヘイルの仕事は青少年カウンセラーよりは目に見えて安全だし、時給も良い——彼は少年拘置所で時給一〇ドルにちょっと毛が生えた程度しか稼いでいなかった。とはいえ、前職では手当はついていた。ライドヘイルのフルタイムの仕事への移行期に、自分が失う手当の分については、あまり深く考えないようにしていると言う。

デモンテは、アトランタの北西にあるジョージア州マリエッタで、uberEats——提携レストランから注文した顧客に食事を配達する、Uber が運営するサービス——のドライバーをしている。彼は近隣の大学で理学士号を取得した。五年前に卒業した後はふたつの倉庫関連の仕事をしていたが、その間に Uber の仕事を始めた。倉庫の仕事のひとつは季節労働だった。医療費の給付はフルタイムの倉庫の仕事から得ており、一週間に約二五時間、uberEats にログインして仕事をすると、だいたい一五〇——一七五ドル、多いときで二〇〇ドル稼げる。どれくらいもらえれば良い仕事と言えると思うかとデモンテに尋ねると、それまで電話口で機関銃のようにしゃべりつづけていた彼は、会話を中断し、長いこと考えて、ついに深呼吸をしてからこう答える。「二桁かな。つまり一時間一〇ドル。経済的にはこれでかなりいいと思うよ」。彼は賃金がもっと上がらない限り、uberEats でフルタイムで働こうとは思わないと言う。自分のニーズを補うにはまだじゅうぶんとは言えないし、せっかく学士号を取ったのだから、この教育をスポーツ・マネジメントの分野に活かせるような仕事を探したいと、いまも強く思っている、と彼は言う。

ニュージャージー州のレストランでフードデリバリーのドライバーをしていたジン・デンにとって、ニューヨーク市でUberとLyftのドライバーをすることはステップアップにはちがいない。しかし、自分がドライバーをしているのは学校に行かず、もっと良い仕事に就くためのじゅうぶんな教育を受けて来なかったからだと、すぐに付けたした。彼は前職で二度強盗にあった。一度は目に催涙スプレーをかけられた。会話の途中、カーゴパンツのポケットに手を入れて、彼はこう説明する。強盗は、食べ物と配達の際に必要なおつりが入ったバッグだけをひったくり、自分の財布は無事だった、と。いま彼は、ニューヨーク市のUberとLyftで、大きなシボレー・サバーバンを運転している。アプリが全部やってくれるキャッシュレスの支払いが、この仕事で感覚として得ることのできる安心感を高めていると感じている。大きな車に投資して、年を追うごとに成長する大家族を収容できるようにした。新しく生まれた赤ちゃんは生後五ヶ月。中国から両親がやってきて、赤ちゃんの面倒を見てくれるようになれば、妻もネイルサロンの仕事に復帰できる。ジン・デンにとって安全という利点は、他のドライバーのイライラの原因になっている職場の懸念事項よりも勝る。一部には、彼の選択肢が限られているからだろう。同様に、ドライバーとしてのより強固な職業的アイデンティティをもつライドヘイルのドライバーは、しばしばライドヘイル・テクノロジーの設計に目を向け、UberやLyft、そしてタクシーやトラックの運転とのちがいを評価する。ハイチ出身のピエール・アレクサンドレは、ニューヨーク市でイエローキャブのドライバーをしていたが、その後、UberとLyftのドライバーをするかたわら、オンライン大学でＭＢＡの取得を目指している。二〇一七年のインタビューで、彼は自らのセキュリティ感覚を改善するきっかけとなったいくつかの特徴について触れている。「名前とレーティング――お客さんを拾う前から、自分の車にどんな人が乗ってくるかがわかるといったような……そのほうが安全に決まっている。ドライバーに何かしようと思っても、すでに乗客のすべての情報が握られている。だから〔ここで彼は笑う〕取引はすでにそこで終わっているんだ」。それから、タクシーのなかの仕切りの役割についても触れ、ライドヘイルの車に欠けている身の安全といった類のものを、この仕切りが提供しているかどうかについてコメントする。「仕切りがいちばん安全かといったらそんなことはない――そう、だってなんらかのかたちで乗客とやりとりするときは、仕切りを開けなければいけないからね」と彼は指摘する。ピエール・アレクサンドレにとって、ライドヘイル・アプリのテクノロジーのデザインとアフォーダンス〔環境やものが提示する使い方や関わり方〕は、ある種、タクシーにはない安全性を提供するのだ[28]。

多くの新米ドライバーは、他の職場よりもUberやLyftを好むが、開始時の稼ぎを過大評価しているドライバーが多いことも確かだ。一時間三〇ドルとか、年間八万五〇〇〇ドルといった収入を声高に宣伝する会社広告に惹かれてこの仕事を始めるドライバーは、自分の経費や実際の収益能力の種類と範囲を享受するのに数ヶ月かかることもある（これはときに、絶え間なく変わる一連のプロモーション上のインセンティブ次第で決まる）。Uberは、ニューヨーク市のドライバーは中央値で年間九万ドルを稼ぎ、サンフランシスコのドライバーは中央値で年間七万四〇〇〇ドルを稼ぐと謳っていることで有名だ。二〇一七年、Uberは、年間九万ドル稼げると言って収益を誇張し、見込みのあるドライバーを募集したとして、連邦取引委員会から二〇〇〇万ドルの罰金を科された[29]。他の地域をざっと見てみると、『バズフィード』の調査では、二〇一五年の後期、経費差引後で言うと、Uberのドライバーは平均するとデンバーで一時間一三・一七ドル、ヒューストンで一〇・七五ドル、デトロイトで八・七七ドルを稼ぐことがわかった。(30)二〇一八年五月に経済学者ローレンス・ミシェルが発表した分析によれば、アメリカのUberのドライバーは、Uberへの手数料、車両関係経費、自営のドライバーが払わなければならない義務としての社会保障およびメディケア税を差し引くと、手取りで一時間あたり一〇・八七ドル受けとれる。この数値には、個人事業主が自身で賄わなければならない医療補助や年金などは含まれない、とミシェルは補足する。(31)連邦取引委員会とのやり取りのなかで、Uberの弁護士は、広告上の収入と実収入の間のギャップの責任の一端は、あまり一生懸命働こうとしない怠惰なドライバーにあると仄めかしている。(32)とはいえ、時間給についての主張を複雑なものにしているのは、Uberのダイナミックなインセンティブ報酬なのだ。これについてはのちに触れよう。ある人にとっては、UberやLyftのドライバーをすることは、それでも他の選択肢よりは良い。ジョージア州アトランタで週に約五〇—六〇時間、Lyftだけでフルタイムのドライバーをしているドンテスは、ドライバーは過去にやったどの仕事よりもいいと言っている。Lyftを始める前は、ウォルマートの倉庫で働いていた。「昔の二週間分以上を、いまでは一週間で稼いでいるよ」と、彼は低い声でつぶやくように言った。

二〇一六年の秋、私はデンバーでUberとLyftの両方のドライバーをしているという人の車に乗り、この地域原産のレッドロック（文字通りくすんだオレンジの色合いだ）まで連れていってもらう。私が適当に選んだ最初の目的地の座標は、私たちを野原の真ん中へ運ぶ。目的地に着いても降りるのをためらいながら、私はドライバーに、迷惑でなければ別の場所に連れていってくれないかと尋ねる。すると彼は、有名なコンサート会場を提案してくれる。午前中はなんら活気ある催しなどやっていないところだ。その場所は美しく、市の中心部から遠く離れているが、デンバーは基本的に長く延びる道に囲まれた一続きの郊外の街なので、ある場所から別の場所へ行くのに、ゆうに二五分から四〇分くらいかかることもあるのだ。数時間ほどぶらぶら歩いたあと、もとの場所に戻る車をリクエストすると、人里はるか離れたところにいるというのに、ほんの数分でドライバーがすぐそこまで来ているのでびっくりする。ドライバーは正確な入り口を探すのに一苦労しているみたいなので、車が駐車場付近で不自然な転回をしているのに気づいた私は、彼に合図を送って停止させる。

「すまないね」と彼は笑顔で言いながら、私が乗ろうとするとドアがロックされたままなのに気づいて、感じ良さそうにくっくっと笑う。レッドブルの空き缶とモンスターエナジーの缶、飲みかけのコーヒーが入ったダンキンドーナッツのカップなどが、運転席と助手席の間のコンソールの周りに散らばっている。彼は数分おきに神経質そうに笑いながら話す。今日はジョシュアにとって、ライドへイル会社で運転をする初日なのだ。そして私はまさしく、彼の最初の乗客。ドンテスと同じように、彼もかつては大規模小売店で働いていたが、七、八年前にその仕事を見限った。「息子は一歳二ヶ月になる。前よりも息子を見てあげられる時間が増えたんだ。託児所のために週に三〇〇ドルも払うのが嫌になってしまってね」と彼は白状する。ジョシュアの妻は仕事をふたつもっている。同じく大規模小売店で働きながら、また別の大規模小売店で営業部長の仕事をしているのだ。GPSが同じ道で何度もUターンしろという指示を出しているので、私たちはさらに数回、入り口の周りをぐるぐる旋回する。その間、彼は地図をもっとよく見たほうがいいかもしれないと、心配を声に出して言う。それからガソリンスタンドに立ち寄ると、私は彼がまだ「出発」ボタンを押していないことに気づき、やんわりと指摘してあげる。乗客を乗せ、目的地に連れていく準備ができたことをアプリに知らせるボタンだ。これを押していなかったために、何度も出発地に引き返そうとしていたのだ。道すがら、ジョシュアとこの新しい仕事についておしゃべりする。なぜ、人里離れた辺鄙な場所からやってきて、ドライバーとして最初の一日をスタートさせようとしたのかと尋ねると、このあたりが穴場スポットになるかもしれないというメッセージを、朝、アプリで受信していたのだと話す。もしそれが夜間の時間帯だったり、計画していたコンサートが行なわれようとしていたりするならばわかるのだが、たぶん、私がそのとき使っていたアカウントは乗車頻度が高いプロフィールだったので、私が復路の乗車を必要としているだろうとアプリが予測したために、彼の車が配車されたのではないかと思われる。ベテランのドライバーならおそらく、こうした誘惑には乗らないだろう。そんなことをすれば、配車リクエストなどほとんど望めない未払いの「無料運転」マイル――乗客を乗せない状態で走る経費――が加算されていくだけだから。

テキサス州ダラスのある晴れた日、二〇代の女性ドライバー、タニシャと会う。フォートワース近郊に立ち寄るためだ。彼女はダラスのコールセンターの仕事を辞めて、Lyft と Uber の仕事を始めた。コールセンターの仕事の、息苦しい、すべてが管理された環境から逃げだすためだ[33]。自分の上司になろう、という Uber の誘惑の言葉にモチベーションを得たのだそうだ。「サイドビジネスとしてはまずまずの副収入よ。パートタイムの仕事だと、最高でも週に二〇〇ドルぐらいだった……それに週三―四日、一日四―五時間は最低でも働いていたし」と説明する。この会話をしたとき、彼女はフルタイムのドライバーの仕事を実験として始めようとしていた。フレキシブルなスケジュールと仕事上の自由がもっと欲しかったのだ。多くの新米ドライバーは、週に一五〇〇ドルなど、求人広告に掲載されている金額を挙げて自分の稼ぎを説明する。というのも、自分の車の減価償却費、Uber の実質手数料、その他収入から差し引かれる金額など、経費の合計がどれくらいになるかということが、まだよくわかっていないからだ。ドライバーは一時間一五ドル稼げるという広告を、二〇一五年にUberがダラスのCraigslistに掲載した後、連邦取引委員会はこの金額を稼いでいるドライバーは（運賃をならしたあと、短期的なプロモーションやインセンティブを含めても）三〇パーセントに満たないことを発見した。(34) 二〇一七年夏のあるフォーラムで、ひとりのドライバーがグループにこんな投稿をした。「シカゴで週に平均一五〇〇ドルを稼ぐことはできますか？」ドライバーたちがここぞとばかりに群れをなし、不信感でもってこれに応答し、一週間に七〇時間働けば可能かもしれないと仮定したが、「そんなわけはない、断じてありえない！　総収益で言えばありかもしれないが、純利益ならありえない」と言いあう者たちもいた。また横から割り込んで、この一五〇〇ドルという金額にはどんな経費が含まれているのかと質問する者もいた。この議論は、私がよく目にする、より大きな意見の相違を如実に示していた。ドライバーたちは自分の予想利益と、経費や税金を差し引いたあとの手取り給与の両方をドライバーたちは自分の予想利益と、経費や税金を差し引いたあとの手取り給与の両方をなんとか理解しようと、必死で奮闘せざるを得ないのだ。

なかには、もっと高い収入を維持するために、インセンティブ報酬やボーナスを中心に戦略を練って、実際にたくさん稼いでいる人もいるが、こうしたことをドライバーは日常的には経験していない。たとえば、二〇一七年の夏、あるフォーラムでは、投稿者が他のドライバーたちに対して、一週間でいちばん稼いだ金額を投稿するよう求めた。ふたつの例のうち、まずカリフォルニア州のドライバーは二〇一六年秋、その九ヶ月前に預金口座に振り込まれた一二一二ドル一八セントという明細を投稿した。もうひとりのフロリダ州のドライバーは、二〇一七年春の一〇八三ドルという明細を投稿し、春休み中はドライバーの仕事は儲かるという嬉々とした声を載せた。こうした収入の一部には、おそらくどこかの乗客が車のなかで吐いたのか、彼が清掃費として受け取った一五〇ドルも含まれている。他のドライバーのなかにはもっと高い金額を投稿した者もいるが、飛び抜けて高い金額はいずれも、紹介料（ドライバーが他の見込みのあるドライバーと「紹介コード」を共有してリクルートしたときにもらえる料金）など、収入とボーナスを組み合わせた合計から来ている。この紹介料はべらぼうに高く、最大で五〇〇ドルになることもある。

ドライバーは、自分の仕事の見通しについて複雑な思いを抱いてもいる。あるフォーラムでは、二〇一七年夏の投稿についてドライバーたちが議論していた。仕事を辞めて、Uber と Lyft のフルタイム・ドライバーになるべきか、というテーマだ。これは何百もの「いいね」とコメントを獲得し、ドライバーが別の市場に対してもっている印象を網羅していた。あるロサンゼルスのドライバーはこんなことを書いている。

フルタイムで運転するというのはちょっとしたいい幻想だが、結局は車のなかで暮らすことになり、需要が変動するたびに収支を合わせようとして、現実に平手打ちを食わされることになる。低い需要にもかかわらず、路上にお腹を空かせた何千匹もの蟻がいることを考えると、これは人が言うほど簡単なことではない。そう、手に入れられるはずの自由な時間なんて、みんなたわごと。死ぬほど必死に働いて、一生懸命運転しても、得るものは何もない。いま仕事があるなら、その仕事を手放さないことをお勧めする。路上生活は、平均して一回三ドルとか五ドルといった二束三文で、生きのびるために運転した挙句の果てに健康が損なわれるだけで、いいことなんて何ひとつない。車のなかで生活し、駐車場で寝て、一週間に一五〇〇ドル稼ぐことが魅力的だと思うなら、私は止めない。どうぞお好きなように。でも、期待しているような自由の幻想は絶対に得られない。

もうひとりのドライバーがこれに応える。「きっとあなたはうまくいっていないのですね。僕はフルタイムで一年以上やってますよ」と。他の人も、仕事を辞めてフルタイムのドライバーになるべきかの論争に加わり、こんなコメントを残している。「要は、いま辞めようとしている仕事がどんな仕事かによるのでは?」

ケーススタディ――ニューヨーク市でフルタイムのドライバーになる

大まかに言って、規制が弱い環境にあるほとんどの都市では、ドライバーはパートタイムで仕事をするだけの余裕があり、職業ドライバーの経験も少ない可能性がある。ところがニューヨーク市では、仕事への参入のハードルが高いため、フルタイムで働くドライバーが多く、そのほとんどがタクシー業界での経験がある。フルタイムのドライバーは、この仕事をするために多大な投資をする。ニューヨークにおけるUberの労働人口は、この街の多様性を反映している。元チベット僧侶だったあるドライバーは、隠遁生活に見切りをつけ、この街に移り住んで雑踏のなかに入っていかざるを得なかったと打ち明ける。他の市場と異なり、ここでは、ドライバーはタクシー・リムジン委員会(TLC)に規制されていて、UberやLyftでドライバーを始めるための資本コストが非常に高い。彼らは指紋採取をベースとした身元調査をパスし、ＴＬＣが発行する免許とナンバープレートを取得し、テストに合格し、講義を受け、営利保険に加入しなければならず、これらすべてに高額の関連費用がかかる。その結果、ほとんどのドライバーがフルタイムで働くことに力を注ぐようになる。多くは週に五〇、六〇、いや七〇時間も働き、休みは一日しかない。その他の都市では、ほとんどのドライバーが単純に自分の車の自動車保険を利用し、特に他の規制管理や要件もなく、採用されたり働いたりすることができる。

ドライバーの一部にとっては、Uber のモデルは仕事と借金をつなぐパイプラインとなる。彼らは Uber が設定した要件を満たす車両をリースするために、高額な自動車ローンを組むからだ。[35] ニューヨーク市では、多くのドライバーがＴＬＣプレートの付いた車両をリースして、そこに自分のＴＬＣプレートを貼りつけたり、そのまま試しに乗ってみたりしている。パートタイム・ドライバーのファラッは、両親とともにパキスタンからアメリカへ移住して以来、二年間ニューヨーク市に住んでいる。ＩＴの仕事をする独身だが、あるイタリア人の男性から、五つも寝室があるロングアイランドの家を購入した。このイタリア人自身が愛情込めて設計したその家は、すべての寝室にバスルームがついている。「こっちのほうが、本業の九時―五時の仕事よりいいよ」とファラッは言う。「でも金銭的に言えば、余裕は少しもない。運転を楽しんでいるっていうのは本当だけど、なにしろお金にならない。だからもう辞めようと思っているんだ」。経費差引後の手取り給与はどれくらいかと尋ねると、彼は叫ぶようにこう言った。「ゼロだよ！　休憩するたびに駐車料金を払っているんだ。ほとんど最低賃金とも言えない金額だよ。ただ楽しいからというだけの理由で、パートタイムの時間を捧げているんだ」。ファラッは二ヶ月半この仕事をしたが、uberX や Lyft で車を運転するには、ＴＬＣプレートつきの四ドアセダンを一週間に四一五ドル払ってリースしなければならず、ＴＬＣの保険料は彼の個人保険の二倍はする。「とにかくこの車を一刻も早く手放したいよ」と彼は笑いながら言う。ファラッには資産の面だけでなく雇用の面でも代わりとなる選択肢がある。お金のために働いているのだが、置かれている状況を見る限りでは、どちらかといえば趣味でやっているドライバーに近いのだ。パートタイムでは明らかに稼げない。ましてや先行投資のコストがそれほどかかることを考えれば。ファラッはラッキーなドライバーのひとりだろう。サブプライムのリースオプションでお金を借りているドライバーは、借金の返済から抜け出せなくなるおそれがあり、自分の車を下取りに出す余裕があるとも限らないからだ[36]。

七年前、トルコからの移民としてニューヨーク州ロングアイランドに移り住んできたメフメットは、Uber と Lyft で働くために大型のＳＵＶに初期投資をした。快適に仮眠ができるほどの広さで、折りたためる座席が三列ある。交通量と渋滞のことを挙げながら、「街なかで寝るのは大変だよ」とこぼす。二〇一七年に会ったとき、彼は、小さな枕とブランケットをくるっと丸めて後部座席に置いていたが、乗客に枕を盗まれたことがあるとぼやいていた。警察には連絡しなかった。「たいした品じゃないからね」と恥ずかしそうに言う。これはウーバーランドでフラストレーションがたまることのひとつである。乗客に自分のものを盗まれたり、蔑んだような態度を取られたりするのは、当然のことながら迷惑だ。だが同時に、小さな枕を盗まれたぐらいで警察に連絡するのもばかばかしい。こうした乗客を Uber に報告すると、カスタマーサービスの代表は、枕は取り返すと約束したが、彼が再びその枕にお目にかかれなかったのは言うまでもない。

メフメットは九六キロ離れた街から一時間半かけて通勤している。早朝、彼を街まで送ってくれる空港からの電話を待つ。こうすれば、無料乗車区間の出費が発生するのを避けることができるからだ。ところが時間が不規則なので、睡眠時間が削られてからだに負担がかかることもある。「おととい、午前六時ごろに車のなかで寝ていたんだ」と彼は切り出す。「ロングアイランドからジョン・F・ケネディ空港まで行く乗客をつかまえたくてね。アプリは開いていて、画面に触れて配車を受け付けた。ところがそれからのことを何ひとつ覚えていないんだ。とにかく死んだように寝た。そして朝、ボイスメールが届いていて「おい、こっちへ向かっているのかい? もう一五分も待ってるんだ。いますぐ空港に行かないといけない」と言っている。とにかく申し訳なかった。だってその周辺にいるドライバーは僕しかいないのだから」。メフメットはその乗客に社会的義務を感じ、彼を立ち往生させたくなかったのは山々だった。しかし、早朝の空港での仕事がもたらす寝不足が、彼にとんでもない結果をもたらしてしまったのだ。

メフメットはかつて、uberXでトヨタのカムリを運転していた。ひと月一六〇〇ドルで一〇ヶ月間、TLCプレートがついたものをレンタルした。その後、車両をアップグレードして、中古の高級車に五万五〇〇〇ドルを投資したため、uberBlackとuberSUVの賃金レートもアップした。仕事上の出費は月々約二〇〇〇ドル。このタイプの車を新車で六万―七万ドル(インタビューした別の人によると、価格帯はドライバーの個人信用によって異なるという)で買ったドライバーでさえ、Uberが二〇一七年一月に開始した料金値下げ前はお金を稼げていた。「僕は怠け者で、あんまり仕事をしないんだ」と彼は自分で認め、あごを少し下げる。そしてユーモアを交えてこう続ける。「週に四〇―五〇時間は働くけど、この仕事の場合、週六日、一日一二時間、つまりイエローキャブ並みのスケジュールで働かないとだめなんだ」

多くのドライバーがリスクの高い資金繰りをして、TLCプレートつきの黒塗りの高級車をリースしているため、車の支払いが済んでからも利益を上げるために、とんでもなく長時間働かなければならない。ニューヨーク市クイーンズ区に住むザヒドは、TLCプレートつきのレンタカーで一ヶ月半運転を続けている。数年間カフェで働いたあと、彼はこう考えた。「Uberを試してみようか。すごく稼げるという保証があるみたいじゃないか」と。彼によれば一時間に約二五―三〇ドル稼げるというが、それは経費差引前の金額だ。トヨタ・カムリをリースするにはひと月二〇〇〇ドルかかるが、現在マイカーを所有するための資金集めをしながら、TLCプレートの取り付けも目指している。カーレンタルで毎月大金がかかるのはよくあることだ。ニューヨーク市のドライバーは通常、四一五―五〇〇ドルの範囲の週払いを引き合いに出す。[37] これと比較すると、アメリカの二〇一六年のカーリースの月々の平均は四一二ドルだ。[38]

実際、Uberは、ドライバーによっては天の恵みにもなる。とはいえ、テクノロジー至上主義者が称賛する、シェアリング・エコノミーの鳴り物入りの宣伝文句と、二〇一七年の春に行なわれたTLCの公聴会で、数名のドライバーが「現代版奴隷制度」と呼ぶしくみからくる避けられないトラウマ的感覚の折り合いをつけるのは難しい。また別のドライバーも同じような意見を表明してきた。[39] この公聴会でドライバーは、働くために借金をするという状況を引き合いに出していた。Uberが推進するサブプライムリース契約を通じて、Uberとの労使関係のなかにドライバーを閉じ込めようとしているというのだ。オンラインビジネス誌『クオーツ』の記者、アリソン・グリスウォルドは、カーリースを希望するドライバーのなかには、Uberによって略奪的な貸し手にまわされるドライバーがいるという記事を書いている。肺炎によって一線を退いたあるドライバーは、支払いが遅れ、一八〇〇ドルの借金を抱えることになった。エンジンをかけ、仕事に復帰しようとしたとき、車は動かなかった。支払いがなされなかったことを理由に、貸し手が遠隔操作でエンジンをかけられないようにしたのだ[40]。こうした略奪的な貸付に影響を受けているのは、ニューヨーク市のドライバーだけではない。ケイティ・ウェルズ、カフィ・アトー、デクラン・カレンは、ワシントンDCのUberドライバーについて実地調査を行ない、次のような報告をしている。

Uber の Xchange プログラムから車をリースして、最終的には手に負えないほどの金銭的トラブルを抱えてしまう人もいる。ドライバーのジョアンは、道路のくぼみにはまって車のサスペンションを壊してから、借金の罠に巻き込まれた。車の修理にほぼ全財産を使い果たした。その後、修理がうまく行かず、Uber から別の車をリースするのにさらにお金がかかった。Xchange は従来の貸し手よりも個人信用での障壁が低い一方で、Uber がドライバーの給料から自動的に差し引く金額は高額となる。ジョアンは週一三八ドルのリース料を払っている。これはアメリカの全国平均の週一〇〇ドルよりも高い金額だ[41]。

ケーススタディ――モントリオールでの違法運転

私が二〇一六年にドライバーたちと会話を交わしたモントリオールでは、ドライバーと乗客は怒れるタクシードライバー――合法的な労働者――に包囲されており、一企業としてのUberと共通の社会的絆を築いていた。彼らは協力者同士なのだ。ハリ（本章の冒頭で紹介したドライバー）は、こんな光景を思い起こす。ある夜、地元の数名のタクシードライバーが車から降り、そわそわしながら何かを待っている。一方でひとり佇む女性が、iPhone の画面上にあるハリの黒塗りのセダンのアバターを、穴の開くほどじっと見つめている。その女性の周りを、件のタクシードライバーがうろうろしているのだ。ハリはその一件を次のように詳しく説明する。

午前三時、タクシードライバーたちは何もしゃべらない。すごく忙しいんだ。走りまわることにね。午前三時三〇分、バーもディスコもすべて閉店し、ようやく彼らは自由になる。そして僕たちを困らせにかかるんだ。これが僕に起こったことだ。午前四時、彼らが路上に現れる。でも何をするわけでもない。だれかが僕を呼ぶ。彼らは、僕が Uber のドライバーだってことを知らない。すべてを隠してわからないようにしていたからね。でもその女性はスマートフォンをじっと見つめていた。だから彼らはこう言った。ああ、あの女性は Uber を待っているのかって。僕が現れた瞬間、彼らは僕のすぐ前と後ろについたんだ。[42]

このタクシードライバーたちは彼の前後左右を取り囲み、自分たちのタクシーの一台に乗ることに女性が合意するまで、その場を去らなかった。これはハリの唯一の収入源なので、彼は日頃から注意深く戦略を練って、安全上のリスクをなんとか和らげようとしている。自分の乗客全員に、客ではなく友だちを装って助手席に座ってもらうなどして。[43] 仕事中は運転席で身をかがめ、腿の上にバランスよく乗せた iPhone に入る Uber からの指示にじっと耳を傾けている。不恰好な旧式のGPSのナビシステムが、ダッシュボードの上にあからさまに載っている。おとりのためでもあるし、アプリに内蔵された頭のいいナビが故障したときのバックアップのためでもある。乗客を待っているとき、彼の指はせわしなくラジオのダイアルをいじくりまわしている。見え透いた方法で彼の注意を引こうとしている人に、まったく無関心を装うという彼の作戦だ。仕事のためにパフォーマンスをしなければならないというのも、この仕事の地味な構成要素のひとつである。

二〇一六年、Uber はモントリオールのタクシードライバーと交通警察からの攻撃を受けており、多くのドライバーが人目につかないように戦略的に仕事をしていた。自分の違法行為がばれるのを恐れて、Uber から得た収入の所得税の支払いをためらう者もいた。Uber のアプローチは、モントリオールに特有のものではない。Uber がニュージャージー州で規制対象となっていなかった頃、ジャージーシティのあるドライバーが Uber サポートにこんなことを書いた。ニュージャージーの警官は、そのドライバーが再び乗客を乗せたり降ろしたりしているのを目撃したら、違反切符を切ると言って彼を脅した、と。彼は二〇一五年春にオンラインのドライバー・フォーラムに Uber からの次のような回答を投稿した。「どうぞ自信をもって Uber のパートナーになってください。私たちのチームはあなたを全力でバックアップします。Uber アプリを使用したことでトラブルに巻き込まれるようなことがあれば、規制当局から受けたいかなる出頭命令についても、その費用を弁済するだけでなく、必要な法的支援も提供します」

このタイプの支援は、会社とドライバーとの間の協力関係を助長し、これはドライバーが経験する進化段階の一部である。Uber はカメレオンなのだ。その時々において、その場その場で、そうなる必要のあるものに変化する。ある街に新しく参入し、法的地位がはっきりしていない場合、Uber はドライバーとポジティブな関係性を築く。いったん合法化されれば、ドライバーの賃金レートを引き下げるなどして、その信頼をさまざまな方法で壊していく（Uberの違法な活動を政府が厳重に取り締まることは波紋を呼びやすく、政治的・現実的困難がある。この会社は消費者の間では人気があり、たとえば彼らに、地元の代議士に手紙を書かせ、Uberに好意的な法案を支持するよう依頼するなどして、彼らを政治的基盤として利用している）。ドライバーがこの会社をどのように体験するかは、Uberがその都市でどのような段階にあるかによるのだ。たとえば、ニューヨーク市のドライバーはレートの引き下げに抗議しているが、そこから車で六時間ほどのモントリオールのドライバーは、Uberは自分たちを守ってくれると話していた。

パトリスはモントリオール生まれの二〇代後半で、Uberのドライバーをしている。スムーズな乗車体験を提供するためにスマートフォン・ホルダーを利用しているが、渋滞で車が止まってしまったり、混雑した場所で乗客を降ろしたりするときは、スマートフォンを視界から見えなくなるまで下げ、窓から周辺を見渡し、頻繁に後部ミラーをチェックする。インタビュー中、彼が少しだけ取り乱したように見えたのはこういうときだけだった。交通調査官がUberのドライバーに罰金を課したり、違法な営業をしているとのことで車両を押収したりすると、Uberはその罰金の肩代わりをし、ときにはその車が約一五日後に解放されるまで、代車をレンタルするところを探してくれるときもある。Uberがその州から追い出されるかもしれないという可能性に直面したパトリスは、次のように述べている。

最悪だよ。僕はちゃんとやってるのに——コミュニティにとってすごく良いサービスだと思うし、僕自身もかなり楽しんでやっている。それにガールフレンドを仕事に送ったり、ピックアップしたりする自由な時間も与えてくれるんだから。Uberがモントリオールでの営業を辞めるというなら——自分たちからそうしないことはわかっている——、多くの人にとって最悪なことになるよ。みんな自分のライフスタイルを変えなきゃいけなくなる。生活するだけのためにほんの少しだけ臨時収入が欲しい人は、どこでそれを探せばいいのかとか、ちょっとした勘定を払ったり、ガールフレンドをディナーに連れていったりする余分なお金をどこで調達すればよいのか、みたいな。これができなくなったら、本当にやばいことになる。

その一方で、ニューヨーク市で働きながらロングアイランドに住んでいるメフメットは、ときどき、ロングアイランドのナッソー郡の交通警察から隠れて客を拾おうとしている。この交通警察には独自のタクシー・リムジン委員会があり、ニューヨーク市のそれとは別ものだ。だが、メフメットがナッソー郡のナンバープレートをつけずに仕事をしていて捕まっても、Uberはモントリオールの地下ドライバーに対してするのと同じように、彼の違反チケットを支払ってくれる。モントリオールの地下ライドヘイル・ドライバーの話をアトランタのUberやLyftのドライバーに話すと、インタビューを受けてくれた人のなかには、自分も昔、空港で違法営業をしていたとか、恋人をピックアップするふりをしたとか言う人が出てくる。実際、混乱を招くようなスタートアップでありつづけるというリスクは、Uberからドライバーや地下で活動する乗客にまで転嫁されている。彼らは進んで戦略を採用して、裏をかこうとする。

パトリス、ハリ、メフメットが地元当局と合法的なタクシーの勢力から身を隠す一方で、他のUberドライバーのなかには、ときに個人的な理由で隠れて営業する者もいる。たとえば、トロントで会ったファーハドは、会計士として専門職に就いているが、サイドビジネスとして Uber のドライバーもしている。夜、家に帰ってもだれもいないからだ。会社の同僚には、自分が Uber のドライバーをしているのを知られたくない。会計の仕事に影響を与えると思われたくないのだ。

分離と支配――Uber はどのように勝利を収めるか

労働条件が悪化するなか、Uber のモデルがだれにとってもうまくいくとは限らない。二〇一七年、『ニューヨーク・タイムズ』は、Uber の社内文書を引用して次のように記した。「ドライバーの約四分の一が三ヶ月ごとに離職している」。そしてアリソン・グリスウォルドは、自身の週刊ニュースレター『オーバーシェアリング』で、Uber の一年間の社員定着率は一五―二五パーセントだと見積もった。[44] ドライバーの解約率という問題は、ドライバーのモチベーションによってさらに複雑なものになっているが、Uber の雇用モデルは、低い定着率を埋め合わせるようにすぐに雇用できる、新しいドライバーの安定した流入に依存している。二〇一八年には、Uber はその労働力における性別による賃金格差の調査を発表し、アメリカのドライバーの六八パーセントが六ヶ月という離職率であることを示し、この離職率は男性より女性のほうが高いことを発表した。[45]

ロサンゼルスのネイサンや、チャールストンのキャロル、トロントのスティーヴンなど、賃金が下がっても運転を続けている趣味のドライバーは、金銭的ではない価値からモチベーションの大部分を得ており、たいていは減給に耐えられるほどの地位にある。このことが、職業ドライバーの所得の不安定化の一因になっている可能性がある一方で、より大きなフレキシビリティをさらに幅広いドライバーに許してもいる。Uber の労働プール内にいるドライバーのモチベーションの幅広さは、パートタイマーをその大多数のドライバーとして採用し、フルタイマーを少数派のドライバーとして採用するという、この会社のビジネスモデルを支えている。パートタイマーは、フルタイマーがより良い労働条件を主張するために必要とする影響力を、気づかぬうちに蝕んでいるのだ。彼らのモチベーションには重なり合う部分もあるとはいえ、満足しているドライバーもそうでないドライバーも、献身的な少数派を犠牲にして多数の人にパートタイムのチャンスを切り開いている、ひとつのビジネスモデルの産物なのである。[46]

3　テクノロジーの売り込み

Uber はどのように大衆に起業家精神を生みだしているか

ドミニカ共和国に住むマリアナは一五歳のとき、貧しい生活のなか、初めての子を出産して母親となった。彼女がニューヨークへ移住してから二三年経った二〇一八年、私はドライバーになった彼女と会った。ニューヨーク市の五つの区のひとつ、クイーンズで、マリアナは四人の息子を育てあげた。そのうちのふたりはカリフォルニア州でテクノロジー関係の仕事をしており、そのひとりが彼女にUberで仕事をしたらどうかと提案したのだ。仕事を始めて五ヶ月も経つと、彼女は輝きはじめた。それまで経験したなかで最高の仕事だと思えたのだ。前職は保育所の職員だった。子どもたちの数がとにかく多く、稼ぎも芳しくない。給料といえば、週に六〇〇ドルを現金でもらうだけだった。「やってみたら、すっかりはまっちゃって」と彼女は言う。「それから人生が変わった。Uber、Lyft、Junoの全部で働くようになって、私は変わった。お金もいいし、スケジュールも最高。自分で好きなように組めるんだから。それにいろんな人と出会える。ほんとにすばらしいのよ」。満面の笑みと大きな声で彼女は続ける。「私はほとんど満点の五つ星ドライバーよ。ほんの短期間でそうなったわね。人生が一〇〇〇パーセント変わった。一〇〇パーセントじゃなくて」。保育所での前職については、こう付け加える。「子どもたちは大好きだったけど、お金と仕事はよくなかった」。ライドヘイルのドライバーとなったいまは、週に手取りで一四〇〇ドルほどもらえるし、調子の良い週に一生懸命働けば、経費差引前で二〇〇〇ドルになることもあると彼女は言う。前の仕事と比べて、ドライバーとしての社会的敬意を勝ち取ることもできるし、その他にもさまざまな面でチャンスがひらけた。「この仕事をして初めて、自分の好きなものが手に入った。それに、仕事をしながら大学にも通える。作業療法士になる勉強をしてるのよ。この仕事と同じ良さがあるから。自由があって、毎日いろんな人と出会えて、上司もいない。三拍子揃ってるでしょ」と彼女は断言する。マリアナの幸せはUberでの成功の証しであり、Uberから得ることができるものを証明しているが、それはUberのドライバー経験全体のなかでは周縁に過ぎない。

この会社の急成長は、さまざまなストーリーなくしてはありえなかっただろう。Uberが真に輝くのは、レトリックの力を利用して、そのシェアリング・テクノロジーがすべての人にアントレプレナーシップ（起業家精神）を生みだすことができると言い張るときだ。Uberは夢のような公約をするが、ドライバーはしばしば、プラットフォーム上で働くことの真の現実に失望する。フェルナンドを例に挙げよう。彼は二〇一四年、ボストン地区でUberドライバーの仲間入りをした。週に一五〇〇ドル稼ぐチャンスがあるという求人広告を見たのだ。彼はuberXとuberXLというUberサービスのふたつのサービス階層でドライバーの仕事をし、家族を養っている。ところが契約を結んで二年後の二〇一六年春、ボストンでインタビューをすると、彼はドライバーにありがちなパターンについて、しみじみと話す。特にこの会社が自分たちの街に来たばかりの成長期の頃は、ドライバーはわりと楽観的で、仕事にも満足しているのだが、時が経つにつれて次第に不信感を抱くようになるというのだ。

自分が働いている街に新しいドライバーがたくさん入ってきて、報酬が減っていくことに加え（たとえば、空港から、または空港まで人を乗せたときの手取りが減ったことを彼は指摘する）、フェルナンドはさらに、Uberが車の適正要件をころころ変えることにも動揺を隠しきれない——二〇一四年、彼はUber適格車（二〇〇五年以降の新モデルであることが条件）に四万二〇〇〇ドルを投資した。ところが二〇一五年二月、Uberは二〇〇一年のモデルまでを適格車に含めると言いはじめたのだ。[1]「いったいどれだけの人がディーラーに行って新しい車を買ったかっていうんだ」と彼は言う。生活のため、Uberの仕事を辞めるわけにはいかないが、競争が増し、料金値下げによって給料が下がれば、他の仕事を探さなければならない[2]。Uber の行為を「差別よりひどい」とする彼は、声を潜めて、息子がこの状況を見てがっかりしていると語る。自分たちの家族は中流階級への道を突き進んでいると思っていたのに、いまや父親は、自分を見捨てようとしている会社のために精を出して働いているというのだから。

この仕事を画期的だと思うドライバーもいれば、収入を安定させるための救命手段か、一時しのぎの解決策と思っているドライバーもいる。Lyft と Uber のドライバーをしているもうひとりのドライバー、ジェイコブは、かつてベーグル店のオーナーをしていた。裕福なニュージャージー州の街で毎朝四時から、パンをひとりでつくっていた。「昔は店を経営していたんだ」と彼は説明する。「ところが隣が火事になって、自分のところも燃えてしまった」。火事のあと、彼の店は八ヶ月間閉店し、再びオープンできるかどうか、いまもわからない状態だ。とりあえずは、ドライバーの仕事が彼のスケジュールに合っている。妻も働いているので、子どもたちを迎えに行くのは彼の仕事だ。この仕事にだれもが同じだけ投資しているわけではない。つまり、搾取的なやり方にすべての人が等しく被害を受けているとは限らない。とはいえ、ドライバーたちの複雑な経験は、アントレプレナーシップという壮大ながらも幻想に過ぎない公約が、完全に失敗に終わるかもしれないことを如実に示している。

Uber は、アントレプレナーシップという魅力を利用して、自分たちのテクノロジーは人に力を与えると同時に利他的行為でもあるということを社会に納得させている。これと同様に、ドライバー用のアプリと乗客用のアプリを利用して、ドライバーのユーザー体験をも操っているのだ。テクノロジーは中立的からはほど遠い。だが根本的に、仕事のルールがアルゴリズムによって書かれている場合、ドライバーがどのように管理と独立の両方を経験するかということには心理的な差異が存在する。アントレプレナーシップという枠組みを通じてドライバーとの雇用関係に距離を置くことによって、Uber は、ドライバーの仕事の本質を形づくる独自のメソッドとアルゴリズム的マネジメントの力を覆い隠しているのだ。

Uber は先例としてアントレプレナーになる機会だと語るが、ドライバーの経験は、レトリックと現実との間のギャップを表面化する。ドライバー＝アントレプレナーというイメージは、三つの主な理由によって失敗の憂き目にあう――すなわち、ドライバーは自分の仕事のレートをコントロールすることができない、ドライバーはログインしている間、どの仕事を引き受けるかを決めることができない、そして、Uber が押しつけるシステムを「乱す」ような試みに対して、日常的に罰を受けている、ということだ。

アントレプレナーシップという魅力

「特にアメリカ合衆国では、人は自分の仕事に情熱を傾け、一生懸命働くべきだという強い文化的コンセンサスがある」と、人類学者のイラーナ・ガーションは述べている。(3) つまり、アメリカではだれもが成功でき、実際に成功すれば、それは彼ら自身が一生懸命働いた賜物だ、という考え方だ。雇用に関する Uber のナラティブは、こうした文化的コンセンサスを基盤とし、Uber とパートナーを組めばだれもがアントレプレナーになれると言う。この会社のマーケティングは、テック企業でドライバーの仕事をするという流行りの考え方を強調するものであり、それは、同種の仕事に移民のためのタクシー業務というあからさまな烙印が押されていた頃よりも、ずっと魅力的に聞こえる。

Uberの広告はフェイスブックのニュースフィードやEメール、バスの車内やUberの乗客用アプリなど、挙げればきりがないほどたくさんのところで見かける。たとえば「自由に働いて週払いの給与」（図2）の広告は、淡いピンク色のシャツにスカーフを巻いた、ファッショナブルな白人のミレニアル世代の男性としてドライバーを表現している。このことで、ニューヨーク市のようなライドヘイリングが栄えている主要な大都市では、典型的に移民コミュニティ出身の有色人種と結びつきがちな仕事を、Uberがいかに紳士的にしているかがわかる。この広告はフェイスブックに掲載されているため、これを見た人は、「いいね」や「コメント」を通じて人々がどのようにこの広告と触れ合っているかに気づくことができ、ここから、読者にとってより社会的な訴求力のある、デジタルカルチャーに埋め込まれたメッセージが生みだされる。「自由に働いて週払いの給与」というキャッチフレーズの下には、星条旗のテーマカラーである赤、白、青で彩られた星がある。こうした特徴のすべてが、Uberはまちがいなくドライバーに自由を与えているというしるしになるのだ。

Uberの典型的な求人広告の文章は、ドライバーの独立性に関する似たようなメッセージを伝え、それとともに、人生の次のステップに進もうとする、成功したさわやかな男女のイメージが添えられる。その多くがこんな感じだ。「Uberはあなたのようなパートナーを求めています。Uberの仲間になって、個人事業主として大金を稼いでみませんか。乗客の皆さまを街のさまざまな場所へ連れていくお手伝いをするだけで、毎週給与が支払われます。あなたの上司はあなた自身、自分に合ったスケジュールで運転してお金を稼ぎましょう」。また別の広告には、サングラスをかけてスタイリッシュに決めたスリムな女性が、ピカピカに磨かれた真っ白い車にもたれかかり、のどかな風景を見渡している。そのすぐ横に、Uberドライバーへの応募用紙がついている。三つめの広告はニューヨーク市のバスの後ろに掲載されているもので、タクシードライバーにUberへの転職を勧めている。標準サイズの青い文字で書かれた一行目には、「すべてのタクシードライバーの皆さんへ」とあり、そのあとに「五〇〇〇ドルを保証」と大きな白い文字が続く。いちばん小さな白い文字で、こう追記されている。「最初の一ヶ月以内に」

Uberの求人方法は、ふたつのシンプルな市場戦略に集約される。まず、自営とかパートナーシップといった言葉を使って、Uberのドライバーになることはアントレプレナーになることだと推進する。その後、情熱的でフレキシビリティのあるミレニアル世代のイメージをこの仕事に投影することによって、大衆にアントレプレナーシップを提案する。これは根本的には、法的誤謬の上に築かれた生半

図2.「自由に働いて週払いの給与」

2015年にフェイスブックに掲載されたUberの求人広告のスクリーンショット。ドライバーは、ピンク色のシャツにピンクのストライプのスカーフを巻いたファッショナブルなミレニアル世代として表現されている。この画像は、通常であれば、主要なメトロポリタン地域に住む有色人種の移民と結びつきがちな仕事を紳士的なものに変えている。この広告はさらに、赤、白、青という星条旗のテーマカラーを利用してドライバーを募集し、自由と独立というアメリカの文化的理想をUberが提供していることを強調している。

可な真実だ。Uber のドライバーはこれまで、雇用形態の誤分類をめぐって多くの訴訟を起こし、Uber のモデルは労働法に違反しているという主張をしてきた。そして、ドライバーが稼ぐことのできる金額について誤解を招くような主張をしたことに関して、この会社はすでに連邦取引委員会との和解を済ませている。(4) 大半のドライバーはある程度の独立を望んでいる——Uber ドライバーとして独立することはほぼありえなくとも、彼らは完全独立という詩的神話が付与されること自体に投資するのだ。さらに、アントレプレナーとしての意思決定は、Uber のアルゴリズム的マネジメントのシステムによって制限されているのに、ドライバーは必ずしもそれを搾取とは感じていない。それでもなお、生活のためにドライバーの仕事をする一部の人たちにとって、アントレプレナーシップという公約と、その現実のマネジメントとの間には、最終的には緊張関係が生まれる。単にテクノロジーを利用して大衆のためにアントレプレナーシップを生みだす会社としてではなく、雇用主としての Uber をもっと詳しく見てみると、成功しているドライバーというのは、常に変化するさまざまなインセンティブを用いて、仕事をゲーム化させ、そのシステムからの取り分を最大化するのが得意というだけだということがわかってくる。アントレプレナーシップという虚偽の公約でもって社会を手玉にとることによって、Uber のレトリックは、ドライバーから独立を奪うような束縛を覆い隠しているのだ。

フランクのGPSから聞こえる力強い音声は、モーガン・フリーマンの声みたいに聞こえる。だから、彼のスマートフォンが、ときどき私たちのインタビューの流れを遮るような、耳障りなガラガラ声で道案内するたびに、私はぎくりとしてしまう。フランクは一〇ヶ月ほど前に Uber の仕事を始め、その翌月に Lyft の仕事も始めた。「ボーナスのためだけだった」と彼は説明を始める。「あっち［Lyft］

は三五〇ドルで、しかも両方向のボーナスなんだ。言われたとおり、三〇日で三〇回の配車を受け付けたらボーナスがもらえた。息子も同じことをやろうとしたんだけど、翌月にはボーナスが二五〇ドルに下がったんだ。別の仕事をしていたこともあって、うまくいかなかった」。もしUberがちょっとしたこと、たとえばアプリにチップ支払い機能を導入してくれたりしたら、Uberで働くほうが好きだと言う。「UberならLyftの一〇倍の配車リクエストが来る」と彼は言う。「それに、僕が拾う客の多くはUberとLyftの両方のアプリをスマートフォンに入れている——たぶん八〇パーセントぐらいの人がね。これを利用して、客に自分のドライバー番号が書いてある名刺「プロモーション紹介カード」を渡すんだ。そうすれば彼らは無料で乗車できる」。私がフランクと会ったのは二〇一六年の春、テキサス州ダラスのある日の遅い午後だった。彼は前の座席にあった荷物をどかして、私が座れるようにする。そのときはセダンを運転していたが、もう一台もっていると言う。「二〇一五年式のタホ。それに僕は「Select」のステータスをもっているから、Uberではもっと稼げるんだ」と彼は説明する。シボレー・タホは修理に出している。霰《あられ》の被害で五〇〇〇ドル相当の被害を受けたのだと言う。

臨時収入が欲しいドライバーは、プロモーションの機会を利用すればもっと稼げるというUberの公約にしばしば流される。紹介コードは、ドライバーがライドヘイルの仕事で収入を増やす方法のひとつだ。他のドライバーにこれらのサービスを紹介すれば、両者がボーナスをもらえるというしくみだ。だが、このタイプの手口がいつもうまくいくとは限らない。フランクは、なぜ息子が三〇回配車のボーナスをもらうことができなかったかについて、こう説明する。「同じ人を多く乗せすぎたんだ。僕もその人を三回乗せ、彼の母親も三回乗せたと思う。ルールによれば——もう一度ルールを読み返したわけじゃないけど――同じ人を、二回を超えて乗せてはいけない」と、彼は父親らしい忠告めいた口調でそう言った。そしてシボレーについても一言、こう付け加える。「息子はしばらくこれを運転していたけれど、いまは別の仕事が忙しくて運転してる暇なんてないんだよ」

フランクはダラスから約四〇キロメートル離れた中の上程度の収入を誇る郊外に住んでいて、この街を「いたるところにたくさんの大卒者がいる上中流階級のコミュニティ」と呼んでいる。「ここに一九七八年から三九年間も住んでるんだ。だからいろんな成長を見てきた」。そして低めのシートの上で体をずらす。「先月は毎週六〇から七〇の配車を受け付けた。時間にすれば一週間に四〇時間くらいだ。四年ぐらい小売業をしてきて、すっかり疲れてしまってね。そしてこのパートタイムを始めたら、最初の月に合計二〇〇〇ドルも稼いだんだ。しかもパートタイムで。そして、ついにこう宣言した。「小売業の仕事なんかもうやめてやる。このコンクリートのフロアで足首や膝を痛めるのは他のやつがやればいい、僕は運転をする」って」。フランクはかつてバーで働いていたことがあるので、夜の八時前には仕事を切り上げて、酔っ払いを乗せないようにしている。プレミアム報酬がついたインセンティブを追跡したり、やりくりできる範囲内で他の要素を利用したりして、フランクはこの仕事から得られる利益を最大限にする努力をしている。Uber とドライバーとの関係性は本質的には対立するものになるが、特別な敵意はない。フランクも他の多くのドライバーと同様、常に雇用主のプロモーションを糧に、より多くのお金を稼ごうとしているのだ。「僕が参加した最高のプロモーションは、「水曜日までに二五回の配車を受け付けることができたら、そして少なくとも、さらに二五回を週末までに達成できたら……」というUber のプロモーションだった」。フランクはちょっと間を置いて、呟くようにこう言った。「彼らはその支払いをしくじってね、でも一週間後、無事に受け取ったけど」。Uberの雇用モデルでは、安定したパフォーマンスには一切昇給がなく、昇進のチャンスもない。もっと稼ぐためにはもっと働くか、フランクがやっているようにプロモーションの機会を漁るしかない。一部にプロモーションが伴う出来高制の仕事は、この種のアントレプレナーシップの危うい現実を物語っている。とはいえ人によっては、安定した確かな運賃がUberから得られるということは、たとえば、わずか一〇から一二程度の求人応募に対して数百人の志願者が集まる就職フェアの列に並ぶといった、不確かな求人市場で他の人たちが直面しているような失業の実態を打ち破ってはくれる。[5] その情熱はさておいても、ハードな仕事に対するフランクの中流階級並みの収入は、Uberが提示する富とアントレプレナーシップという壮大なナラティブとはまったく対照的である。

もうひとりのドライバー、トーマスは、UberとLyftが二〇一六年の春、テキサス州オースティンから撤退したとき、その両社での職を失った。地方自治体政府によって可決された規制に対する抗議表明としての撤退だった。[6] ドイツ語を母国語とする人特有の正確で早口な発音で、トーマスはインタビューでこう話してくれた。二〇一四年にUber用の車を買うために二万五〇〇〇ドルを投資し、同時にLyftのドライバーにもなった。Uberが五回にわたって一方的に実施した料金値下げ後、彼は、たとえばuberXで一マイル（一・六キロメートル）あたり一・九〇ドル稼いでいたのが、わずか一・〇〇ドルにまで減ってしまった（乗客は安く乗車できるが、彼は乗客に請求された分しか稼げない）。UberとLyftがオースティンから撤退すると、彼は慌てて地元のライドヘイルのスタートアップでの仕事を探しはじめた。彼が言うには、車の支払いの後に残っている額でかろうじてなんとかなっているそうだ。幅広いアントレプレナーシップの機会を提供するというUberの主張は、フランクの短期間の収益と、この会社が街を去ったあとのトーマスの失業状態と照らし合わせると、破綻していると言えるだろう。

二〇一四年、Uber のニュース編集室はこう述べた。「我々のパワフルなテクノロジー・プラットフォームは、全米、そして全世界のドライバーに、ターンキー（すぐに開業できる）・アントレプレナーシップを提供します」[7]。Uber がテクノロジーを通じて大衆にアントレプレナーシップを提供できるという考え方は、特にシリコンバレーの黒幕がもたらすテクノロジーの利点を享受することを熱望する社会にとっては、説得力のある賛歌だ。とはいえ、ドライバーは二一世紀の最初の数年にシリコンバレーから現れたような、めまいが起こるほどずらりと並んだマーケティング・スキルを自己アピールするWeb 2.0 のテック・アントレプレナーではない。彼らはＳＥＯ（検索エンジン最適化）の結果をゲームのように操作して、インターネット上で自分の存在を宣伝することもなければ、グーグルアラートに自分の名前を設定して、どこかで自分のことが言及されたら知らせてくれるしくみになどしていない（フォーラムやブログを運営している数少ないドライバーは例外だが）。ドライバーは「幸福のエンジニア」でもなければ「コーディングのニンジャ」でもないのだ[8]。

シリコンバレーの伝説

Uber がこれまで、テック・アントレプレナーシップの神話を取り入れてきたことは、別段驚くべきことではない。結局のところ、この会社は、まさにそのテック・アントレプレナーが立ち上げたのだから。最もよくお目にかかる Uber の共同創業者トラヴィス・カラニックは、シリコンバレーの「偉人」のひとりとされている。偉人の成功のセオリーは、すぐれたビジネス感覚と情熱をもつアメリカのテクノロジー創設者兼ヒーローをたたえる。マイクロソフトの共同創業者ビル・ゲイツや、フェイスブックの共同創業者マーク・ザッカーバーグなどがその例だ。一般的に称賛されているシリコンバレーの「偉人」は白人である。長年シリコンバレーのジャーナリストをしているサラ・レイシーによれば、同じく偉業をなした、白人ではない創業者――ヤフーの共同創業者のジェリー・ヤンなど――は、それほどもてはやされない。[9] 能力主義の成功論は階級の壁を超え、アメリカのほとんどの人々が受け入れる仕事文化に入り込んでいる。フランクのように、彼らは「ドゥアー」であり、自分の仕事の成果に値するのだ。それはティーパーティや共和党議員、現代のリバタリアンによる反政府・反増税運動に息吹を吹き込んだ国民感情であり、これがきっかけとなって、下院議長のポール・ライアンは、アメリカ市民を、税金を収める人と税に頼って暮らす人とに分割したのだ。[10] このシンプルなストーリーのルーツはアメリカの歴史にある。バージニア州の奴隷所有者は、たとえ自分の靴ひもを奴隷に結ばせたとしても、そのビジネス感覚と政治的洞察力がたたえられるのだ。偉人のサクセスストーリーにおける創業者と従業員の不平等は、理論と現実の間のギャップを明らかにする。Uberのドライバーにとって、情報と権力の非対称性は、自分は負うリスクに対して情報に基づいた意思決定をするアントレプレナーであるという主張と矛盾する。

Uberによる技術開発への注力とドライバーの経験との間の文化的隔たりは、どれほど誇張してもしすぎることはない。Uberが高尚な人工知能のエキスパートを国際的に雇用して、自動運転車のイニシアティブの陣頭指揮をとる一方で、Uberドライバーはいまだに用を足す場所を懸命に探しているというありさまなのだ。ある乗客は、助手席の下に隠してあったドライバーの尿瓶をうっかり取りだしてしまい、中身が漏れて気まずい瞬間を味わったことを思い起こす。両者ともそれに気づいたのだが、暗黙の了解で互いに何も言わなかったと言う[11]。堂々とトイレに行ける場所がないというのは日常茶飯事だが、マクドナルドの紙コップや空き瓶で用を足せるというのは、男性のドライバーなら助かるところだ。だが同じトピックで、あるドライバーがフォーラムで語っていたように、「若い女性だったらお手上げ」なのである。それは、以下のようなコメントでこのスレッドに参加してきた女性ドライバーへの回答だった。「ドライバーを始めて二ヶ月ちょっとだけど、夜の仕事はまさに悪夢。公衆トイレがどこにもないんだから。夜、トイレに行きたくなったら、みんなどうするの？（笑）」。ドライバーは通常、Googleマップを開いて、いちばん近いコーヒーショップかファストフードを探すことを提案する。冗談半分に、フォーラムに自分の尿瓶の写真を投稿する人もいる。

Uberを働き方の未来としてこれほどまでに魅力的にしているものは、アントレプレナーとしての成功への道を民主化するというUberの公約だろう。ところが同時に、偉人の理論は、個人と、彼らを成功に導くことのできる他者——国、ネットワーク、資本など——との間の相互依存を重視しようとしない。そこにあるメッセージは、自分たちが選ぶのはスティーブ・ジョブズやトラヴィス・カラニックであって、どこかの村ではないということだ。スタートアップを軌道に乗せるために献身的に努力することは、捨てられたコーラの空き瓶におしっこをするための努力と同じではないが、ドライバーはいたるところでがんばっている。起業家精神あふれる「偉人」に何十億ドルもの価値を見いだし、ドライバーには賃金減少で報いるという資本主義システムによって、最終的には不利な立場に追いやられようとも、ドライバーは、とりわけ自分の家族を守るために、一生懸命働くことに尊厳を見いだしているのだ。

なかには、ドライバーの経験を専門技能というかたちに変えたドライバーもいる。たとえば、ランディ・リー・シアーは自分を「ウーバーマン」としてブランド化し、フェイスブックの職業欄には「アントレプレナー」と記している。全米から集まるドライバーのためにフォーラムを運営して成功し、そこではカナダやその他の国のドライバーからの投稿もちらほら見られる。カリスマ性をもつ彼は、Uber や Lyft、その他のライドヘイリング会社にありがちな緊急課題を記録するだけでなく、ドライバーとしての自身の経験も紹介するユーチューブ・チャンネルも運営している。ハリー・キャンベルは、「ザ・ライドシェア・ガイ（*The Rideshare Guy*）」というブログを運営しているが、彼のビジネスは単なるブログの域を超えている。二〇一七年の春には、五万人を超えるドライバーとのやり取りを通じて、Uber 問題を取り扱う大部分のマスコミ報道でドライバーの代弁者となった。彼の執筆チームは、ライドヘイル・ビジネスがドライバーにどのような影響を与えているかに関する新しい評価を定期的に投稿し、キャンベル自身は「Maximize Rideshare Profits（ライドシェアの利益を最大にする）」という名前の授業を提供している。レティシア・アルカラはこれらのフォーラムを一年中毎日フォローして自らの意識を高めつつ、自分自身もフェイスブックのグループをいくつか運営している。フォーラム管理者用のものもあれば、女性のためのものもある。他のドライバー・フォーラムでは、辛口女性発言者として、どこかはみ出し者扱いされているが、こうしたフォーラムのほとんどは男性主導の傾向がある。これを受けて、彼女は自分でグループをつくることにしたというわけだ。

ほとんどのドライバーは単純にお金のために乗客をA地点からB地点まで運ぶだけで、フォーラムのブランドを立ち上げるようなドライバーは例外だ。彼らはコンテンツ制作、ブログの書き手、フォーラム管理者としての役割を、たとえば自分のドライバー紹介コードをさまざまなサービスに売り込むなどして収益化している。Uber、Lyft、その他のオンデマンド会社は、評判や噂を広めるドライバーに「コミッション」、すなわち紹介ボーナスを与える。[12] 彼らの真のアントレプレナーシップは、ドライバーの仕事そのものではなく、ドライバーとしての知識とスキルの収益化という、この二次的要素に根差している。それでも、アントレプレナーシップというレトリックが、アメリカ経済へのUberの進出を支配しているのだ。ドライバーの自律性が最も顕著になるのは、ドライバーが自分自身の安全に関する意思決定をする場合だが、儲けや利益を最大化するということになると、彼らはしばしば、会社からペナルティを受けるなど、より大きなリスクに直面することになる。

「アントレプレナー的」生活への道なかば

デモンテは、アトランタ近郊のマリエッタのドライバーだ。uberEatsでパートタイムのフードデリバリーをしている。大学を卒業した彼は、好きなときに仕事ができ、自由にログインとログアウトができるというフレキシビリティに惹かれているが、自分がアントレプレナーだという感覚はない。「試しにやってるという感じかな。自分で小さなビジネスを始めるまでの中間地点みたいなもの」と彼は付け加える。料金と手数料を決めるのはUber側だ。またUberには、事前情報を与えずに配車するというポリシーがあるため、配車を受け付ける前に、それが儲けになるかどうかを見極めることができない。Uberはさらに、高い配車受付率を要求する。注文した客の家のドアの前で何分待つべきか（最大一〇分）をUberは提案しているが、待っている間は無償である。運転に支払われるのは、レストランから客の家のドアまでのマイル数に対してだけだ。食べ物をピックアップするためにレストランまで運転するマイル数はカウントされず、過去には、一時間もかかるアトランタのレストランまで取りに行かされたこともあると言う。あるときには、何度呼び鈴を鳴らしても uberEats の客が応対しなかったこともあった。しかたがないので食べ物を持ち帰って母親と一緒に夕食に食べたこと、そしてそれでも支払いを受けたことについて、デモンテは思い出し笑いを浮かべながら語る。

ニューオーリンズで Uber のドライバーをする（かつては Lyft のドライバーもしていた）カレンは、収入を補うために週二四時間から三二時間、この仕事をしている。フレキシブルなスケジュールを好むのは、仕事の帰りに息子をピックアップすることができるからだ――しかも、持病の発作が出たときは息子に付き添うこともできる。彼女は長い間サービス業に携わっていた。マナー違反の乗客を扱うのは、クラブで酔っ払った客を扱うようなもの、と話す。二〇一七年にインタビューしたとき、彼女はこう言っていた。「何人かの酔っ払いを乗せたことがあるんだけど、明らかに何かに対して怒ってるのよ。私に対してというわけじゃなくて、ただ基本的に怒ってる。スマートフォンでだれかに向かって高圧的にどなりながら、がむしゃらに悪態をついている男を乗せたこともあった。あそこまでくるとちょっと問題ね」――彼女は少し身震いしてから言葉を続ける――「こっちは一生懸命運転してるっていうのに。あと、ガールフレンドにどなりちらしている男もいた。助手席に座って、後ろの席の彼女に悪態をついてたかと思うと、今度は私にも失礼なことをしはじめて。なんで渋滞を抜けだせないんだって責めるのよ。で、どんどん失礼な態度を取るようになったから、車から降りてくださいって言ったわ。これが、過去最悪のふたつのケース。でもそれ以外は、だれとも何の問題も起こったことはないわよ」。身の安全を守るということになれば、自分のために意思決定をする自律性が彼女にはあるが、すべてのドライバーがその資質があると感じているわけではない。たとえば乗客が降りるのを拒んだら、事態はもっとエスカレートするかもしれない。

二〇一五年、アトランタでデモンテと、またニューオーリンズでカレンと会う数年前、私はジョージア州サバンナでUberのドライバーをするマイクに電話インタビューを行なった。当時彼は、Uberで働きはじめてまだ二、三ヶ月程度だった。Uberのドライバーはアントレプレナーだと思うかと尋ねると、少し間をおいてから彼はこう答えた。「アントレプレナーは、ちょっと語弊があると思う。というか、アントレプレナーの定義というのは、自分自身の考えをもって、それに従って躍進することじゃないのかな。Uberはサイドギグみたいなもの。アントレプレナーになることとは全然ちがうよ。アントレプレナーに分類されることがドライバーにとってすばらしいかと言ったら、そんなことはないと思う。自分の車でビジネスを運営するというなら話は別だけど。そういうことをするのがアントレプレナーでしょ」。自分の好きなときに仕事をするという自律性を多くのドライバーが評価し、それこそが、前の仕事にはなかったチャンスだと見なしている。そして人によっては、稀なケースではあるが、ブログを書くことによって、この仕事がアントレプレナーになるチャンスに変わったという例もある。インセンティブ報酬や、その他多くの要素に目を光らせることで、たくさんのドライバーがこの仕事で成功しようと奮闘しているのだが、彼らはこの成功を、アントレプレナー的なものとは見ていないのだ。

二〇一五年九月、ダラスのUber現地本部でuberBlackのドライバーが異議申し立てを行ない、より安いuberXの運賃を受け付けるよう要求する配車ポリシーに立ち向かった。また別のグループが、同じことをニューヨーク市でも行なった(13)。これらのドライバーは、自分たちは圧迫されており、この「おとり商法的」作戦によって、注ぎこんだ労力以上の見返りを得られないように操作されていると感じていた。彼らは高額な車を買うために投資し、Uberサービスのより高賃金のサービス階層でプロとしてドライバーの仕事をしようとした。ところが、会社はあとになってからドライバーに対して、より低いサービス階層での賃金を受け付けるよう圧力をかけるようになり、その一方で不服な運賃をキャンセルしたり、一定の配車受付率を下回ったりした場合は、ドライバーにペナルティを科したのだ。[14] Uber のポリシーを快く受け入れるドライバーと、同じやり方を圧政的と見るドライバー（ニューヨークやダラスの抗議ドライバーのような）との間の差異は、Uber と Lyft のドライバーがどんな人物であるか、彼らが何を求めているかという、よく聞かれる説明のなかにもまた断絶があることを浮き彫りにする。雇われるのは簡単だが、多くのドライバーが最初の数ヶ月以内、または一年以内に辞めている。会社にとって、ドライバーが実際にはどういう存在なのかということがわかってくるからだ。

なかには、収益性の低い配車にじっと耐え、そうしていればそのうちに、もっと儲かる配車が受けられるポジションに移動できるかもしれないと信じるドライバーもいる。また、良さそうな配車だけを選り好みする自由がドライバーにあるとしたら、Uber のシステムは乗客の信頼を失うことになると説明するドライバーもいる。たとえば、モントリオールでドライバーをするミゲルは、四〇年前にグアテマラから移住してきた。実際は退職して年金をもらっているのだが、週に七日、Uber のドライバーをしている。また、さらに収入を得るために、自宅のタウンハウスの一階部分も貸している。二〇一六年のあるさわやかな夕刻、モントリオールで彼に会うと、こんな話をしてくれた。「妻は働いているし、息子も働いている……私たちにはじゅうぶん稼ぎがあるけれど、それでも一生懸命働かなければならないんだ」。ミゲルにとって一生懸命働くことは、六〇代の退職者といえども、自分の個人的なアイデンティティの重要な一部なのだ。彼からすれば、儲かる仕事もそうでない仕事もあるけれど、自分が稼げるお金はすべて価値あるものなのである。

モントリオールでは、(二〇一七年四月時点で)uberX の料金は、基本運賃が一・九〇ドル、一分ごとに〇・一九ドル、一キロメートルごとに〇・七九ドル、一方で uberSelect は基本運賃が四・三〇ドル、一分ごとに〇・二七ドル、一キロメートルごとに一・六五ドルである(すべてカナダドル)。ミゲルは何も気にせず、ガソリンばかり食う、どちらかといえば uberSelect に適した高級車を、レートの低い uberX に使ってお金を稼いでいると言う。[15]「私が稼ぎたいのは金なんだ。お金を稼ぎたい。構うものか」と言い、たとえ一度にたった数ドルでも、塵も積もれば山となる、と付け加える。ミゲルの場合は少し極端なケースではあるが、最善とは言えない配車のしくみやその他のビジネス慣習に対する彼の楽観的な態度は、この仕事の良い面と悪い面を受け入れる上でドライバーが比較的よく選ぶアプローチである。それでも、ダラスやニューヨークで配車ポリシーに反対する抗議運動が起こるのは、Uber ドライバーの怒りとフラストレーションの度合いが強いことの表れと言えるだろう。

Uber は支配的ではあるが、Uber ドライバーの体験は一様ではない。フロリダ州オーランドの近くで、私はウェストバージニア州出身の赤ら顔のツアーガイドと一緒に、沼地近くの駐車場を見渡す。このガイドは湿地帯でワニを見るボートツアーを提供しているのだ。信じられないことに、ひとりのドライバーが、そこまで車で二〇分はかかったはずの遠方から、私を拾いにやってくるのが見える。どれだけの距離をむだにしたことか。それとも、私がどこに向かおうとしているのか、この配車が彼にとって経済的意味があるかどうか、わからないのだろうか。私はジェリーという名のこの運転手に、どうしてここへ来たのかと尋ねる。すると、私に足止めを食わせたまま放っておくのは失礼だと思った、と言うのだ——アメリカ南部の他の地域にも多く見られるホスピタリティの精神に反する、と。それ車社会のオーランドでは、多くの名所が、それぞれ車でだいたい二〇分ぐらいのところにある。それが、狭いところに密集した、車がごちゃごちゃしているニューヨーク市とはちがうところだ。こうした配車は珍しいことではないが、ニューヨーク市やその他の地域のドライバーなら、ピックアップに費やす時間とガソリンをむだにする前に、もっとよく考えるだろう（とはいえ、そうできていない人がまだまだ多いのだが）。同様に、ニューオーリンズのカレンは、未成年者を進んで拾おうとする（厳密に言えば、これはUberのポリシーに反するのだが）。彼女だけではない――多くのドライバーが未成年者を受け付ける。ときどき親がカレンに電話をしてきて、こう言うのだ。「あ、これは私のアカウントなんだけど、息子を拾うのに使ってるの」と。私がインタビューをしたとき、カレンはこう言った。「こういう人たちを家まで安全に送り届けさせて。だれも放っておけないのよ」。Uberが顧客に提供するサービスの溝をドライバーが埋めることはしばしばあるが、彼らの意思決定は多くの場合、アントレプレナーシップに駆りたてられているというよりも、個人のアイデンティティや市民としての義務の感覚と結びついているのだ。

Uberはどのように自らのアントレプレナー的主張を蝕んでいるか

ドライバーは自らの上司だとされているが、ドライバーの収入のレートを一方的に設定したり変えたりしているのはUberのほうだ。ドライバーには交渉をする権限はほとんどなく、ドライバーの抗議によってUberが引き下げを撤回したという稀な成功例においても、彼らの集団的行為は持続せず、まもなくすれば会社はもとの計画に逆戻りしてしまう。[16] たとえば、二〇一五年七月、Uberはオクラホマ州タルサのドライバーに対して、uberXの料金を下げて利用者数を増やし、一時間あたりの収入を上げると通達した。この説明に根拠を与えるため、Uberは、オースティンで料金を下げた際に、いかに「需要がめざましく増え、時間あたりのパートナー収入が二五パーセント増加したか——つまり余剰収入がものすごく増えたか！」を示したグラフ（客観性のある数学的証明の代用して）をドライバーに提示した。オースティンを含むさまざまな都市での料金引き下げに対する他のドライバーたちの反応に同調して、ドライバーたちは不信感でもって応えた。つまり、彼らはそれを「Uberの数学」とか「プロパガンダ」、あるいは「オーウェル的ダブルスピーク」などと呼んだのだ。ドライバーは単純な計算からこんなふうに見積もった。より安い料金で同じ数の配車を受け付ければ、稼ぎは少なくなる。そして、もっと配車を増やせば、車は摩耗し、その他の経費がかさむ。さらに、一定時間にドライバーが受け付けられる配車には限りがある。

Uberはマクロ経済の論理を利用して、ドライバーに賃金カットを売り込んだ。「時間あたりのパートナー収入が二五パーセント増加する」（図3）というのは、ドライバー全体についての話であるが、個々のドライバーがいちばん気になるのは、自分の個人的な手取り給料がどうなるかなのだ。こうした互いに相容れないマクロ経済とミクロ経済の論理が、Uberにとって何が最適かということと、ドライバーにとって何がベストかということの間の根本的断絶を示している。この種の経済学の矛盾はUberに限ったことではない。たとえば、エジプトは二〇一一年に革命が起きる直前の数年間で、その成長と全体的なマクロ経済的状態を改善することができたが、公式な数値は、これと相前後して貧困が増したことを示していた。ミクロのレベルでは、平均的な世帯は暮らしが悪化したのだ。[17] 相容れないいくつかの不平等の概念は、同じような矛盾したメッセージを生みだす可能性がある。つまり、富の不平等が高いときにも収入の不平等は全体として低いこともありえるのだ。こうした不平等の評

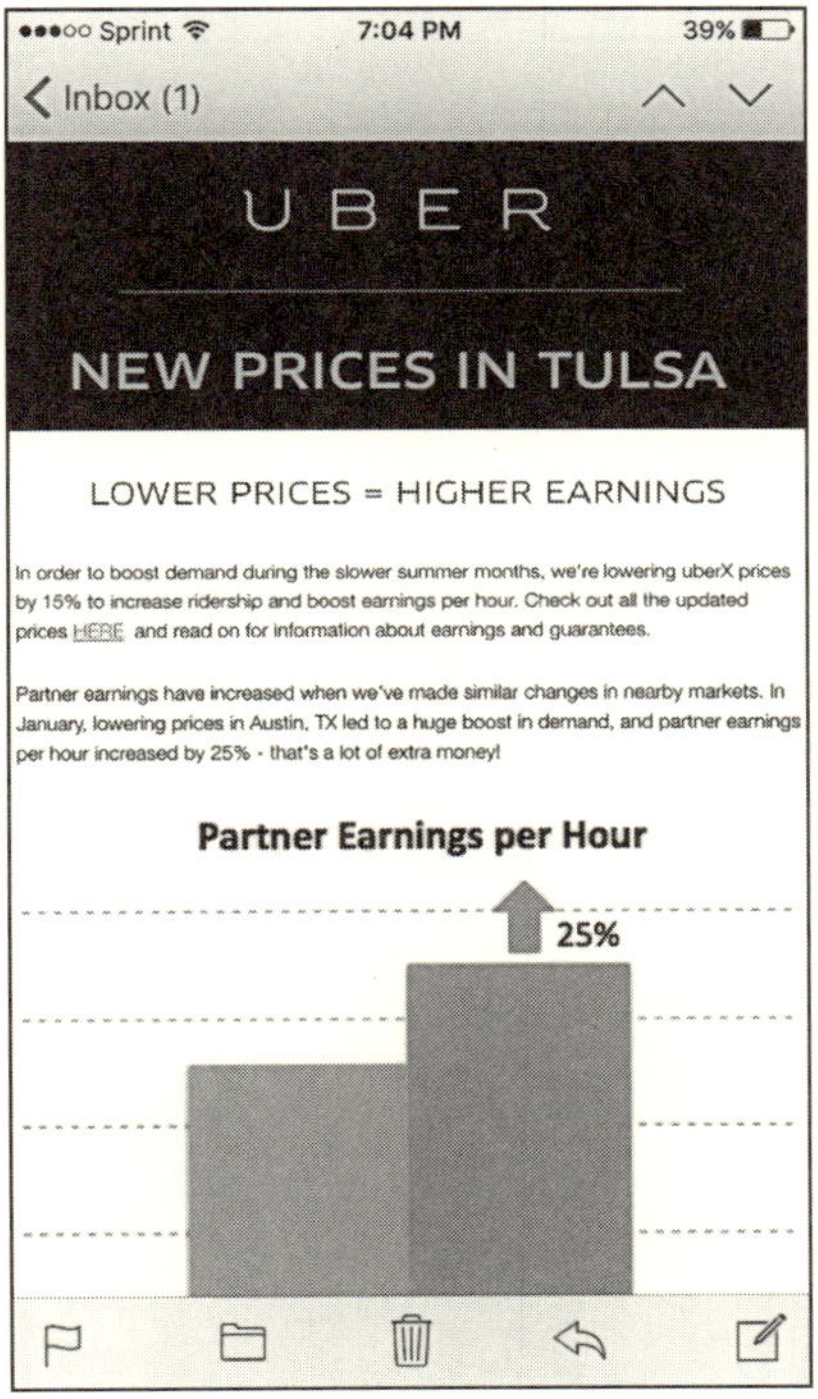

タルサで新価格

価格を下げる＝収入が上がる

客足の伸びない夏の数ヶ月の需要を上げるため、uberX の料金を 15 パーセント引き下げて利用者数を増やし、1 時間あたりの収入を引き上げることにしました。ここをクリックして最新情報をチェックし、収入と保証に関するご案内をお読みください。

近隣市場で同様の変更を行なったところ、パートナー収入は上昇しました。テキサス州オースティンでは 1 月、料金を引き下げたところ需要が大幅に増え、時間あたりのパートナー収入が 25 パーセント増加しました——ものすごい儲けになったのです！

図 3　Uber がドライバーに送ったメッセージ。アプリの美的センスあふれるデザインと、グラフが示す客観性の見せかけが、自社のデータに基づいた主張をする Uber の権力を強調している。このデザインは、Uber のメッセージ——「価格を下げる＝収入が上がる」——に対して交渉の余地も残していない。シンプルな棒グラフに明るい青色を使ってパートナー（ドライバー）収入が 25％アップすることを際立たせる一方で、レート上昇前の、より低い収入には灰色の短い棒グラフを使い、なんとも冴えない見通しを表している。2015 年に、あるフォーラムに投稿されたメッセージ。

価は経済学者には理解できるが、この区別があいまいなために、傍観者にとっては紛れもなく疑わしいものに思えてしまう。彼らは、多くの人たちが貧困状態で生きるなか、数少ないエリートが裕福な暮らしをするのをその目で見ているのだから[18]。

低いレートで生計を稼げば給料が増える、とUberのドライバーに伝えること（そしてこれをマクロ経済的な「証拠」でもって説明すること）は、私のイメージでは、カップルの片方が浮気をしている状況と似ている。浮気がバレると、だましたほうはだまされたほうにこう説明するのだ。「でも、ちょっと待って。マクロのレベルでは、浮気は減少傾向にあるんだよ」と。ドライバーは、Uberのマクロの論理に安心させられることはない。というのも、それは平均的なドライバー経験の抽象的一員としての話であり、個人として、ドライバーがどのように料金値下げを経験するかということとは切り離されているからだ。全体的に見れば、ドライバーは、自分たちの給料が、料金値下げ前に同じ量の仕事に対してもらっていたよりも低くなっていることに気づくのだ。「マクロ労働者として給料がもらえたらなあ」などと、ぼやいているドライバーが目に浮かぶかもしれない[19]。

ニューヨーク市でUberとLyftのドライバーになる前、タクシードライバーを二七年間していたというファイクにとって、いちばんの心配事は賃金が減ることだと言う。「料金の値下げは実際、ドライバーに影響しているよ。最近はめっきり稼げなくなったからね」と、彼は口早に説明する。「長時間働かなきゃならないし、競争も激しいし、似たような会社もたくさんある。ベストがないんだ。どいつもこいつも値下げしている」。問題は、Uberやそのライバル会社が値下げしているということだけではない――彼らの仕事の具体的条件の変更が、どのように伝達されているかということも問題なのだ。絶え間ない変更を――新しいサービス条項がリストされたポップアップの「同意する」ボタンを押すことで――承認しないと、仕事にログインできない（こうした新しい条項をEメールでも受け取っているというドライバーもいる）。ファイクが話している間、私はノースカロライナ州ローリーで会ったドライバー、ジェイソンが言っていたことを思い出す。「やつらは料金とかいろんなサービス条件とかをちょくちょく変える。ログインすると突然、新しい条項やら条件やらが飛びだすんだ。同意しなければ運転できない。しかも、それをスマートフォンで読まなきゃならない」。そんなことを思い出しながら、目の前のファイクに意識を戻すと、彼はポジティブな側面を取りあげてこう語る。「Uberにいれば、どこに行っても仕事はある。本当に文字通り、どこにでもね」。お客さんが足りないということはないし、Uberはドライバーと乗客をマッチングさせるというロジスティックの仕事をしてくれる。テクノロジーが媒介する他のフリーランスの職場では、労働者はただひたすら、何時間も、潜在的なクライアントをコーディネートしたり、彼らとメッセージのやりとりをしたりする。[20]

Uberは、フレキシブルな要員に短期の仕事を調整するプラットフォームを効果的に提供しており、ドライバーは、その配車機能がたいていはうまくいくという信頼を置いている（それが公平かどうかについては心配する者もいるが）。

テクノロジーを信頼することは、会社全体を信頼することと同じではない。二〇一七年の『ニューヨーク・タイムズ』によるUber関連のレポートによると、「Uberドライバーの約四分の一が、平均して三ヶ月で転職している」[21]。Uberの高い離職率は、ドライバーがひそかに抱いている精神的痛手に根差しているのかもしれない。前のセクションで紹介した、オースティンでUberとLyftのドライバーをしているトーマスは、Uberが繰り返し実施する料金値下げを経験し、疲れ果てている。「それに毎度、やつらはこんなメールを送ってくるんだ。「トーマス、良いニュースです！　オースティンで値下げしました。料金が下がるということは収入がアップするということです！」。で、僕は毎度こう思う。「どこの世界の話ですか？」ってね」。アメリカ全土のドライバーは料金値下げにうろたえるが、彼らを本当の意味で激怒させているのは Uber の横柄なメッセージのほうなのだ。「昔、自分がどれくらい稼いでいたかわかってるし、そのために何時間運転しなければならなかったかも知っている。一時間あたりの自分の平均がどれくらいか、昔も今もわかっている。彼らはただ値下げしているだけ。なぜなら彼らにはそれができるから」とトーマスは語る。「ライバル［Lyft のような］を潰したいだけなんだ。他の会社と契約するとドライバーがどれだけ稼ぐかなんて、彼らはちっとも気にしていない。そしてできそうもないことを公約する。二、三週間もすると、［新入りのドライバーは］公約どおりになっていないことに気づいて脱落していくんだ。ただ生活費を稼ぐだけのために、それまでの四〇時間から、いきなり七〇時間とか八〇時間働くのはかなり大変だよ。Uber はドライバーを大切にしていないって僕が言うのは、そういう意味なんだ」

トーマスのような多くのドライバーが、Uber とのメッセージのやりとりで軽くあしらわれていると感じている。それがさらなる追い討ちをかけ、Uber とドライバー間の溝をさらに深くしているのだ。彼らがこの会社に対してあらわにする敵意は、彼らの仕事を特徴づけているアントレプレナーシップについて、より大きな真実を物語っている。ドライバーは、たとえばプレミアム報酬を追跡するなどして、このシステムの一部であるゲームに参加することはできるが、最終的には情報も権限も限られているために、自分の利益になるような選択をすることはできないのである。

ドライバーの自律性という幻想

Uberのモデルが称賛する自律性は、ドライバーが毎日経験していることとはまったく対照的だ。彼らはアルゴリズムの上司によって、注意深く監視されているのだから。支配されているという証拠は、いたるところに散りばめられている。この会社は、自社のプラットフォームに適した車種を決定し、ときどき、受け入れ可能な車種のリストを勝手に修正する。自分の望みどおりに賃金レートを設定したり変更したり、配車をコントロールしたりする。異なるドライバーに異なるインセンティブを与える。容赦なくドライバーを停職にしたり解雇したりする全権を保持する。そして、乗客との論争から賃金不払いに至るまで、あらゆる衝突を自由裁量で調停、解決する。アルゴリズムの上司がポリシーを制定し、Uberの「提案」と異なる行動をとるドライバーにペナルティを科し、特定の場所で特定の時間働くようドライバーに奨励する。このアルゴリズムの上司は、人間の上司とは質的に異なる。さまざまなドライバーに、あなたは自分自身の上司になっているかと質問すると、たいていは少し間をおいて、ある意味そうだと言えると答える。自分のスケジュールは自分で決められるからだ。ところが、アプリ＝雇用主は、人間同士のやりとりとは異なるタイプの経験を提供しており、自律と支配の間の境界線を、自動化されたシステムのなかで見分けるのは難しい。

ドライバーが自分のところに送信されてきた仕事について、情報に基づく経済的評価を行なわなければならないとき、Uberは、たとえば乗客の目的地など、彼らが必要とする情報を隠蔽する。さらにUberは、ドライバーの配車受付率とキャンセル率を追跡している。受付率が低く、キャンセル率が高い場合、そのドライバーはプラットフォーム上から停職にされたり解雇されたりというリスクを負うのだ。Uber はさらに、たとえば、より高級な車を所有するドライバー（通常は一分あたり、一マイルあたり、より高い料金を要求する）に、一マイルあたり、一分あたりの料金が低い uberX からの配車リクエストを強制的に受け付けさせるといったポリシーを制定している。ドライバーのなかには、Uber のアルゴリズムの配車システムは、（他の要素のなかでも特に）促された行動に従うドライバーに、暗黙のうちに報酬を与えているのではないかと推測する者までいる。ちなみに、乗客はいちばん近くにいるドライバーとマッチングされる、というのが明示的な配車規則である[22]。

ドライバーは情報面で不利な立場にいるため、個人事業主として、自分がしている仕事に対して完全な情報に基づいた意思決定をするのが難しい。このもやもやした状態が、裏で何が起こっているかの憶測をいたるところで招いてきた。二〇一七年の夏、あるドライバーがこうした憶測の一例となるものをフォーラムに投稿した。「最近、自分が従業員だと感じるのは、主に、ドライバーにピング（配車リクエスト）するアルゴリズム［を通じて］だ。いちばん近いところにいる車という以外の何か別の要素、たとえば車種とか、料金とか、受付率とか、その乗客と以前マッチングしたことがあるかどうかといった要素が、配車の影に潜んでいるのではないかと、みんな疑っている。従業員か個人事業主かの議論に関わる、Uber を相手どった訴訟で明らかになってほしいのは、アルゴリズムのなかに何が織り込まれているか、だ。こうした要素を投入することによって、Uber がどれほど我々をだましているかを知ったら、みんな仰天すると思う」。もうひとりのドライバーもこれに同調し、これらの要素を繰り返し挙げながら、こう付け加えた。「たしかに、影響を与えていることがわかっている要素がいくつかあることは知っているけれど、それはほんの氷山の一角に過ぎないと思うし、彼らが僕たちに話せない／話そうとしない／話すべきではないと思っていることが、もっとたくさんあるはずだ」

ドライバーはしばしば、Uberのアルゴリズムがどのように機能しているかわかっていない。というのも、彼らのアルゴリズムとの関わりあい方そのものに一貫性がないからだ。Uberのドライバー・フォーラムでよく話題にのぼるトピックのひとつに、こんなものがある。ライドヘイル会社のアルゴリズムの配車システムは、ドライバーのレーティングをベースに、その経験値や優秀さなどの要素に応じてドライバーを選り好みしているか否か。第2章で紹介したネイサンはLyftのドライバーだが、フォーラムで読んだUberドライバーの体験と同じように、自分自身の体験にも一貫性がないことに気づき、システムに疑問をもちはじめたという。彼はこう述べる。「始めて六ヶ月で、彼らは私を手中に入れたことを把握しています。どれだけの量の配車をこなせるか、週末にはどれだけの時間、運転に費やそうとしているかといったことを、彼らは知っているのです。私がどんなタイプのドライバーかを彼らに伝える何かが、アルゴリズムのなかに組み込まれているのでしょうか?」。彼の地域は需要が高いという通知を見たが、仕事を始めたばかりの最初の数週間に比べて、いまでは配車リクエストを受け付ける際に、これまでになかったような遅延を経験していると述べる。彼の説明はこうだ。「何か怪しい気がするんです。私はどちらかというと性悪説的な考え方はしないタイプだから、こんなふうに疑うのは私にしては珍しいこと。その理由のひとつは、すべてがあまりに公平に見えるからなんです。だって、六四歳にして何の問題もなくここに飛び込んで、すぐに仕事にありつけるし、二二、三歳の若者との会話にもついていける。実際、そんなことはあまり問題ではない。基本的にシステムが私をそう導いてくれるんだから。その公平さがこの仕事の魅力だと思って始めたんです。でもいまは、それほど公平には思えない」

配車アルゴリズムに対するこの心地悪さは、多くの点で、ドライバーの選択がUberの力によって規制されていることの反映なのだ。メディア研究の学者で私の同僚でもあるルーク・スタークとともに著した論文にも書いたとおり、「ログインしているUberドライバーは、システムから配車リクエストを受け取ると、約一五秒のうちに、それを受け付けるか拒否するかを決めなければならない。配車リクエストを受け付ければ、Uberドライバーは、その配車がもしかしたら利益にならないかもしれないというリスクを負うことになる。それでも、配車を受け付ける前に、ドライバーが目的地と運賃情報を示されることはないのだ」。ドライバーを始めて約一年の、ノースカロライナ州ローリーのジェイソンはこう語る。「何の情報もなく運転しているんだ。システムが配車リクエストを受け付けると、もしかしたら、たった八〇〇メートル乗せるのに一五分ぐらい車を走らせるなんてこともあるかもしれない。そんなときは一銭にもならない。特に僕のSUVではね」。ジェイソンが言うこの「事前情報がない」ということは、目的地による差別は抑止できるかもしれないが[23]、スタークと私の調査によれば、ドライバーは利益にならない配車のリスクと経費を負担することになる[24]。

ジェイソンにインタビューをしたのは二〇一五年だが、彼が吐露した感情は二〇一七年まで続いていた。あるユタ州のドライバーが二〇一七年の夏、フォーラムに次のような投稿をした。

Uberがやっているのは詐欺だ。僕たちを個人事業主と呼んでいるけれど、全然そうじゃない。もし自分が塗装業の個人事業主だったら、どんな仕事かも、いくらもらえるかもわからずに引き受けるだろうか? もちろん引き受けやしない。でもこれがまさに、Uberが僕たちにやっていることなんだ。仕事がありますよ、と塗装業者に言っておきながら、それがどんな仕事かわから

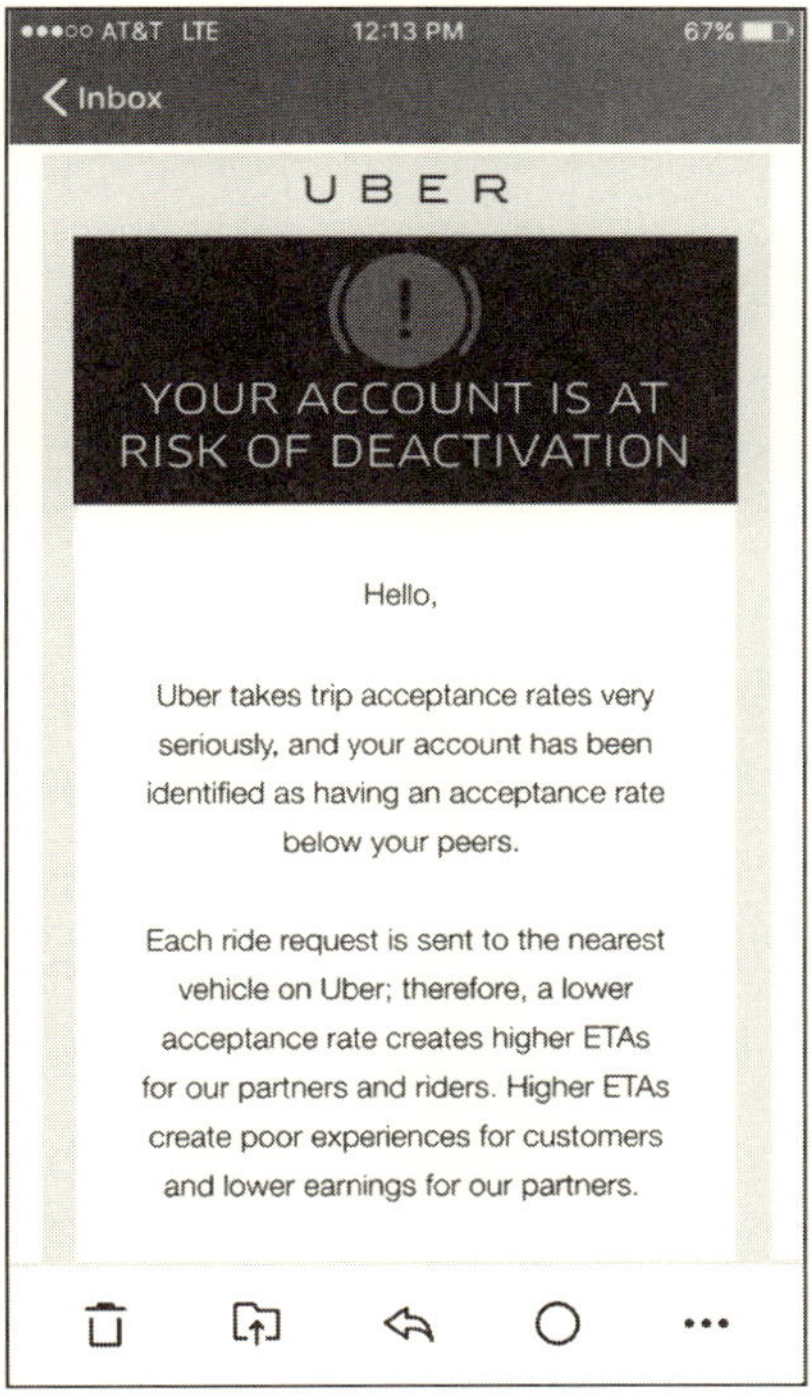

あなたはアカウント停止の
リスクに晒されています

こんにちは。

Uberは配車受付率を非常に重視しています。
あなたのアカウントは、平均的な受付率を
下回っていると判断されました。

各配車リクエストはUberに登録している
最も近くにいる車両に送られます。
したがって、低い受付率は、当社のパートナーと
乗客にとってETA(到着予定時刻)が
遅れるという結果を生みだします。
ETAが遅くなれば顧客経験の質が下がり、
当社パートナーの収入が減ることになります。

図4　Uberはどのように情報を通知してくるか：配車受付率が低すぎることにより、あるドライバーがアカウント停止のリスクにあることを警告するUberからのメールのサンプル。メッセージのいちばん上に、鮮やかな赤い警告灯に見立てた感嘆符を表示することで、危険が差し迫っていることを伝えている。2016年に、あるフォーラムに投稿されたもの。

ないうちに引き受けざるを得ないといった状況。五〇ドルで家全体を塗装してくれ、ただしペンキ代は業者の自前で頼む、みたいな。好きにしてくれて構わないと言われても、ペンキ代だけで五〇ドルは超える。でも塗装業者は、もう仕事は引き受けたはずだと言われる。それでキャンセルしようものなら、この街から永久追放さ。

私が二〇一五年にインタビューをしたあるドライバーも同じ感情を述べ、Uber の配車ポリシーを不公平だと言い切った。ロンは息子の誕生を誇らしげに待ち望んでいて、新しい家族のためにお金を貯めようと懸命に働いていた。彼に会いにパキスタンからやってきた女性と結婚したばかりなのだ。ニュージャージー州とニューヨーク市でドライバーを始めて一年が経つロンは、こう語る。「リクエストを受け付ける前に目的地を提示してもらいたい。もし本当に僕たちが個人事業主なら、断る権利があるはずだから。それを見て、たとえばそのとき午後三時で、目的地がジョン・F・ケネディ空港だったとしたら、まず受け付けないだろうね。その客のところまで拾いに行って、そこから空港に向かったら、三時間運転して四〇ドルにもならない……。乗車を受け付けるか受け付けないかは僕たちが決められると彼らは言うけれど、それならなぜ、断ったらペナルティが科されなければならないんだ？」[25]。事前情報を与えられないまま乗客を受け付けるというルールがあるおかげで、ドライバーはリクエストを受ける前に、その仕事の経済的価値を評価することができない。これは、ドライバーは個人事業主だという考え方に反している。

このポリシーの文脈は、ドライバーと Uber の労使関係にもさらなる影響を与える。ドライバーが乗車を拒否すれば、たとえそれが利益にならないものであっても、ドライバー自身の配車受付率が下

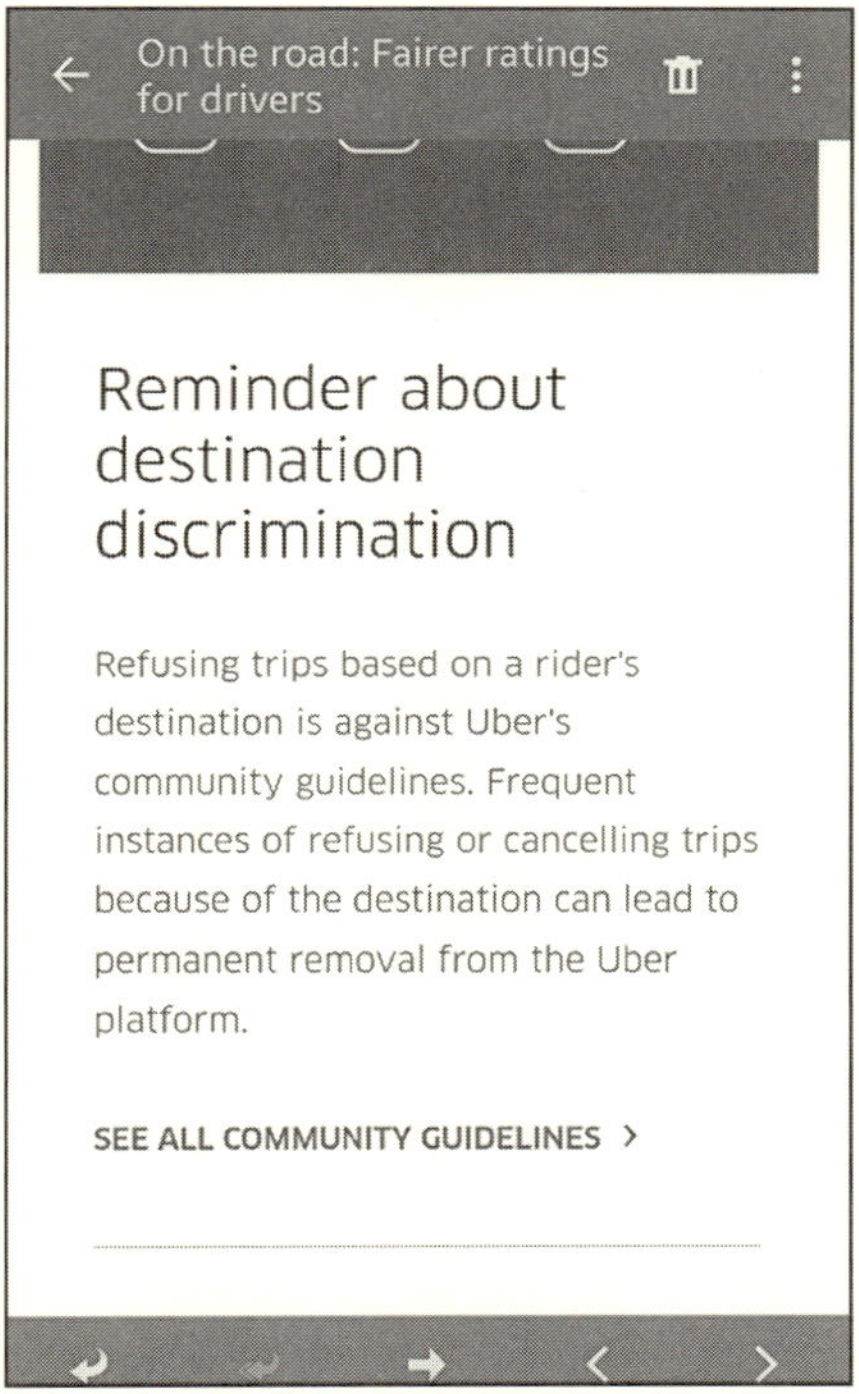

路上で：より公平なドライバーのレーティング

目的地差別に関する
リマインダー

乗客の目的地によって乗車を拒否することは、Uber のコミュニティ・ガイドラインに反しています。目的地を理由に乗車を拒否したり、キャンセルしたりということが頻繁に起こった場合、Uber プラットフォームから永久的に削除される可能性があります。

すべての
コミュニティ・ガイドラインを見る >

図 5. 2017 年度の Uber の乗車拒否ガイドラインのスクリーンショット

がるというリスクを負う。二〇一六年八月にそのポリシーを修正するまでは、[26] Uberは配車受付率、キャンセル率、そして五段階評価でのレーティングに基づいてドライバーを評価していた。都市によっては、九〇パーセントの配車受付率の閾値を下回るか、五パーセントの配車キャンセル率を超えた場合、そのドライバーは「アカウントを停止」されるリスクを負う。つまり、Uber用語で言うところの一時的な停職または解雇ということだ（図4参照）[27]。修正後のUberのポリシーのもとでは、ドライバーはアカウント停止の代わりに、アプリからの「タイムアウト」に直面する。二分とか一〇分とか、または三〇分など、一定時間、自動的にログアウトされるのだ。結果どうなるかと言えば、ドライバーはそれでも個人事業主に分類されているのだが、ドライバーが仕事中にどうふるまうべきかを決めるのはすべて、Uber の配車方法、アプリのデザイン、そしてペナルティのシステムなのだ。言い換えれば、このポリシーこそが、ドライバーは労働法に基づいて誤分類されている可能性があるという、もうひとつの潜在的証拠になるということだ。[28] ついでに言えば、ポリシー変更後、かなりの時が経っても、たとえば二〇一七年春のフォーラムなどでも、キャンセル率が常に高いという理由でアカウントを停止されたという投稿をしばしば目にする。

二〇一七年八月、Uber がドライバー体験を改善することを目指した「変革の一八〇日間」と呼ばれるプログラムに着手してから、あるドライバーが地域フォーラムに、「目的地差別」――これこそまさに二〇一六年の夏、ロサンゼルスのホセを悩ました告発だ――に関して彼が受けた通知を投稿した（図5参照）。このドライバーはこうコメントしている。「（笑）この通知はEメールで来たけど、「変革の一八〇日間」にはまったく見えない。たぶん、Uber が下車（そして乗車も）の正確な住所を隠すのをやめたら、キャンセルする必要もなくなるだろうね」と。そしてこう付け加えた。「僕は個人的にキャンセルする必要がないんだ。基本的に高いサージやブースト［インセンティブ報酬］で運転しているからね。でもロサンゼルスやサンフランシスコ、ニューヨークなんかのエリアでやってるドライバーは数が多すぎて、目的地差別を気にする人なんていない。そのドライバーがダメなら、次のドライバーがいるからね。それが「インディペンデント」（独立型）ってことじゃないかな」

Uberはどのように「アントレプレナー」を巧みに制御しているか

その行動にさまざまな制約が課されているにもかかわらず、ドライバーもまたシステムを操作して、少しでも利益の出る運賃を稼ごうとしている。だが、そんなことをすればペナルティが科される可能性がある。たとえば、Uberのアルゴリズムの上司はドライバーに対して、一時的に場所を変え、これによってサージ料金設定から利益を得るという提案に従うよう促す。そこには、供給と需要の反映が意図されているのだ。ドライバーは、乗客の需要が地元のドライバーの供給を上回るとき、プレミアム料金を獲得できる。ところがその代わりに、いったんそこに到着すると、「ノンサージ」乗車を提示されることがあり、それを拒否するとペナルティが科せられる可能性があるのだ。しかもそのサージ区域までの経費――ガソリン、時間、失った機会など――は、すべてドライバーが負担した上での話だ。「サージ操作」(図6参照)に関して、あるドライバーがUberサポートから受け取ったメールで、このドライバーはこんな忠告を受けたと言う。「サージ料金が発生するのを待つために、乗車を不当にキャンセルされたように感じたとか、お客さまのリクエストではなく、サージ料金の配車のほうを不当に優先されたというお客さまからの報告がありました」。このメールには、続けてこんなことが書かれてあった。「Uberがあなたのところへ送るリクエストは、どんなものでも受け付けてください。そして、次の配車がサージ料金になるだろうという期待のもとに、特定の配車をキャンセルするようなことはしないでください」。実際、Uberはサージ料金設定の公約を利用して、ドライバーをある特定の時間に特定の場所へ誘導した。そして、そのドライバーがもっと儲かるサージ料金の配車を待ってノンサージの配車を拒否したとき、Uberのアルゴリズムの上司が「サージ操作」という名目で、そのドライバーに制裁措置を与えたというわけだ。ウーバーランドでは、ドライバーが各自の画面上に見ているデータは、彼らの行動を操作するために利用されている。だが、これはあくまでも一方通行のものであり、ドライバーからの操作は許されないのだ。

ドライバーはその他の方法でアルゴリズムを操作しようと試みるのだが、Uber がインターフェイスを制御しているため、彼らの試みは無益なものになりかねない。ヘザーも多くのドライバーと同様、Uber の乗客用アプリを使って、ライバルのドライバーの位置を追跡していた。午前二時、ヘザーは Uber の乗客用アプリをチェックしながら、街の郊外の閑静な住宅街にある自宅でくつろいでいた。すると驚いたことに、数台の Uber の車が彼女の家の外に群がっているようすがアプリに映しだされたのだ。しかもこれらの車は、アプリによれば、ここまで来るのに一七分もかかるにも関わらず、だ(図7参照)。彼女の Uber 乗客用アプリの画面に現れた小型の黒いセダンはすべてファントム(見せかけ)だった。私は以前、Uber のファントム・キャブについて記事を書いたことがあるが、この記事が急速に世界中に広まったのは、ユーザーの操作が明るみに出るまで、この地図は利用できるドライバーの正確な位置を示しているとみんなが信じこんでいたからだ。ヘザーの発見は、「グレイボール」と名付けられた Uber の秘密のツールによる、組織的な規制回避を示すものだということが判明した。このことを、マイク・アイザックは『ニューヨーク・タイムズ』のなかで報告している。(29)

この「グレイボール」プログラムでは、Uber は、利用している電話やクレジットカードの種類などさまざまな手段で、観察しているかもしれない法的機関や地方自治体関係者を特定し、アプリに「ゴースト」カーや「ファントム」カーを表示して、Uber の車両の存在について彼らにわざと誤った情報を信じさせる。もちろんこれは、現場のドライバーの実際の存在を反映してはいない。事実

From：partnersla@uber.com
To：[ドライバーのメールアドレス]
件名：乗客からのクレーム――サージ操作
日付：[日付][タイムスタンプ]

こんにちは、[ドライバーの名前]さん

Uberでは、5つ星評価の向上に必要なフィードバックを提供することによって、当社のパートナーをサポートする責任があります。最近のドライバー調査によると、乗客のフィードバックはドライバーが当社に求め、当社が聞き入れたナンバー1のアイテムでした！　先週当社では、あなたのお客さまから次のようなフィードバックを受け取りました。

―――サージ操作について―――

サージ操作とはどういう意味でしょうか？　サージ料金が発生するのを待って、乗車を不当にキャンセルされたように感じた、または、あなたがお客さまのリクエストではなく、サージ料金の配車のほうを不公平に好んだという報告が、あるお客さまからありました。

どうしたら改善できるでしょうか？　Uberがあなたのところへ送るリクエストは、どんなものでも受け付けてください。そして、次の配車はサージ料金になるだろうという期待のもとに、その配車をキャンセルするようなことはしないでください。あなたのレーティングに影響を与えるようなネガティブなフィードバックを、当社が引き続きお客さまから受け取った場合、あなたのアカウントは慎重に調査され、アカウント停止になる可能性もあります。

注：当社のすべてのパートナーに対して、ネガティブなフィードバックがあると予想されます。これは当業界にはつきものですから！　あなただけがこうしたクレームを受けているとお考えかもしれませんが、心配はご無用です。このようなことが定期的に起こらない限り、あなたのアカウントが影響を受けることはありません。繰り返しますが、このメッセージの目的は、あなたの改善に役立つような建設的なフィードバックを提供することなのです。

お役に立てれば幸いです。

Uberチーム

図6　2014年、サージ操作に関してUberがドライバーに送ったメール。スクリーンショットからの転載。

Uberは、特に違法に営業している都市では、Uberドライバーの行動を（違反切符を切るなどして）規制する法的機関の試みをかわすこともある。グレイボールのことが公になる二年前の二〇一五年、[30]Uberの乗客用アプリにファントム・カーが存在することについて報告したとき、Uberは私の主張をきっぱりと否定した。[31]だが真実は、Uberはインターフェイスとテクニカルツールを利用して、ドライバーと乗客がプラットフォームでどのようなやりとりをするかを制御し、操作することができるのだ。

　同様に、Uberはその配車機能を、ドライバーを制御するツールとして利用している。ドライバーは、ある特定のサービス階層で働くことを意図してUberのドライバーに申し込んでいる可能性があるが（なぜなら、uberXやuberSUVといった各サービス階層に合ったメーカーやモデルの車が必要になるからだ）、Uberはしばしば、ドライバーに敢えて低いサービス階層の配車を受け付けるよう強要しているのだ。uberBlackのドライバーは、ガソリンを食う高級車の経費を負担しつづけているにもかかわらず、より低いuberXの料金を支払う顧客に配車されることもある。uberXのドライバーも同じように、ひどく嫌われているuberPOOLサービスの乗客をピックアップするために配車される可能性がある。つまりそのドライバーは一回の、uberXの配車と同程度の累積賃金を稼ぐために、何度もピックアップとドロップオフを繰り返しながら、乗客の集団としてのダイナミクスに対応していかなければならないということだ。その他多くのドライバーの声を受けて、あるひとりの人はフォーラムにこんな投稿をした。「一二・五〇ドルの運賃で山ほどの仕事をする」。ドライバーは、自分が嫌だと思う配車を「オプトアウト」〔自分の意思で提供を回避すること〕することに関しては異なる対応を経験している（図8）。オンライン・フォーラムにドライバーが投稿した一例に、こんなものがある。「こんにちは、皆さん。先週、uberPOOLをオプトアウトすることができるというUberから来た返信のスクリーンショットを投稿した人がいましたが、それをもう一度投稿してくれませんか？　僕はシアトルで働いていますが、オプトアウトはできないと言われています……。配車リクエストのタイプはいまは隠されています。本当にばかげている！」

uberPOOLをオプトアウトしたいと思っているドライバーとUberサポートとのやりとりのなかで、この会社は次のように書いている。「現在のところ、uberPOOLやuberXといった特定の車両オプションをパートナーがオプトアウトするという選択肢はありませんが、あなたが受け付けた特定の配車について何か問題があれば、喜んで相談に応じます」。そして最後のほうに、なぜドライバーが、より高い支払いやサージリクエストのほうを選んで、あまり儲からないリクエストを拒否することができないかに関する Uber の論理を繰り返して、こう付け加えた。「uberX と uberPOOL を含め、すべての乗車を受け入れ、それを完了することは、Uber を信頼して目的地まで行こうとする乗客のポジティブな体験を保証するために不可欠なのです。uberPOOL は当社で最もその成長がめざましく、乗客の間では最も人気のある商品のひとつとなっていますので、uberX と uberPOOL の乗車を受け付ければ、常に仕事がある状態を維持できるにちがいありません」

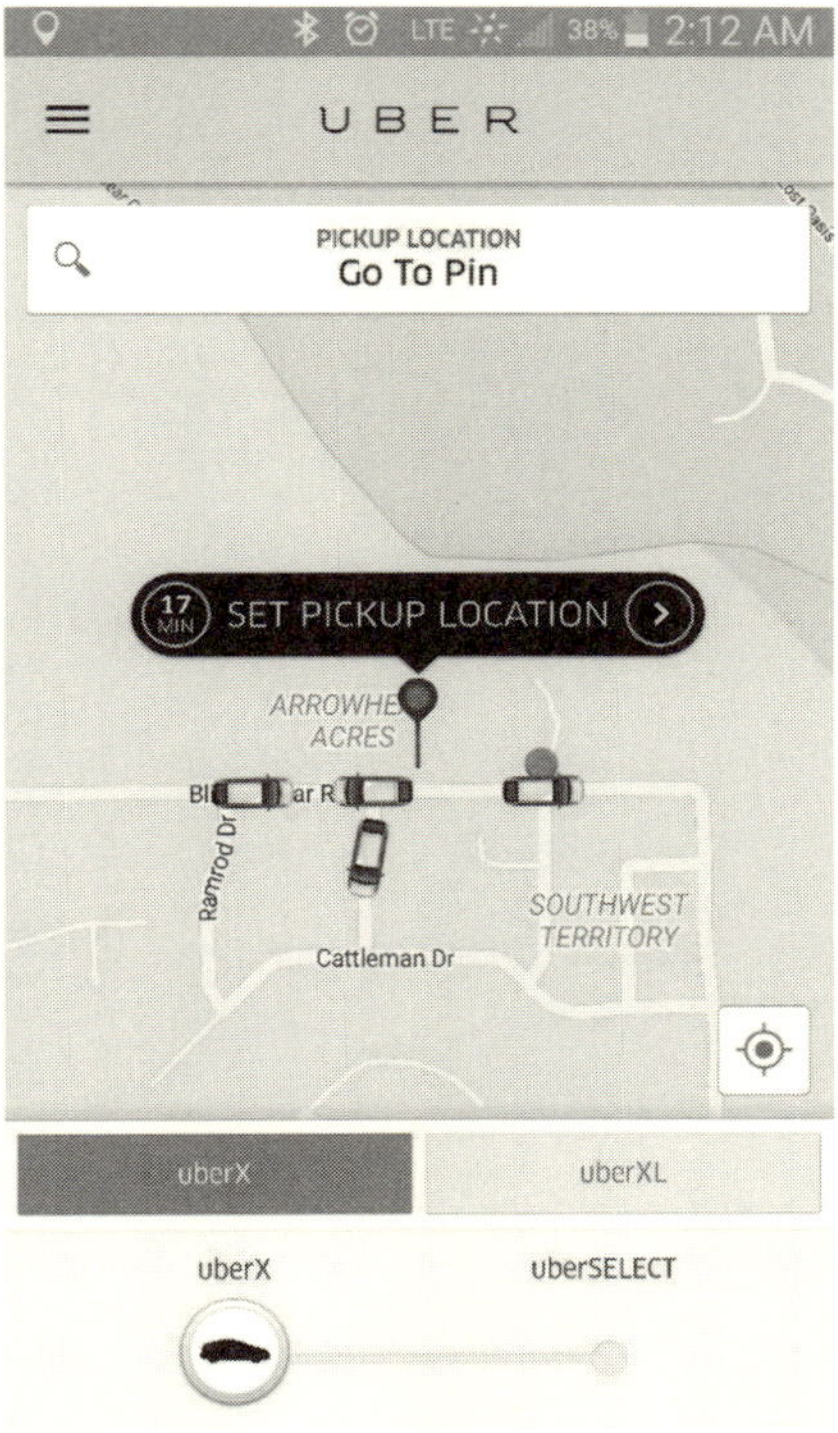

図7　このファントム・カーのスクリーンショットは、2015 年に著者へ送られてきたもの。黒いセダンは通常、乗客用アプリ上で乗客が見ている利用可能な Uber 車両を示している。青の丸印は配車をリクエストしている乗客がいる場所を、緑のピンは（同じ）乗客のピックアップ地点を示している。このアプリによれば、最も近くにいるドライバーが到着するまで、乗客は 17 分待つことになるはずだ。ところがこの黒いセダンの群れは、本当なら 4 人の uberX ドライバーが乗客のピックアップ地点のすぐ近くにいることを示しているのだ。これらの車は「ファントム・カー」で、現実には、この時間、この場所には存在していない。

そんななか、自らの不満を押し通し、成功を手にしたドライバーもいる。ジョージア州アセンズのあるドライバーが、二〇一七年冬にUberサポートからもらった返信をフォーラムに投稿した。こんな内容だ。「この件を受理し、あなたのアカウントからuberPOOLの車両クラスのオプションを外させていただきました」。Uberの配車ポリシーの一貫性のなさと、ドライバーが拒否したいと思う仕事をさせるUberからの強制は、情報と力の不平等をUberがドライバーに対していかに利用しているかを示している。Uberのアルゴリズムが決めるルールの制約を受けているドライバーは、配車を受け付ける際、自身の経済的・個人的利益を最大限追求することはできないのだ。

ロンのようなUberドライバーは、ドライバーの自律性のジレンマを体現している。ニューヨーク市内を往復するロンは、ニューヨーク市にある空港への道のりのほとんどで、渋滞のなか、じっと車のなかで座っているだろうことを知っている。さらに、事前情報なく乗客を受け付けるというUberのポリシーが、乗客にとっての信頼できるサービスにつながるというUberの主張の一方、一分あたりに彼が稼げる金額はとても少ない。この会社は、自分たちのやり方が、収入を最適化するドライバーの能力を著しく制限してしまっていることに、どうやら無頓着のようだ。アルゴリズム的管理は、この会社にとってたしかに機能しているシステムである――シンプルで、効率的で、そして官僚的だ。だが、そこで働くドライバーは被害を受けている。というのもUberは、自分に都合の良いように編みだした不平等を、ドライバーに強制的に受け入れさせているからだ。

ドライバーはずっと前から、Uberの乱暴な扱いに気づいていたが、二〇一七年二月、あるUberドライバーと出会ったときのUberのCEO、トラヴィス・カラニックを捉えた動画によって、この力関係が広く国民に知れ渡った(図9参照)[32]。

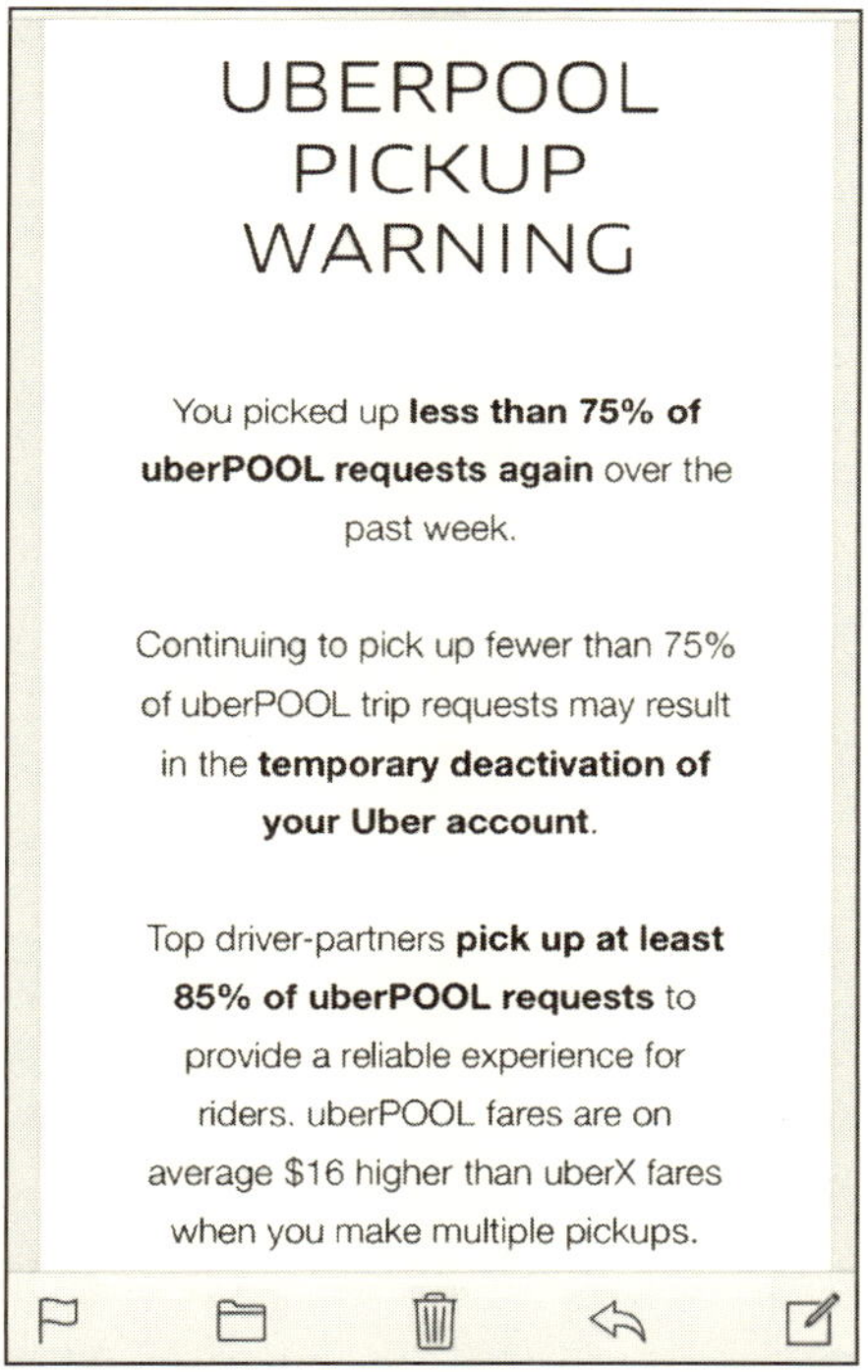
UBERPOOL
PICKUP
WARNING
You picked up less than 75% of uberPOOL requests again over the past week.
Continuing to pick up fewer than 75% of uberPOOL trip requests may result in the temporary deactivation of your Uber account.
Top driver-partners pick up at least 85% of uberPOOL requests to provide a reliable experience for riders. uberPOOL fares are on average $16 higher than uberX fares when you make multiple pickups.

uberPOOLの
ピックアップに
関する警告

過去1週間で、あなたの **uberPOOL のリクエスト受付率は再び 75% を下回りました。**

uberPOOLの配車リクエストの受付率が、このまま 75% を下回りつづけると、あなたの **Uber アカウントが一時的に停止される**可能性があります。

トップレベルのドライバーパートナーは、**uberPOOL のリクエスト受付率が 85% 以上で**、乗客の皆さまに信頼のおける体験を提供しています。uberPOOL の運賃は、複数の乗車を受け付けた場合、uberX の運賃より平均 16 ドル高くなります。

図8　Uber から送られてきたEメールのスクリーンショット。2016 年にフォーラムに投稿されたもの。あまりに何度も uberPOOL のリクエストを拒否するドライバーに対して、この会社がどのような処罰を科しているかがわかる。厳しい警告の文言と、ポリシーからの抜粋を太字にすることで、彼らを非難している。別のドライバーがこの投稿に反応し、このポリシーがいかに、この会社における自分の雇用ステータスに影響を与えているかを強調して、こんなふうに書いている。「我々は本当に闘う準備をしなければならない。どう見てもこれは、個人事業主のステータスではないからだ……Uber は新しいカーシェアリングのアプリだと言うけれど、これは単なるクロップシェアリング（分益小作制度）としか言えない!!」

このドライバーのドライブレコーダーに、カラニックとのやりとりが録画されていた。自分はuberBlackのために、高級車に九万七〇〇〇ドルも投資して自己破産した、とドライバーは言っている。料金が下がり、もっと安いUberのサービスが提供されたことで、［より高料金の］uberBlackの需要が落ち込んだからだ。仕事の条件を頻繁に変え、おかげで手取り給料が減ったと言って、カラニックを責めているのだ。カラニックはこの非難に反論し、口論をこんなふうに締めくくった。「いいかい、自分の始末を自分でしたがらないやつがたまにいる。そういうやつに限って、自分の人生のすべてをだれかのせいにする。まあ、せいぜいがんばりな！」ドライバーはこう答える。「あんたもね。たぶんUberは長続きしないだろうよ」。その後、Uberの料金値下げとビジネス慣習がもたらした損害に責任を果たさなかったとして、ドライバーを激しく非難しているこのカラニックの動画は、インターネットで一気に広まった。『ブルームバーグ』などのメディア各社は、この件で彼を叩いた[33]。のちにカラニックはこのできごとについて謝罪文を発表したが、あとの祭りだった。カラニックと、その延長線上にあるUberは、ドライバーの窮状に対して無関心だと見なされた[34]。借金を抱えたこのドライバー（Uberの数学の敗者）と、横柄なカラニック（この経済的関係の勝者）とのやりとりは、古典的映画『ダーティ・ダンシング』の辛辣なワンシーンを彷彿とさせる。カラニックは『水源』〔一九四三年に出版されたアイン・ランドのベストセラー小説〕を読む、イエール大学に通う敵役ロビーのリアル・バージョンだ。ロビーは、自分が妊娠させた、思いやりはあるが低所得者階級のダンサーの女性に対して、その責任を取ることを拒み、あざ笑うかのようにこう言い放った。「大事にされる人もいれば、されない人もいる」と。このドライバーをけなしたカラニックも、これと同じメッセージをドライブレコーダーに残した。しかし、この明確な表現は新聞ネタにはなったが、重要ではなかった。

Uberから受ける日常的な扱いのせいで、ドライバーは、この会社は明らかに自分たちのことを二流市民として見ていると感じとっていたのだ。カラニックは二〇一七年六月にCEOを辞した。それはこの事件の数ヶ月後、この会社が大混乱に直面しているさなかのできごとだった。[35]

高額の投資をしてフルタイムで働くドライバーは、Uberが彼らの仕事に設定する条件に最も大きな影響を受けている。[36] 彼らこそ、自分の個人的「責任」を取らない、「自分の始末を自分でしたがらないやつ」だとカラニックが激しく罵った、その言葉の裏に仄めかしていた人たちだ。ギグエコノミーのレトリックでは、ドライバーはアントレプレナーとしての意思決定をするのに必要な情報と権限をもつとされているが、Uberのアルゴリズムの上司は実質的に、自分が引き受ける仕事に対してドライバーがより「責任ある」経済的評価をするのを妨げているのだ。Uberのモデルでは、たとえドライバーが真のアントレプレナーではないとしても、Uberの良い部分と悪い部分をどう経験するかは人それぞれだ。この仕事にワクワクしている人もいれば、罠にかけられたと感じる人もいる。Uberとドライバーの関係性の本質は、部分的にはドライバーのモチベーション、競合する選択肢、自分の仕事の地理的状況、そしてそのエリアでUberがどれくらい長く営業をしているかに左右される。フィールドワークのなかで私がドライバーと行なった

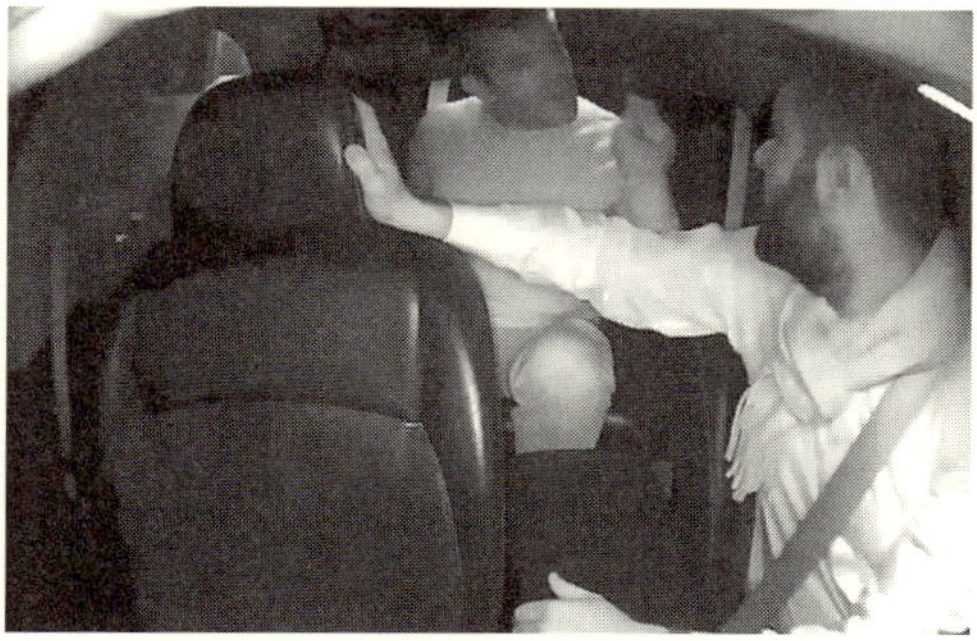

図9　UberのCEOトラヴィス・カラニックが前のめりになって、uberBlackのドライバーと口論をしている。2017年にユーチューブに投稿された、この事件の動画のスクリーンショット。

インタビューや会話では、たくさんの人が自分の仕事を説明するのに、「自分自身の上司になれ」という Uber のスローガンを喜んで引き合いに出していた。そうした協力的な態度にも関わらず、多くのドライバーがあとになって、腹立たしさを覚えるような状況を認め、このことが料金値下げやレーティング・システムなど、仕事における彼らの自律性を阻むことになるのだ。ある意味では、ポリシーやコミュニケーションを配信するコンピューターがあることと、何をすべきかを口頭で伝える上司がいるということの間には、それほど大きなちがいはないのかもしれない。しかし、感じ方がちがうということは言えるだろう。アプリに労働者への指示を出させることで、上司が肩越しに見ているという考え方からは心理的距離が生まれるだろう。にもかかわらず、その結果は、アントレプレナーシップとは大きくかけ離れているのである。

4　怪しい仲介者

Uber は料金をどのように操作しているか

シリコンバレーは、革新的なテクノロジーによってビジネスモデルと産業全体を「破壊する」ことで有名だ。この――テクノロジーによる破壊という――言い方は、新種の仲介者がやってきたということを間接的に語っている。そして、新しいテクノロジーは、それに関連するビジネス手法と切っても切れないということを暗に仄めかしている。この危険なレトリックは、シリコンバレーの企業が、自分たちの業界のライバル会社の規範やルールに例外をつくりながら、同時にそのルールを微妙に書き換えている方法のひとつだ。根本的には、Uber は仲介者だ。プラットフォーム上のすべてのドライバーと乗客からデータを集め、分析し、このデータの一部を、たとえばドライバーに対してはサージ料金設定のマップというかたちで、また乗客に対しては利用できるドライバーのマップというかたちで、ユーザーのスマートフォンに表示する。また、乗客からのリクエストの仲立ちをし、それを配車というかたちでドライバーに送ったり、両者に代わって支払いの管理をしたりしている。プラットフォーム上の個々のドライバーには全体像が見えない。Uber が手数料をもらうのは当然だが、訴訟やメディアのすっぱ抜きや私自身の研究によると、Uber は仲介者としての立場を利用して、契約以上のものを着服している可能性があるのだ。[1] 結果、乗客はより高い運賃を請求され、ドライバーは乗客が支払った金額以下しかもらえず、Uber の分け前がその分多くなる。本書の冒頭で、私は中立的なテクノロジーの神話について、特に、中立的な管理者としてのアルゴリズムのイメージについて解説した。だが、アルゴリズムとお金についてはどうだろうか――具体的に言えば、Uber はどのようにアルゴリズムを利用して、そのアプリやポリシーを通じて、ドライバーと乗客の両方から利益を奪い取っているのだろうか？

不正な取引というのは、牧夫が羊や仔牛を物々交換していた頃から存在するが、テクノロジーの出現によって、まったく新しい力学が導入されている。テクノロジー企業は、自分たちのプラットフォームは中立的で、「公平な」アルゴリズムによって動いていると主張する。結果として、利己的で不当な結果を生みだすようなシステムを開発する可能性がある——しかも彼らは、処罰を逃れてしまうのだ。Uber は、「仲介的な」、無干渉のプラットフォームとしての立場と矛盾する、あらゆる種類の疑わしい手法に関わっている。どうしてこんなことが起こるのか？ 第一に、Uber は以前、価格設定アルゴリズムを利用して運賃価格を見積もっていた。そのベースになるのは、走行距離、乗車時間、そしてUber による供給と需要の概算に応じた掛け率などの変数だ。しかし、ポリシーの変更を公言することなく、Uber はこっそりと、ドライバーの稼ぎ分と乗客が支払う金額とを切り離した。そして、運賃価格の見積もりに以前使用していた計算を発展させて、「経路ベースの価格設定」を導入した。人工知能を利用して、サービスにより多くのお金を喜んで支払ってくれそうな乗客集団にいるのはどのユーザーかを見極め、そのようなユーザーにより高い料金を請求するのだ。この会社は、こうした価格設定の手法は個々の乗客に合わせたものではないと主張する。公的には、Uber は経路ベースの価格設定を道徳的に説得力のあることばで正当化している。たとえば、高所得者が住む地域間を移動する乗客は、低所得者が住む地域間を移動する乗客よりも高い料金を請求される可能性があることを挙げる。(2) さらに、乗客が支払いたい分を請求するという市場論理を説明するのに「人工知能」（ＡＩ）を引き合いに出すことで、Uber はテクノロジーを利用して、どの乗客にサーチャージ（追加料金）を課すかの選択を、ポジティブなこととして話すのだ。この値上げは、ドライバーにまで利益を拡大することはない。というのも、彼らは規定の料金で、一分あたり、一マイルあたりで支払われるからだ。Uber はその予測に基づいた価格設定を実験的に開始したとき、そのことを公表しなかった。したがって、自分たちがその中間的立場を利用していることをドライバーにも乗客にも知らせることなく、利益を得ることができたというわけだ。数学的客観性という感覚——「数字と、アルゴリズムと、AIがそうだと言ったのだから、これは公平にちがいない」——が、自分たちは何の罪もない中立的なテクノロジー・プラットフォームだというUberの主張を正当化しているのだ。

Uberはその中立性の論理をグーグルやフェイスブック（シリコンバレーという帝国を築き上げたとされる企業）といった消費者向けの企業から借用している。グーグルの検索結果とフェイスブックのニュースフィードは、いずれもアルゴリズムに頼って情報を並べ替えているのだが、数多くの予期せぬ偏見を反映している可能性がある。検索結果を通じて私たちに跳ね返ってくる社会の偏見と、こうした企業が情報と推論に基づく結果によってユーザーを操作するために利用するアルゴリズム的マネジメントの手法とを区別するのは難しい。だが、グーグルの検索エンジンやフェイスブックのニュースフィードといったサービスは無料で提供されているため、消費者はその背後にあるアルゴリズムが中立的でなかったとしても、簡単には文句が言えないのだ。彼らの論拠としては、不満をもっているユーザーは、気に入らなければこうしたサイトの使用をただやめればよい（とはいえ実際のところは、毎日の生活のなかでこうしたプラットフォームの利用をやめることは難しいということを、多くの証拠が証明している）[3]。

しかしながらUberでは、アルゴリズム的マネジメントがドライバーの暮らしに影響を与えるため、そもそもリスクが高い。プラットフォームが消費者向けであると同時に労働者を組織しているという事実にも関わらず、Uberは単に、同じ消費者向けのアルゴリズム的マネジメントの手法をシリコンバレーから数多く取り入れ、それらを雇用という文脈に適用しているのだ。抽出的手法がUberのシステムのなかにどのように織り込まれてきたかを理解するには、Uberから少し離れて、他の中立的とされているシステムが、明らかに中立的ではない方法で我々の生活に影響を与えうるさまざまな点について見る必要がある。

プラットフォーム会社はどのようにデータを使ってドライバーを手玉に取るのか

毎日のデジタルライフにおいて、私たちは意識せずとも、常にアルゴリズムと交流している。アルゴリズムは近況アップデートを選択的に強調することでフェイスブックのニュースフィードを形成し、一方でユーチューブとツイッターは、「最も「いいね」された」とか「最も高評価」のリアルタイムのコンテンツといった人気のあるトレンドを強調する。こうした管理アルゴリズムの強みは、反応の速さや個人向けのカスタマイズ能力のみならず、自らが操作している事実を背後に隠して目立たなくする能力にもある。コミュニケーションを専門とする学者、タールトン・ギレスピーは、ソーシャルメディア・プラットフォームについてこう述べている。「こうしたプラットフォームは、ユーザー全体の活動そのものの産物である、キュレーションされていないという公約によって正当性が担保されたリストを、キュレーションしているのだ[4]」

グーグルについて考えてみよう。ページランク（PageRank）と呼ばれるその検索エンジンのアルゴリズムは、情報の中立的調停者であることが売りだ。ページランクはあるウェブページへのリンクの質と数を測定することで、検索クエリの結果に表示される順番を決める。言い換えれば、群衆の智恵を捉えているということだ。アルゴリズムはしばしば社会的偏見を包含すると指摘する批評家がいるにもかかわらず、グーグルは、その検索プラットフォームが本質的に民主的で公正であるという通念をうまくつくりあげてきた。(5) 同じように、フェイスブックも投票率を増やすことのできる能力をしつこく宣伝しつつも、人がだれに投票するかということには影響を与えていないと主張する。テクノロジー・ジャーナリストのアレクシス・C・マドリガルが「中立的なフェイスブックの偽りの夢」と名付けた危ない橋をわたっているのだ。(6) Uber の主張――我々は中立的なアルゴリズムを利用してサージ料金を設定することで、乗客とドライバーを結びつけるプラットフォームなのだ――は、「プラットフォームの純粋性」と同じく、誤った前提のもとに成り立っている。

データドリブンの知識を利用して消費者行動に影響を与えるというやり方は、テック業界に広く行き渡っている。たとえば、ProPublica〔アメリカ合衆国の非営利・独立系報道機関〕のジャーナリスト、ジュリア・アングウィンとスーリヤ・マットゥは、顧客利益第一を主張するアマゾンが、ランキングを利用して、より高額な製品へと顧客を導いていることを発見した。アマゾンは、サービス料を請求できる売主に消費者を向けさせることで、その最終的な収益を改善することができた。(7) この会社は実質的に、数字における強さをひとつのしくみへと昇華した。何十もの価格設定と出荷の組み合わせを分析し、その情報を利用して、最終的に消費者に不利な結果をもたらしたのだ。

価格差別または価格の吊りあげは決して新しいものではないが、アマゾンなど、ビッグデータを利用して、推奨する製品をそれぞれの個人に合わせるようなEコマースの台頭は、より鋭い疑問を投げかける。顧客は知らず知らずのうちに、より高価な製品へと誘導されているのだろうか？　彼らは、同じような状況にいる他の顧客に売られているのと同じ製品に対して、より高額の請求をされているのだろうか？　コンピューター・サイエンスを専門とする大学の研究者らが見てきたように、「Eコマースのサイトで行なわれているパーソナライゼーションは、表示される製品を操作したり（価格誘導）、製品の価格をカスタマイズしたり（価格差別）することによって、ユーザーに不利になるように利用されている可能性がある。残念ながら、こんにち私たちは、こうした行為を突き止めるために必要なツールやテクニックを持ち合わせていない」(8)

たとえばStaples〔世界最大のオフィス用品のサプライヤー〕のウェブサイトでは、消費者が住んでいる地域の郵便番号によって異なる価格が提示されることがある。Home Depot〔アメリカ最大級のDIY小売チェーン〕をはじめとするStaplesのライバル会社から遠いところに住む消費者には、より高額の価格が表示されるのだ。(9) Orbitz〔アメリカの格安チケット予約サイト〕などの航空会社やホテルの仲介業者も、アルゴリズム的価格設定を利用して、より高額または低額の価格オプションや推奨製品を顧客に提供している。こうした企業は、顧客が何に対して喜んでお金を出そうとするかは、彼らが所有しているコンピューター（MacユーザーはMacユーザーよりも高額となる）、使用しているウェブブラウザ、サインインしている物理的な場所などと関係している、ということを学んできた(10)（ついでに言えば、Orbitzはエクスペディアの傘下に入っており、エクスペディアの元CEOは二〇一七年八月にUberの新CEOになった。(11) Orbitzの元CEOのバーニー・ハーフォードは、その数ヶ月後にUberに雇用され、COOとなった）。(12) ユーザーはスマートフォンのバッテリーデータや地理的位置情報に対して、プライバシーの面で常に関心をもつべきだと主張する者もいるが、こうした不確定要素は多くのソフトウェア・サービスの価格設定計算に吸収されている。データドリブン・ソーティングや顧客のセグメント化が、さまざまな業界全体で利用されているのだ。たとえば、職場データを取り扱う企業、Evolvが行なった調査によると、SafariなどのデフォルトのブラウザではなくGoogle Chromeなどの新しいウェブブラウザをコンピューターにインストールした志願者は、仕事を辞めずに続ける確率が一五パーセント高いことを示している。[13] あらゆる種類の個人データは、私たちが労働者としてどう行動し、顧客として何に喜んでお金を払うかの信号として、プラットフォームに利用されうるのではないかと想像できる。

情報が私たちにどのように示されるかということは、Uberを超えたテクノロジー文化に大きな緊張関係を生みだす原因となる。たとえば私たちは、Google マップなどのGPSナビシステムに、完全で正確な地図が入っていることを暗黙のうちに期待しているし、こうしたサービスが私たちに正確なルートを推奨してくれると信じている。アーティストでありリサーチャーでもあるミミ・オヌオハは、Google マップにはデータの空隙があることを示している――コミュニティ全体が住んでいる地域に、実際にまったくの空白が含まれているのだ。彼女は次にように書いている。「グーグルには、ブラジルの都会の悪名高いスラムなど、ほとんどの貧民街の地図データが欠けている（努力が欠けているせいではないのだが）。リオ・デ・ジャネイロでは、市内にある一〇〇〇ほどの貧民街のたった二六しか地図に載っていない――貧民街には百万人を超える人々、つまりこの街の人口の約四分の一が住んでいるにも関わらず、だ」。[14] こうした矛盾は、私たちが世界地図をつくるときに、だれを含めるべきかについて真の疑問を投げかける。だが、アルゴリズムのテクノロジーは我々に客観的な真実を提供するという社会的通念は、Uber のような会社の活動の公平さを私たちがどう評価するかに影響を与えるのだ。

中立的プラットフォームという神話

こうした非常にリアルな問題は、アルゴリズムのシステムは中立的ではないという事実を露呈する。とはいえ、アルゴリズムは、社会全体がもつ潜在的な偏見を表面化する場合もある。コンピューター・サイエンティストのラタニャ・スウィーニーが行なった研究によると、「Darnell（ダーネル）」など、アフリカ系アメリカ人の名前がグーグルの検索エンジンに入力されると、サイトは刑事司法の身元調査の広告を表示し、アフリカ系アメリカ人らしい名前をもつ人と犯罪歴との間にはなんらかのつながりがあることを連想させようとする。(15) 白人によくある「Jill（ジル）」とか「Geoffrey（ジェフリー）」といった名前を検索すると、刑事司法とはなんら関係のない広告が表示される。問題なのは、グーグルがこうした関連付けを行なったことだけではなく、グーグルの検索エンジンのユーザーが黒人の名前を検索しているときに、刑事司法の広告をクリックする確率が高くなり、これにより、アルゴリズムに社会の人種差別的姿勢を学ばせてしまっているということである。換言すれば、一見公平なテクノロジーが、社会にすでに存在する偏見を暴きだしている可能性があり、結局アルゴリズムそのものは、そうした社会の状況を反映しているに過ぎないという考え方を支持してしまっているということだ。偏見の別の事例として、グーグルが検索結果に求人広告を表示するとき、男性よりも女性のほうに低賃金の求人を表示する確率が高いという研究結果もある。(16) 一方で、コミュニケーション学の研究者であるサフィヤ・U・ノーブルが発見したところによると、「black girls（黒人の女の子）」という言葉でグーグル検索すると、検索結果の最初のページとその広告には、主にポルノ関連のものが表示され、「local ebony sex（地元・黒人・セックス）」といった見出しが飛び交う。(17) 社会は実際に、黒人の少女を過度に性的対象として見ているのだが、グーグルはその社会的偏見をあからさまなメッセージでもって抽出し、増幅させ、広告収入を生みだすことでそこから利益を得ているのだ。作家のハンス・ロールマンは、ノーブルの知見を次のように要約している。「たとえばこんな状況を想像してみて欲しい。子どものための情報を探しに図書館に行って、黒人の女の子についてどんな情報があるかと司書に尋ねる。すると、目の前にポルノ雑誌が山積みにされる。なぜなら司書たちは、人々にポルノを読ませればキックバックがもらえるからだ(18)」

中立的とされるシステムは、それが深く根づいている文化を取り込む可能性がある。つまり、Uberのレーティング・システムは、ドライバーを格付けする消費者の偏見を取り込んでいる可能性があり、これが結果として、ドライバーの雇用適正に影響を与えている(19)。ドライバーに関することならどんなことも――人種や性別から着ている服まで――乗客から受けるレーティングで吉とも凶とも出る可能性があるのだ。デジタル生活においては、アルゴリズム的にキュレーションされた情報を私たちがどう体験するかが、商業化されたデジタルのやり取りへの期待をも決定するのである。中立性という神話は、ごまかしに対する私たちのガードを緩める。Uberのサージ料金設定のアルゴリズムが、それぞれ異なるが似たような状況にあるユーザーにより高い料金を提示するとき、それは乗客をうまく手玉にとっているのだ。したがって、Uberのアルゴリズムは単に市場の供給と需要を反映しているに過ぎないという一般通念から、Uberは利益を得ているのである。

「中立的な」テクノロジー・プラットフォームを通じて社会がどのように私たちに反映されるかは、偏見の問題を増幅させ、アルゴリズムの政治力学に関する道徳的な疑問を提起する。とはいえ、プラットフォームは単に社会を反映するだけではない。ユーザーにとって、ある一定のサービスや製品について彼らが目にする価格が「社会」の結果であるのか、それとも企業側が実施する特別な措置であるのかを見分けるのは難しい。この区別は、利益第一のビジネスやテクノロジーの手法と、巧みに操作された、略奪的とも言えるような手法との間にあらゆるちがいを生みだす可能性があるのだ。

ユーザーを巧みに利用する仲介者の能力もまた、価格という問題の域を超えている。たとえば、フェイスブックの最もなじみのあるサービスのひとつにニュースフィードがある。これは友だちのネットワークから得た近況アップデートや、ニュースのパーソナライズされたリストで、自分のアカウントにログインしたときにユーザーに表示される。ニュースフィードはアルゴリズム的にキュレーションされており、フェイスブックが定期的にこれを実験（A／Bテストなど）に使っているにもかかわらず、暗黙の了解として「中立的」なものと理解されている。不特定に選ばれたユーザーのニュースフィードに、より明るい、またはより暗い投稿を表示することによって、その心理状態を秘密裏にテストしたことが明るみに出たとき、フェイスブックに対して一般大衆から激しい抗議が巻きおこった[20]。その研究結果は、人は集団的な感情の伝染に弱いということを仄めかしている。明るい投稿を見たユーザーは、よりポジティブな近況アップデートを行ない、暗い投稿を見たユーザーは、よりネガティブな近況アップデートを行なったのだ[21]。

このアルゴリズム操作の力は、最近になって公的な不祥事が起きたことにより、問題として取りあげられた。特に、二〇一六年のアメリカ大統領選に際してのロシア関連のプロパガンダの配信や、メディア操作の影響においてフェイスブックが果たした役割は、私たちの日常生活におけるテクノロジー・ツールの役割について、社会全体に激しい議論を巻きおこした[22]。にもかかわらず、シリコンバレーの消費者向けプラットフォームは、「エンドユーザー」への適用となると、不透明なアルゴリズム的管理の役割を過小評価している。同様に、Uber は中立的とされる仲介者の役割を演じてはいるが、ドライバーにそれに応じた補償をしないままに乗客が支払う金額を調整している点で、中立性の精神を侵している。しかしながら、消費者という文脈で人を欺くようなものと思われている企業活動が、雇用という文脈で労働を管理する際に利用されるときは、異なる意味合いを帯びるのである。

アルゴリズムの上司がだますとき——賃金泥棒、価格吊りあげ、そして未払い労働

シリコンバレーは中立的なものとしてアルゴリズム的マネジメントを説明しているが、私たちはいま、なぜこの主張が真実ではないかを見てきた。ところが、職場にはさまざまなアルゴリズムの欺瞞的慣習が存在する。たとえば、Uber はその中間的立場を影の仲介者として利用して、余分なお金をアルゴリズム的に、またはテクノロジー的に絞りだしており、これはしばしば賃金泥棒のようにも見える。また別の場合では、アルゴリズムの上司は、サージ料金設定について不正確な思考や予測をすることで、プレミアム報酬に対するドライバーの期待を裏切っている。Uber の雇用方法のなかで私が気づいた主なテクニックに、キャンセル料の未払い、いわゆるアップフロント料金設定（料金の事前計算）、消えたチップの可能性、そして操作されたサージ料金設定などがある。さらに Uber は、会社との主要なコミュニケーションとして、いらいらするほど愚鈍な「顧客サービス」をドライバーに提供している。Uber がどれほどドライバーを、労働者ではなくステータスの低い消費者として扱っているかを示すさらなる例だ。

こうしたすべてのことから、Uber はどうやって逃げ切っているのだろうか？ Uber というユニー

クなブランドは、常にその巧みな操作的活動を隠蔽するのに一役買っている。彼らが最もよく使う言い訳がテクノロジーだ。消えた賃金を正当化するため、サーバーエラー、機能、故障、アルゴリズム、そして中立性といった言葉を使用する。典型的なのは、Uber は厳しい批判や制裁の脅威に直面すると、すぐに自らのアイデンティティを変え（タクシー会社からテクノロジー会社へ、といったように）、どのルールが実際に適用されているかをけむに巻く。また別のケースでは、議員に働きかけてルールを変えさせる。Uber のドライバーが消費者だとして、私たちは消えた支払いを不公平とか欺瞞といった観点から説明し、アメリカ連邦取引委員会に是正を求めるべきなのだろうか？　それとも Uber のドライバーが労働者だとして、労働法を頼りに賃金不平等そのものを改善するべきなのだろうか？　いずれにせよ、不正は不正だ。だが、その搾取をどう説明するかによって、どの是正措置を取るべきかが決まるのだ。これもまた戦略的である。Uber がもつ複数のアイデンティティは、この会社を我々がどう見るかによって、高まる一連の議論に私たちを強制的に取り組ませる。一方でそれは、このごまかしを利用して、最終的な収益を吊りあげている。壮大なスケールのプラットフォームがもつ政治的権力に社会がどう取り組むかについては議論の余地がある。ウーバーランドの分散したスケールでは、テクノロジーは、Uber のビジネス手法がドライバーの生活に対して行使する権力の、手段となっているのだ。

Uber は乗客の待ち時間からどのように儲けているか

Uber とそのドライバーの関係性において、Uber は雇用主（職場関係におけるふたつの当事者のうちのひとつ）であり、判事（ふたつの当事者間の論争を協議する責任をもつ）でもある。このことがUberに権力的立場を付与しているのだ。Uberのポリシーと慣習がドライバー体験とそぐわないとき、判事の立場をとるのはUberである。アプリを媒介とする仕事の利点のひとつは、労働時間と活動が監視されているということだ。理論上、これは予想される賃金泥棒などの不平等を軽減するはずだ。だが、テクノロジーは説明責任を自動的には生みださない。Uberはそのシステムにおいて、何が支払われるか（たとえば、キャンセル料が支払われるように設計するなど）、そして何が支払われないか（たとえば、遺失物については補償しないなど）、または何が追跡され、何が追跡されないかを強制し、決定する権限をもつ。このシステムにおいて、不平等を交渉する頼みとなるものはドライバーにはほとんどない。

ギグエコノミーやシェアリング・エコノミーについて議論する多くの人は、テクノロジーは常に、約束されたように、また会社のポリシーによって規定されたように機能するということを前提としている。[23] ところが実際は、現実のドライバーに、負の影響を与えるようなずれがテクノロジーの実践には存在するのだ。これから述べるのは、ドライバーの体験に端を発する一連の問題である。こうした問題のなかには、キャンセル料の支払い方法の不統一など、大規模な自動賃金泥棒に値しうるものもある。また公平さへの疑問にフォーカスしたものもある。これらの問題は、必ずしもこの会社の悪意を示すわけではないが、古くからの雇用問題がいかにさまざまなかたちでソフトウェアを通じて表出する可能性があるかに関する興味深い示唆を含む。

Uberのドライバーは以下のふたつの状況でキャンセル料を受け取る。ひとつは、配車リクエストをしてから五分以上が経過したあとに乗客がキャンセルした場合（図10参照）。もうひとつは、ドライバーが乗客の指定した場所に到着したものの、乗客と連絡が取れなかったり、乗客側で乗車準備ができていなかったりするときだ。後者の場合、ドライバーがキャンセル料を受けとるためには、配車をキャンセルする前に五分間待たなければならない。そうしないと乗客にキャンセル料が請求されないからだ。

フォーラムやインタビューでは、キャンセル料を要求する前に所定の五分間待ったが、給与明細をあとからチェックすると、請求したにもかかわらず、また念のために五分ではなく、六分とか七分待ったにもかかわらず、キャンセル料が支払われていなかったと言うドライバーがいる。第1章で紹介した、サンフランシスコでUberとLyftのドライバーをするティムは、カスタマーサービスの仕事を二五年間続けている。私たちのインタビューは数時間に及んだ。というのも彼は、消えた支払いと機能しないインセンティブの両面で、たくさんの事例を語ってくれたからだ。声の端々にフラストレーションを滲ませながら、彼はこう話した。「事前に自分の給与をチェックしなければならないような会社で働いたことは、いまだかつてなかったよ」

キャンセル料の請求方法

乗客は当初のリクエスト後、最大5分が経過するまで、料金を発生させせることなくキャンセルすることができる。5分経過後のキャンセルは、ドライバーの待ち時間を保証するための料金が発生する。
提供されていたETA(到着予想時間)より5分以上遅れていたために、乗客がリクエストをキャンセルした場合、乗客にキャンセル料は請求されない。

図10　2015年5月30日時点でUberがキャンセル料に関して規定したポリシー。このメッセージはスクリーンショットから転載したもの。

Uberの約定第二・二項（二〇一五年一二月）に、ドライバーパートナーについて次のような記載がある。「Uberのモバイルアプリとドライバーの輸送サービスを通じてユーザーの満足度を高めるため、リクエストされたピックアップ地点にユーザーが現れるまで、少なくとも一〇分間待つことを推奨する」[24]。五分が標準的な待ち時間であり、五分が経過すればドライバーにキャンセル料が支払われることになっているというのに、Uberはドライバーに対して、乗客が現れるまで、その二倍の時間待て、と「推奨」しているのだ。こうすれば、ドライバーは無償で乗客を待つのだから、実質的にこの会社へのボランティアが生まれるというわけだ。二〇一六年、長年にわたって行なわれた、消えた賃金に関するドライバーからの報告や、Uberのポリシーに複雑な思いをさせられたドライバーについて、私は「ザ・ライドシェア・ガイ」というウェブサイトに詳細なブログ記事を書いた（図11参照）。料金は都市によって、またサービス階層によって異なる（そしてヒューストンなどの都市には、キャンセル料のポリシーがない）。だが一般的には、乗客はどちらのシナリオにおいても、uberXに対して五ドルのキャンセル料が請求され、Uberの手数料二五パーセントを差し引いた三・七五ドルをドライバーが受け取ることになっている。ドライバーが所定の五分間が過ぎる前にキャンセルすれば、乗客はキャンセル料を請求されない。この不公平な力関係を改善するため、Uberはいくつかの都市で、試験的に待ち時間を短くした。乗客は二分待ったら、その後は一分あたりの現行賃率でキャンセル料が課されるというしくみだ[25]。Uberのポリシーには、キャンセル料は乗客に対して自動的に請求され（「発生し」）、ドライバーに送金されると書かれているが、実際には、ドライバーがキャンセル料のリクエストをしなければ、正式に請求されたことにはならないというように、この会社はドライバーに責任を負わせている。乗客が現れなかったためにドライバーが配車をキャンセルすると、キャンセル料を取り立てないという選択肢が与えられる（比較的新しいドライバーだと、たとえば乗客がまちがった場所にいたのかもしれないと思って、この選択肢を選ぶ可能性がある。図12参照）。ところが、キャンセル料をリクエストしたあとに発生するドライバーの度重なるクレームというのは、すべてを正しく行なっても、料金が自分のところに支払われないということなのだ。

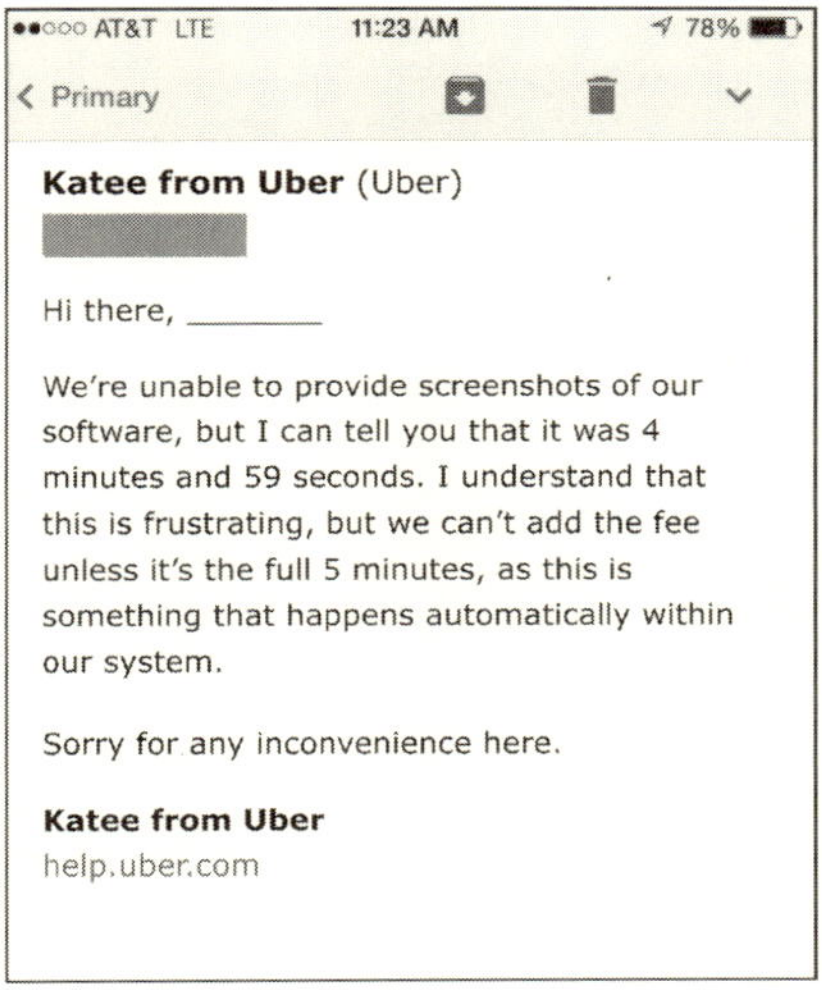
●●○○○ AT&T LTE 11:23 AM 78%

< Primary

Katee from Uber (Uber)

[redacted]

Hi there, ________

We're unable to provide screenshots of our software, but I can tell you that it was 4 minutes and 59 seconds. I understand that this is frustrating, but we can't add the fee unless it's the full 5 minutes, as this is something that happens automatically within our system.

Sorry for any inconvenience here.

Katee from Uber
help.uber.com

Uberのケイティー(Uber)

[redacted]

こんにちは、________

当社のソフトウェアのスクリーンショットを提供することはできないのですが、あなたの待ち時間は4分59秒でした。非常にもどかしいということはじゅうぶんに承知いたしますが、待ち時間が完全に5分を経過しない限り、この料金を追加することはできません。これは当社のシステムが自動的にやっていることだからです。

ご不便をおかけしまして
申し訳ございません。

Uberのケイティーより
help.uber.com

図11 実際に待ったドライバーに、なぜキャンセル料が支払われないかに関するUberの説明。2015年秋にフォーラムに投稿されたもの。

こうしたドライバーのなかには、本当に丸々五分待っていなかったり、配車をキャンセルしたときに、いると言った場所に実際にはいなかったりした人もいるかもしれないが、それよりもっと重要なのは、ドライバーが正しい場所でちゃんと五分間待ったと自信をもって言えるのに、キャンセル料をもらえなかった場合があることだ。

以前のポリシーでは、Uberは乗客に対して、初回のキャンセルを無料にし、その分をドライバーに転嫁していた。つまり、初めての乗客からはキャンセル料がもらえなかったのだ(図13参照)。したがってドライバーのなかには、料金がもらえなかったのは初めての客を乗せたせいだと説明する人もいるかもしれないが、いったいドライバーはどうやって、それが不在の乗客の初めてのキャンセルだということがわかるのだろうか? そしてなぜ、顧客満足度を高めるために、無償の仕事をす

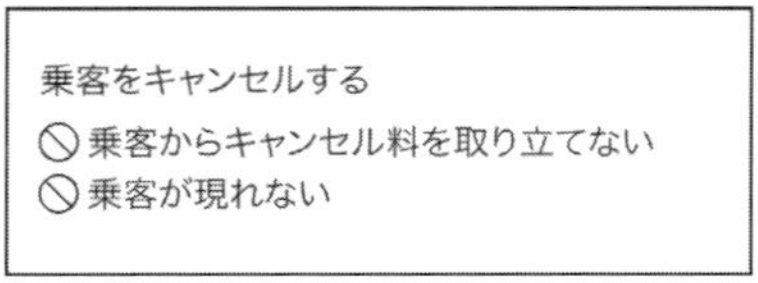

図12　Uberはドライバーに対して、キャンセル料を取り立てないという選択肢を与える。2016年のUberアプリのスクリーンショットから転載。

る責任が彼らにあるのだろうか？　キャンセル料に関するUberのポリシーの条項には、ドライバーはキャンセル料を支払われることになっていると書かれてあり、これが選択的に施行されるとは書かれていない（とはいえ、Uberはドライバーとの契約のなかでは、補償体制を変更する権利を保持している）。Uberは、ほぼまちがいなくドライバーとの契約に違反しているにもかかわらず、Uberの利益になるように、ドライバーは「余計な労働」をすることが期待されると主張しているのだ。

　ここではいったい何が起こっているのだろうか？　少なくとも三つの説明ができるだろう。おそらくUberは、乗客に対して自動的にキャンセル料を課してはいるものの、それをドライバーに送金していないのだ（もしそうであれば、ドライバーは情報面で不利な立場にある——彼らは、乗客がキャンセル料を請求されたかどうかも知らないのだから）。もうひとつの可能性は、Uberはドライバーがキャンセルしたあと、キャンセル料がドライバーに支払われることになっているにもかかわらず、自動的にはキャンセル料を請求していないということだ。そして三つめに、無断キャンセルした乗客を、実際には五分待たずに、ドライバーがその場所を去っていたという可能性もある。

　実質的に、ドライバーは時間と労力でもって前払いし、あとになって返金されるという協定をUberと結んでいる。この会社は事後になって、ドライバーが支払った分が返金可能かどうかを最終的に決定しているのである。同様に、従業員が個人のクレジットカードで仕事に必要な支払い（出張費など）を行ない、返金のために領収書を提出しなければならない場合、それらの経費のなかに返金

こんにちは、［ドライバーの名前］さん

当社では、キャンセルポリシーに関して重要な更新を行ったことを、ここにお知らせいたします。
Uberのキャンセルポリシーの変更についての詳細は以下のとおりです。
この情報が、乗客の皆さまにすばらしい体験を提供することにつながりますように。

新キャンセルポリシー

ドライバーのみなさんからのフィードバックを受け、若干の変更を行ないました。
本日より、初回のお客さまへの無料キャンセル・サービスを**廃止**します。

更新後は？

配車リクエスト後、5分以上経過したためにキャンセルした乗客の皆さまにはすべて、
キャンセル料が請求され、
このキャンセル料はパートナー（ドライバー）の給与明細に反映されます。
本変更は即座に施行されます。

図 13　無料キャンセルについて、2015 年冬にドライバーが受け取った Uber からのメッセージ。このメッセージはスクリーンショットから転載したもの。

できないものがあるかどうかの決定権が雇用主にあるというリスクを従業員は負うことになる。とはいえドライバーにとっては、これはかなり単純な問題だ。彼らが五分待ったのならば、Uberは、ドライバーが料金をリクエストしたら、会社のポリシーに従って自動的に彼らに返金する義務があるのではないか？

　数年の間、このアプリには五分が経過したことがわかるカウントダウン用のタイマーがついていなかった。タイマーを追加することがUberの優先事項ではなかったからだったにせよ、意図的にそうしていたにせよ、結果は同じだった。タイマーがないことにより、ドライバーは確実にキャンセル料を受け取れるように、五分が過ぎても待つ気になるからだ。この設計は、少なくとも一〇分は待つよう「推奨」するという、Uberとドライバーとの契約によって強化された。キャンセル料の不徹底という特定の問題がドライバーにとってこれほどまでに重要だと気づいたアプリのデベロッパーは、ドライバー

のために「ライドシェア・タイマー」と呼ばれるアプリを開発した[26]。評価できるのは、二〇一六年七月、Uber がついに uberPOOL のピックアップ画面にタイマーを追加したことだ。だが、uberX など、他のコアサービスにはタイマーは追加されなかった。その後二〇一七年六月、ライアン・カロと私は、こうした不平等の多くを取りあげた論文を、ある連邦取引委員の前で発表した（Uber の顧問弁護士もこの会議に参加していた）。その直後、Uber は通常の乗車にもタイマーを採用し、これによってこの会社の透明性と、キャンセル料を請求するドライバーに対する説明責任が改善された（おそらくは、こうした変化は予定されていた。だが、タイマーがないということが、法律やテクノロジー関連の学者からなるこの国最大の集会で厳しい目に晒されたことを考えれば、こうした変化をもっと促進することができるのではないかと思う）。これらの例は根本的に、私たちのテクノロジーとの関わり方に、どれほど深く搾取が組み込まれているかを例示している。

Uber はアップフロント料金設定からどのように儲けているか

二〇一六年から、Uber はひそかに、「アップフロント料金設定（料金の事前計算、直訳すると率直な料金設定の意）」と呼ばれるシステムを開始した。これによって、より透明性が増すだろうという思惑だった。乗客は最後に金額が計算されるのを待つのではなく、Uber の「最善の推測」に基づいた運賃がいくらになるかを事前に知ったり、乗車料金を見積もったりすることができるようになった。問題は、「アップフロント料金設定」に関するすべてが、それほどアップフロント（率直）ではなかったということだ。乗客に高い運賃を課しながら、ドライバーには低い賃金ベースで給与を与えていたことをUberがついに認めた数ヶ月前から、ドライバーはうすうす気づいていた矛盾について、いまにも警鐘を鳴らそうとしていた。なかには、他のドライバーからオンラインで、また独立系ドライバー組合のような労働組織と直接会って、アップフロント料金設定に関するデータをクラウドソースしようとするドライバーもいた[27]。彼らが目のあたりにした金額は、ほんの数ドルのわずかな不一致から、もっと大きな差額までさまざまだった。

一方でUberは、すべての額面上の不一致は最終的にならされていると明言したが、この会社がどれくらいの勝率を上げているかについては公表しようとはしなかった[28]。そこで、ドライバー、乗客、リサーチャー、そして記者が調査に乗り出した。ジャーナリストのアリソン・グリスウォルドが伝えているように、「アップフロント料金設定によって、乗客はたしかに、その乗車が料金に見合うものかどうかの意思決定をすることはできるようになったが、実際にサービスの提供にかかる金額より多く支払うという立場に追いやることにもなりかねない[29]」。アップフロント料金設定が制度化される前は、乗客は到着後もドライバーの車のなかで待機したため、乗客が支払う金額と、ドライバーが受け取る金額を互いに共有することができた。降車時に、乗客は自分が支払った総額を見ることができるし、ドライバーは乗車の概要（運賃の内訳、Uberの手数料、通行料などの料金を含む）を確認することができる。だが、Uberがアップフロント料金設定を公式に始めた頃は、ドライバー＝ブロガーのハリー・キャンベルのようなドライバーは、その乗車概要が表示される際に、遅延（たいがい一〇分ぐらい）があることに気づくようになったのだ。多くのドライバーは、この遅延ツールは、乗客とドライバーが情報交換できないようにするために、Uberが意図的に実施したものだと推測している[30]。にもかかわらず、Uberはこのやり方には透明性があると言い張るのだ。ドライバーが会社に対して、このやり方はドライバーとの契約に違反しているとして起こした訴訟で、Uberは、アップフロント料金設定は「とても秘密裏のものとは言えない」、というのも、「ドライバーも乗車が終わるまで支払われないことを知っていたし、なんらかの不一致を確かめるために、その乗車にどれくらい支払ったかをユーザー［乗客］に尋ねることもできたはずだ」と主張したのだ[31]。乗客のスマートフォンやレシートを見せて欲しいと尋ねる気まずさ以上に、乗客が指定する目的地に着いてからの一〇分間の待ち時間が、透明性への真の障害となっている。

　実際のところ、アップフロント料金設定の影響としては、顧客の知らないうちに高い料金を請求される――またはコストとの差額があまりに大きいときには価格が吊りあげられるとも言えるかもしれない――可能性がある一方で、ドライバーは知らずしらずのうちに、自分が契約したものには到底満たない金額しか受け取っていない場合もある。第3章で紹介したロンに、私は二〇一五年に一度、そして二〇一七年秋に再度インタビューした。彼はこう語っていた。「このことについて、車のなかで初めて乗客と話したのを覚えてるよ。そしたら降りるときに、客が自分の請求書を見せてあげようかと言ってきたんだ。そんなこともあるとは聞いていたけど――でも実際に見てみたら、本当に腹が立った！　まるでだれかにだまされたみたいな。その客は僕が［Uberに］失望するのを、肩をすくめて見過ごそうとした。僕がこう言うまではね。「やつらはあなたに四〇ドル請求してるけど、いま運転した時間と距離からすれば、二八ドルで済むはずなんだよ」って。そしたら突然、その客も理解したんだ！」

　Uberは手数料として、全運賃から一定の割合を差し引くという契約をドライバーと結んでいる（これは市場によって、また個々のドライバー、サービス階層によっても異なる）。たとえば二〇パーセント、二五パーセント、二八パーセントなどさまざまだ。同時に、最低でも一、二ドルの「予約手数料」（旧「セーフライド」料）を課し、これがほとんどの運賃に加算される。つまり、ドライバーが最低運賃しか稼げないような短距離の乗車では、Uberの二五パーセントの手数料は、実質的には三〇パーセントやはたまた五〇パーセントになってしまうということだ。[32] アップフロント料金設定では、Uberは仲介人としての立場を利用していることをドライバーや乗客に気づかれることなく、取り分を増やすことができた。私はニューヨーク市のタクシー・リムジン委員会からの内部情報を得て、この街でUberがその取り分をいくら増やしたかを突き止める方法を発見した。この協会は、ドライバーからのクレームの嵐を実証する証拠を探しだそうとしていた。乗客がその運賃に対して支払う売上税（消費税）は、ドライバーの給料からそれとわかる方法で差し引かれるため、私はドライバー＝ブロガー数名と協力して、その街の八・八七五パーセントという消費税率から逆算し、乗客が支払っている金額を計算することができた。Uberが何も知らない乗客とドライバーを利用しているとしたら、それは彼らの権利の範囲内でそうしているのだが、これはUberが掲げるビジネスモデルの説明とは矛盾する。法律事務所に対して、あるいはドライバーとの契約においては、この会社はすべてのユーザーを結びつけるプラットフォームを提供していると言っている。つまり、そのテクノロジーは、クレジットカードの処理マシンのように中立的だということを暗に伝えているのだ。ある法廷審問で、Uberの弁護士は大雑把なメタファーを使って、その論理をこんなふうに説明した。「人と人をリアルタイムで結びつけるUberのテクノロジーは、他のアプリケーションでもそのまま利用できます。人々はアイスクリームを求めている。我々にはベンダーがいる。そのベンダーが、当社のソフトウェアでアイスクリームを製造し、需要に応えるのです——アイスクリームが欲しいという人々の要求に応じるのです。我々はまさにそういう取引を促進しています。ただ、アイスクリーム・ビジネスではないというだけです(33)」

ニューヨーク市のフルタイム・ドライバー、キアンが三年前にUberに加入したとき、新規契約ボーナスとして一〇〇〇ドルが支払われた。キアンにとって、わずかな不一致や少額のお金はどうでもよかった。長い目で見れば、Uberは多くのドライバーに仕事とボーナスを提供してくれるのだから。アップフロント料金設定の矛盾を思い起こしながら、彼は少したどたどしい英語でこう語る。

そういう経験をしている人はたくさんいるし、僕にも起こったことだ。僕個人からすれば、別にたいしたことじゃない。実際に起こっているのはシステムの問題なんだ。乗客がUberをリクエストすると、Uberは一律料金を乗客に提示する。たとえば、ドライバーがものすごくスピードを出すドライバーで、アプリの想定よりも速かったりすると、もらえるべき金額はもらえない。Uberはドライバーに保証された金額を与えることもある。たとえば、乗客が五ドルしか払っていなくとも、ドライバーに一五ドル支払われるときもある。だからいつも少額しかもらえないというわけじゃなくて、たまには多くもらえたりするんだ。いつもじゃないけど、Uberはときどきたくさんお金をくれるし、仕事のチャンスを与えてくれることもあるし、多くの人を救っているんだ。大きな部分を見ることが重要なんだよ。特定の乗客が支払った分だけじゃなくてね。でも二ドルだったら訴えるよ。なんて、冗談だけど。

だが、この会社の料金設定方法に異議を唱えないドライバーがいたとしても、Uberが実施するアップフロント料金設定はだいたいのところ陰険な方法と見なされていた。というのも、ドライバーはこの料金設定に対して、その実験段階では警戒していなかったからだ。アップフロント料金設定は乗客にも影響を与えたため、そもそもこれをUberとの契約違反として取りあげたのがドライバーだったとしても、この問題は乗客に対する価格吊りあげの一形態としてメディアに大きく取りあげられた。興味深いことに、Uberのドライバーというドライバーがすべて、このUberのやり方の「化けの皮が剥がれていくさま」を、一様に、例外なく経験したわけではない。アップフロント料金設定の取り調べによって、Uberが透明だとしていたものが実は別のかたちの不透明さであることが明るみに出た数ヶ月後、私はモントリオールのドライバーと話をする機会があった。彼らはUberが乗客に請求した料金と、ドライバーがもらった運賃との間の説明不可能な不一致を見極めようと行動に出た人たちだ。アメリカに話を戻すと、Lyftは水面下で、Uberのやり方を反映するような、同様の手法を採用した。私が二〇一七年の秋に、ワシントンDCで会ったUberとLyftのドライバーをしているエチオピア人のエイブラハムは、Lyftで空港まで客を乗せたときに稼いだ金額——約八ドルだった——を私に見せてくれた。ところが乗客には約一六ドルが請求されていた。「まったく」と叫びながら、彼はふたつの金額の写真を私に見せる。「世界の終わりってわけじゃないけど」。とはいえ、この運賃に、彼は明らかにうんざりした表情を隠しきれなかった。

噂——Uberは消えたチップをポケットマネーにしているのか？

Uberのドライバーは、二〇一七年にこの会社がアプリ内チップ支払い制度を導入したとき、興奮を覚えた。チップ支払い機能がないことに対する数年来の不満が、これで報われると多くの人が感じた。ところがドライバー・フォーラムに流れた噂によれば、Uberは、乗客がドライバーのために置いていったチップを「サービス料」に変えて、それを着服しているかもしれないというのだ。二〇一七年夏の例で言えば、あるドライバーは自分の客が乗客用アプリにチップを入力したのを目撃したにもかかわらず、明細では、このチップが「サービス料」に分類されていた、とフォーラムに投稿した。そしてこの一件について、スクリーンショットとコメントもあわせて掲載したのだ。「客を乗せたら目を離してはいけない。昨夜乗せた客は、助手席に乗っているときに、乗客用アプリから僕に一〇ドルのチップを払っていた。ところがこのチップが自分の明細に載ることはなかった。明細に書かれてあったのはUberへの法外なサービス料で、乗客に請求された二〇ドルの運賃のうち、僕がもらったのはわずか六ドルだった。乗客用アプリで同じルートを見てみると、一〇ドルに相当する距離だった。サポートメッセージを介してUberと何度かやりとりしたけれど、どうでもいい自動応答メールが届くだけ。でも最後には、その膨れ上がったサービス料から僕のチップを支払ってくれたよ」(図14-17参照)。透明性を高めるという試みのなかで、Uberはドライバーに、彼らが稼ぐ料金だけでなく、乗客が支払う料金をも示すという変更を加えた。これによって、アップフロント料金設定に関する透明性の問題は若干解消した。ドライバーはようやく、これらの金額をじっくりと検討することができるようになったのだ。

私がインタビューをしたドライバーたちに聞くと、Uberは期日どおりに支払いをしてくれると言う。これは、この仕事のポジティブな一面だ。だが、ドライバーがふと疑問を抱くような不一致が補償制度にはあることも確かだ。Uberがチップをごまかし、それをサービス料として着服しているとしたら、ドライバー：私は、乗客がスマートフォンにチップ10ドルと入力し、私の卓越したサービスに星5つのレーティングをつけているのをこの目で見ました。それなのになぜこの乗客が、おかしなことに、乗客用アプリにある、私がチップをもらうはずだった乗車と同じ乗車に示されている金額より10ドルも多く支払ったことになっているのでしょうか。この乗車にチップをつけてください。これは、すでに知られている、チップがサービス料に吸収されているという問題です。

図 14　消えたチップについて Uber へ送った、あるドライバーのメッセージ。このメッセージは 2017 年のフォーラムに投稿されたスクリーンショットから転載したもの。

乗客が支払った分

乗客の支払い	$21.26
合計	**$21.26**

予約手数料、通貨量、保険料、
および乗客が支払った通行料などの返済可能な経費を含む。

Uberが受け取る分

サービス料	$12.45
予約手数料	$2.20
合計	**$14.65**

マイナスの数値はUberおよび関連団体が支払った金額を示す。
ウィークリー・プロモーションは含まれない。

図 15　乗客が支払った金額。このメッセージは 2017 年のフォーラムに投稿されたスクリーンショットから転載したもの。

それは技術的な不具合の結果なのかもしれない。とはいえ、このタイプの不具合（またはビジネス慣習）は、ドライバーが受け取るべき支払い額が行方不明になるパターンのひとつだ。このことは、ハリー・キャンベルの「ザ・ライドシェア・ガイ」のブログに書いたとおりだ。(34) チップに関しては、このタイプの不一致はめったに起こらないとしても、噂が立つということは、賃金泥棒が過去に事実と証明されたことがあるからなのだ。(35)

「マシン」がドライバーのチップを食いものにしているかどうかという大きな問題は、アプリのデザインの可視性と透明性に関係がある。チップを払ったかどうか乗客に聞くのは失礼なので、ドライバーはそれを受け取れるかどうかはわからない。ならばドライバーは、アルゴリズムの上司が自分のチップに干渉しているかどうかを、どうやって知ることができるのだろうか？　このかたちで移動するお金は、自分の客がチップを置いていく意思があったことをドライバーが確実に知っている場合だけ受け取ることができる。そうでない場合、こうしたテクノロジー主導型のプラットフォームの不透明な本質は、不正行為の見極めをより困難にする。ドライバーがもっている唯一のリソースは、多くの場合、何度もメールを送るなどしてUberのコミュニティサポートの代表に追い討ちをかけ、失った賃金を取り返すために闘うことだけなのだ。

サージを追うな――アルゴリズムのマネージャーはどのように騙すのか

すべてのアルゴリズム的詐欺行為が、賃金泥棒の閾値に到達しているわけではないとはいえ、私たちは疑いの念を抱く。アルゴリズムのシステムは、たとえ中立的に機能するとされていても、同じよ

あなたの受け取り分

基本料	$0.71
距離［6.61マイル × $0.6825／マイル］	$4.50
時間［10.95分 × $0.0975／分］	$1.07
待ち時間［3.38分 × $0.0975／分］	$0.33
合計	**$6.61**

あなたの収入は常に同じ方法で計算されています。あなたが受け付けた全ての配車について、基本料プラス乗車の長さに応じて時間および／または距離のレート、これに適用可能なツール、手数料、サージ／ブースト、およびプロモーションが追加されます。レートについては、メニューの「運賃」からいつでもご覧になれます。

図 16　ドライバーが受け取った分。このメッセージは 2017 年のフォーラムに投稿されたスクリーンショットから転載したもの。

Uber：［ドライバーの名前］さん、お問い合わせいただき、ありがとうございます。

当社はこの配車を受け付け、チップの10ドルがこの配車に正しく適用されていたことを確認しました。

これはあなたの来週の明細に反映されますので、「その他」のセクションからご確認ください。

ありがとうございます。

図 17　何度かメッセージをやりとりしたあと、Uber はこのドライバーのチップがまもなく見つかったことを確認した。このメッセージは 2017 年のフォーラムに投稿されたスクリーンショットから転載したもの。

うな境遇にいるユーザーをそれぞれちがうように取り扱っている可能性があるのだ。Uber のサージ料金設定のアルゴリズムを例にとってみよう。Uber の共同創業者で元CEOのトラヴィス・カラニックは、Uber のサージアルゴリズムの中立性について、何度も繰り返しこう述べている。「我々は価格を設定しない。市場が価格を決めるのだ」[36]。しかしながら、Uber は同じような境遇にいる顧客に異なる料金を請求しているように見える――それは、動的価格差別として知られるやり方で、顧客や評論家のなかにはこれに警鐘を鳴らす者もいる。コンピューター・サイエンティストのル・チェン、アラン・ミスラヴ、クリスト・ウィルソンによる研究は、さまざまな地域の顧客が急増している間に、Uber のアプリケーション・プログラミング・インターフェイスがさまざまな乗客の乗車に対して設定した価格を測定し、その後、これらの価格を実際に乗客に提示された価格（乗客用アプリに表示されるサージプレミアム）と照らし合わせて検証した[37]。彼らはそこに不一致があることを発見した。同じサージゾーンのユーザーが同時に異なる価格を請求されているのだ。Uber はこれをシステムのバグだと説明した[38]。この不一致を説明しうる技術的要素は、サーバーである[39]。「サービスの流通ネットワーク全体において価格の一貫性を維持することは大変なことです」[40]。Uber は実際、この差別的な料金設定システムが永続できるようにしているのかもしれないと言う者もいる。というのも、これは乗客に関する豊富なデータや、ある一定の価格帯内において支払おうという意欲がどれほどの人にあるか、などの豊富なデータへのアクセスを与えるからだ。こうした理由にもかかわらず、アルゴリズムの中立性という新たなレトリックが、価格差別の古い手法をまったく変えてこなかったことは明らかだ。

アルゴリズムの「中立性」は、雇用とアルゴリズム的マネジメントという文脈において、異なる意味合いをもっている。サージ料金設定は、余分な賃金がもらえるという希望をドライバーに与えるための作戦として利用されるが、これを彼らが受け取ることはまずない（図18参照）。サージ料金設定が乗客の需要とそれに対するドライバーの供給の、リアルタイムの状況を極めて正確に反映しているとドライバーは信じこまされているのだ。彼らは、「サージ」が発生しているとか、「需要が高まっている」といった内容のＳＭＳやメール、ポップアップ通知を受け取る。アルゴリズムは「データ」を所有したり、需要が高い場所を認識したり、ある特定の時間に特定の場所へ移動すればプレミアム報酬が期待できると、ドライバーにアドバイスしたりするとされる。このアドバイスに従ったドライバーが、プレミアム料金ではない乗客を拾うために配車されたことに気づいたとき、それは、サージ料

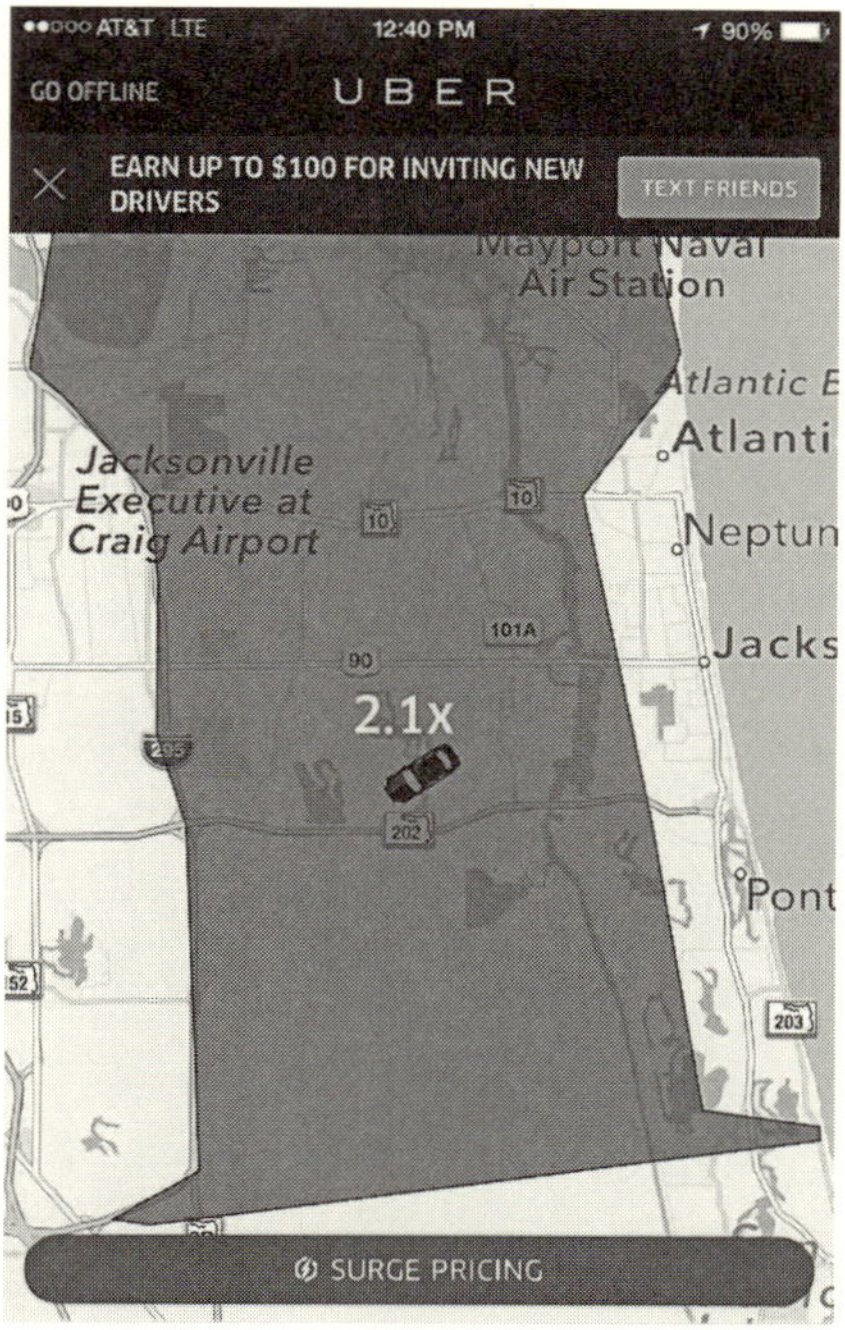

図18　サージゾーンに場所を変えたが、ピング（配車リクエスト）ひとつもらうことなく、「高需要」エリアで30分も待ったという、あるドライバーの例。サージゾーンは赤色で区分けされている。サージゾーンの境界線の内側で、一刻を争うプレミアム報酬をドライバーに警告するという緊急性を示すためにこの色が使われている。「2.1x」という数字は、ドライバーがこのエリア内で乗客を拾った場合、通常のレートの２倍稼げることを意味する。アプリ画面下の赤いバーは、稲妻マークとともに「サージ料金設定」であることを強調している。これとは対照的に、ドライバーが赤い境界線の外側で乗客を拾った場合、通常レートしか稼げない。このスクリーンショットは、2015年に、あるフォーラムに投稿されたもの。

金設定が消滅したという意味であり、彼らはだまされたと感じるのだ。

ドライバーはさらに、実際の助言の信頼度が低いにもかかわらず、リアルタイムで測定するのと同じ正確さで、Uberが供給と需要の条件を予測できると仄めかすような需要通知を受け取ることもある。[41]「需要が非常に高い」という言葉は、ペンシルベニア州リーハイバレーの別のドライバーが、二〇一六年の冬にUberから受け取ったメッセージに書かれていた言葉と似ている。それは、ある土曜日の夜のサージ料金を予測したものだった。「昨夜、ものすごい需要があったから」という理由だった。「週末がやってきました。リーハイバレーでは需要が上昇傾向にあります！　今夜はアプリをつなげて、この地域のサージから目を離さないように。いつもの三倍以上の運賃が稼げるはず！　深夜までネットをつないだまま、最高額の運賃をゲットしましょう。Uberで！」Uberから送られてきたこのメッセージは、遅くまで残業しろという昔ながらの上司からの忠告をはるかに凌ぐものだった。Uberのアプリの文脈のなかでは、Uberのアルゴリズムの上司から送られてくるスクリーン上のSMSメッセージは、Uberのより幅広い主張――すなわち、需要予測をドライバーに反映するテクノロジーの能力がUberにはあるという主張と共鳴しているのだ。

需要を予測する信頼度の低い助言に従って現地に向かっても、到着した先での需要はそこまで高くはないことに気づくだけなので、会社に運転させられていると感じるドライバーもいる。ルーク・スタークと私は二〇一六年の大晦日に先立ち、あるドライバーがフォーラムに、自分が受け取ったメッセージを投稿しているのを発見した。そこにはこう書かれている。[42]「大晦日は一年で最も忙しい夜になることが予測されます。これほど需要が高いのだから、外に出て運転すれば最高の夜になるでしょ

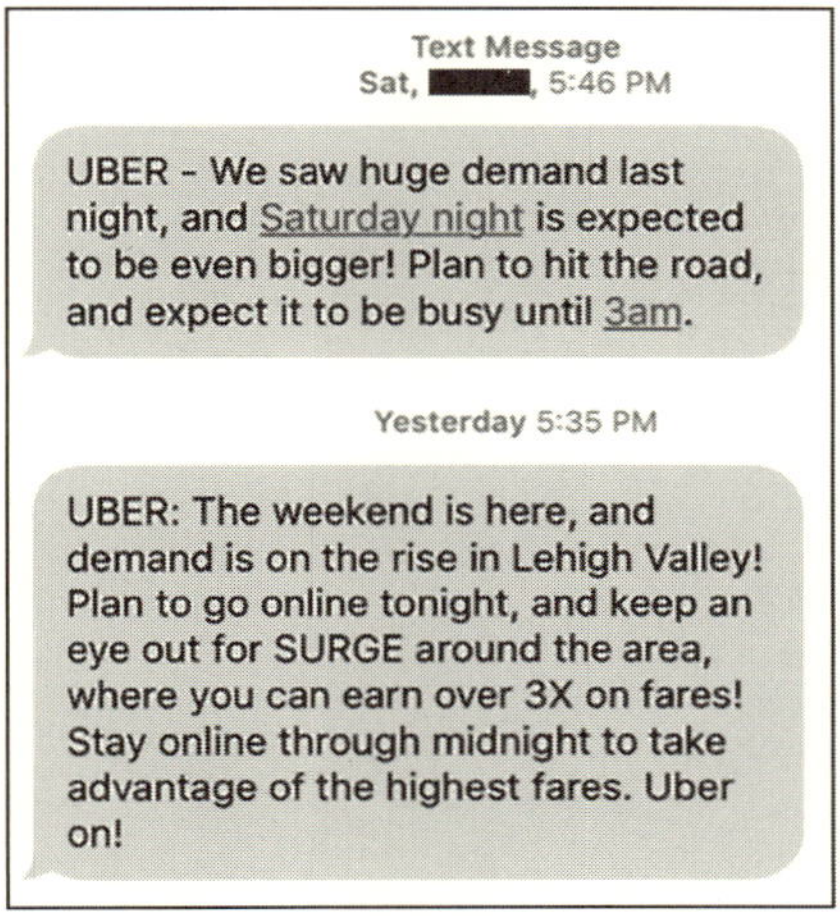
Text Message
Sat, [redacted], 5:46 PM
UBER - We saw huge demand last night, and Saturday night is expected to be even bigger! Plan to hit the road, and expect it to be busy until 3am.
Yesterday 5:35 PM
UBER: The weekend is here, and demand is on the rise in Lehigh Valley! Plan to go online tonight, and keep an eye out for SURGE around the area, where you can earn over 3X on fares! Stay online through midnight to take advantage of the highest fares. Uber on!

Uber ― 昨夜、ものすごい需要がありました。土曜の夜はもっとすごいことになるでしょう！ 路上に出て午前3時まで働けば、がっぽり稼げます。

Uber：週末がやってきました。リーハイバレーでは需要が上昇傾向にあります！ 今夜はアプリをつなげて、この地域のサージから目を離さないように。いつもの3倍以上の運賃が稼げるはず！ 深夜までネットをつないだまま、最高額の運賃をゲットしよう。Uberで！

図19　ドライバーに送られたUberの予測メッセージのスクリーンショット。2016年のフォーラムに投稿されたもの。

う！」。この期待された高需要は、しかしながら現実には起こらなかった。また別のドライバーはこう尋ねる。「人っ子ひとりいないときに、なぜその日が一年で最高の夜になるなんていうメッセージを送るのか？」。需要予測は、高需要のリアルタイムの通知と同じほどに正確だとは必ずしも言えないことを、Uberが珍しくも認めた告白のなかで、コミュニティ・サポートの代表はこう返答した。「我々は前年度の履歴データをもとに、どれくらい忙しくなりそうかを予測しています。これは一〇〇パーセント正確なものには決してなりません」。この言葉に含まれているのは、Uberは多くのドライバーをうまいこと丸め込んで、大晦日の夜に外に出て運転させ、高い乗客の需要に対応できるだけの供給を準備したのかもしれないということだ。そうすればサージは現実には起こらず、サージ料金設定が実施されることはない。これは個々のドライバーの利益を直接的に蝕んでいったが、会社と乗客は得をした。そのデータを利用してドライバーに「高需要」についてやさしく説得し、これによってドライバーがいつどこで働くかをコントロールしたあと、Uberはその紛らわしいナッジ〔ちょっとしたきっかけを与えることで、人に正しい行動をとらせようとする戦略〕とコミュニケーションに対する責任をかわしたのだ。これは、Uber対ドライバーの関係性に不信感を生みだす原因となる行動の一例だ。信用の力学を説明するため、これを社交上の取り決めと比較して考えたいと思う。たとえば、ふたりの友だち、ベッキーとカールが、翌日の夕方に会う計画を立てていたとする。ベッキーは、街中で夜の七時から八時の間なら会える可能性が高いけど、どうかなとカールに提案する。親切にも、カールは街中まで出向いてくれて、ベッキーを待つ。ところが彼女は一向に現れないし、予定を変更したという連絡もない。どうしてすっぽかしたのかと、後日カールがベッキーに詰め寄ると、ベッキーはこう説明する。厳密に言えば、会うと約束したわけではない、高い確率で会えるかも、という言葉を使っただけだ、と。つまり、ベッキーはずるがしこい技巧的な言い訳でもって、カールを誤解に導いたことの社会的責任を逃れたのだ。テクノロジー・サービスも同様に、私たちの誠実さを前提に、誤解させるような場合があるが、データドリブンのレコメンデーションを通じて私たちがどのように操作されているかについては、我々は相も変わらず気づかないままなのかもしれない。もちろん、アルゴリズム的システムの利用者が、みな同じようにアルゴリズムのプロンプトに反応するわけではなく、[43] ドライバーはアルゴリズムの上司の助言に盲目的には従わないかもしれない。とはいえ、彼らは長い期間を費やして、Uberのアルゴリズム的手法を理解することを学ぶのだ。しかもときに、他のベテランドライバーのアドバイスを受けながら（フォーラムでベテランドライバーが新入りドライバーにする最も一般的なアドバイスはこうだ——「サージを追うな」）。

GPSナビシステム（Googleマップや Waze等）など、その他のよくあるサービスは、ドライバーが選ぶべきルートについてアルゴリズム的推奨をするが、どうやらこれは「最短ルート」とか「交通量が最も少ない」といった、ユーザーが事前に選んだ目的に基づいているように見える。ところが、私がティム・ホワンとともに立証したように、地図アプリのユーザーは通常、データ中心のシステム用に、人があまり通らない道路のデータを生成するために、自分たちが最適とは言えないルートに知らぬ間に送られていることに気づいていない。[44] ユーザーはほとんどの時間、すべての道路状況についてシステムが所持している情報に従って、「最適な」ルートと考えられるものであればどこへでも向かわされる。また、私たちが仮説として立てた例では、ユーザーは探検者として、人通りの少ない道路に送られる。何も知らない消費者はこのようにして、システム全体に利益を与えるようなデータを集めるために利用されているのだ。システムに利益を与えるルートが個々のユーザーにとって最適かどうかはわからない。

アルゴリズムの配車係は、ユーザーをひそかに探検者へと変える力をもっている。これは、アルゴリズムの配車係が嘘のサージゾーンへユーザーを送ったり、高信頼度のリアルタイムの需要の評価と、高需要が予測されるという低信頼度の助言とを混ぜこぜにしたりするときにドライバーが経験するのと同じ種類の緊張関係を生みだす。[45] アルゴリズム的マネジメントのもとでドライバーが経験する摩擦は、より一般的に、テクノロジー・サービスを利用するユーザーが経験する変化の力学をあらわにする。[46] 特にこうした経験は、アルゴリズム的マネジメントが大多数のプラットフォーム・ユーザーに幅広い社会的利益を創出しているかもしれない一方で、その途上で個々のユーザーをだましている可能性もあるということを示している。[47]

サージの公約は、ドライバーの目の前にぶら下がるニンジンのようなものだ――つまり、Uberがドライバーの行動を決めるために利用する作戦なのだ。以下のサンプル・メッセージでは、ドライバーがログアウトを試みると、そのアプリにはサージ料金設定の稲妻のようなアイコンとともに、次のようなメッセージが表示される。「本当にオフラインになってもいいですか？　あなたがいるエリアでは需要が大変高くなっています。もっとお金を稼ぎましょう。いま辞めてはいけません！」(図20参照)。もちろん、ドライバーが「高需要」(「サージ料金設定」のよく言われる婉曲的な言い回し)から、実際に臨時収入を稼ぐことができる保証はどこにもないが、サージ料金設定によって与えられる希望は、「群れを集めるツール」としての役割を果たしているのだ。[48] また別のケースでは、夕方家に帰ろうとしたドライバーがログアウトを試みると、「次の乗客はすばらしい人です！　このままオンラインをキープして、ぜひ彼と会ってみてください」というメッセージをUberが表示する。これを読まないことには次のオプションが現れない。つまり、「オフラインにする」か「運転を続ける」か選ばなければならないのだ(図21参照)。こうしたメッセージは、特にUberが、いまにも起こりそうなサージ料金設定に対して注意を喚起するようなときには、興味をそそられると言うユーザーもいる。しかしまた別のドライバーにとっては、これは、たとえ彼らが疲労困憊で働きつづけることができないときでも、働きつづけなければならないことを意味するのだ。

朝の目覚めの夢がサージだというドライバーもいれば、[49] これを宝くじにたとえる人もいる。だれもがUberの送るプロンプトに従うわけではないのは、一部には、他のドライバーがみなそれに従っているだろうと仮定していて、「高需要」と比較した「低供給」に課されるプレミアムが打ち消されると思うからだ。ルイジアナ州バトン・ルージュでUberとLyftのドライバーをするドバーマンに、私

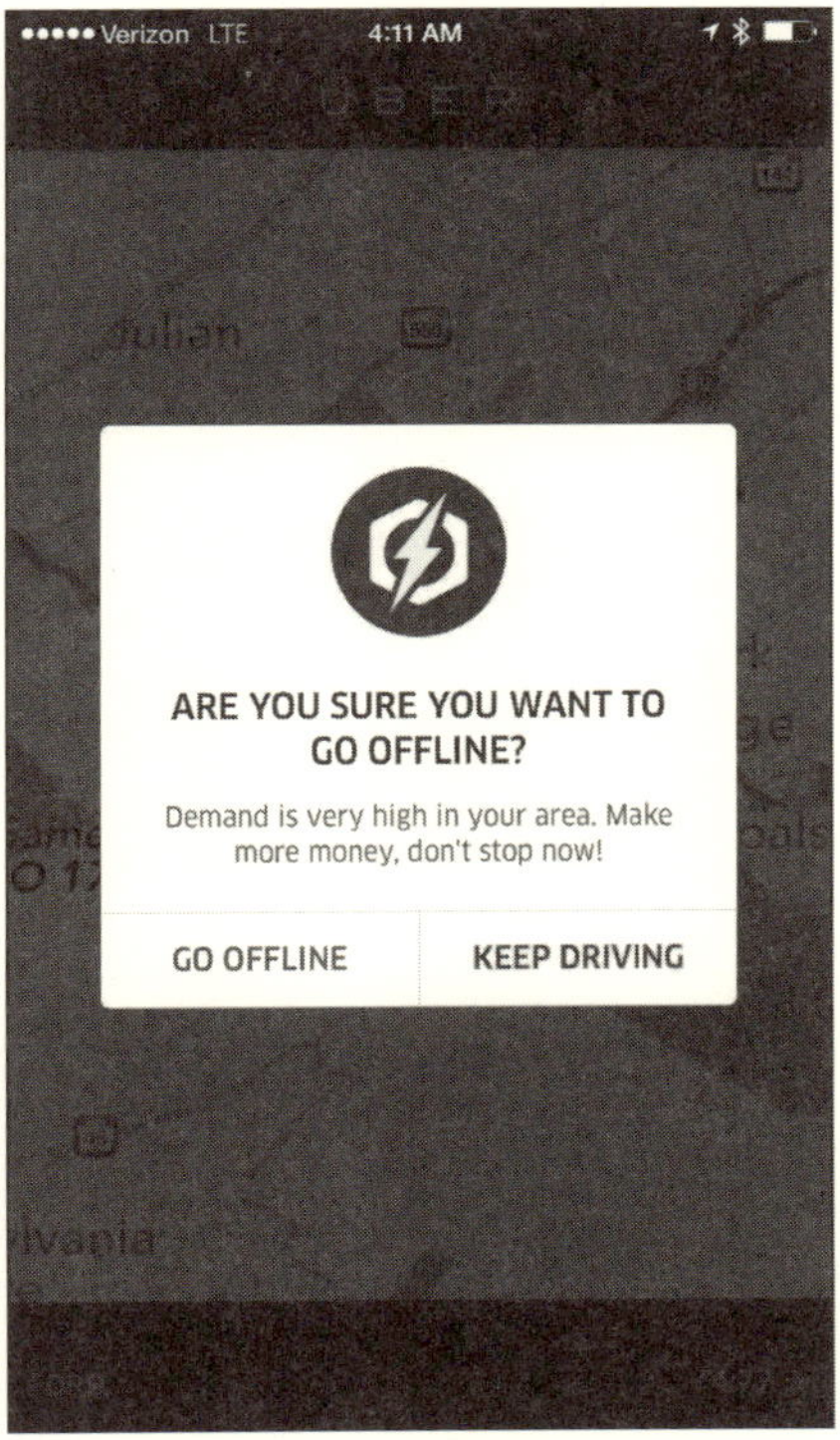

本当にオフラインにしてもいいですか？

あなたがいるエリアでは需要が大変高くなっています。もっとお金を稼ぎましょう。いまやめてはいけません！

オフラインにする ｜ 運転を続ける

図 20　Uber はどのようにして、ドライバーにログアウトを思いとどまらせるかを示す例。このドライバーは「オフライン」ボタンをクリックしたが、Uber アプリはドライバーをログアウトする代わりに、その意思を問うメッセージを表示し、運転を続けたほうが良いことを強く促した。この指示の緊急性は、サージ料金設定のアイコン——赤色の背景に稲妻——で示され、基本レートを上回るプレミアム報酬を稼ぐことができることをドライバーに伝えている。このドライバーは、黒文字で表示される「オフライン」ボタンを選んでログアウトを継続するか、または、もっと人を惹きつける青色のフォントで表示された「運転を続ける」という Uber のプロンプトを受け入れるか、いずれかを選択することができた。背景の地図は、このドライバーが運転を継続できる地域を紹介している。2015 年に、あるフォーラムに投稿されたスクリーンショット。

は二〇一七年秋にインタビューをしたが、彼は強いイタリア訛りの英語でこう語った。「残念ながら、僕がこうした広告に従えない理由はふたつある。第一にスケジュールが合わないということ。これはミスにつながる。第二にドライバーが全員、サージ料金を求めて出払ってしまったら……、サージ配車のチャンスを得るのが難しくなる。だから、こうしたオファーを見ても、それほど魅力を感じないんだ」

Uberは計算されたシステマティックな方法でドライバーの行動を監視しており、ナッジはこの会社がドライバーの行動を奨励し、おだて、管理し、コントロールするために利用するひとつのツールである。こうしたナッジは、私がUberを研究している間にも変化し、陽気なもの（「次の乗客はすばらしい人です！」）から役立つもの（「需要警告——午後三時から七時と午前一〇時から一二時まで」）、嘆願するもの（「いまは辞めないでください！」とか「あなたは四〇ドル稼げるところから一ドルしか離れていないところにいます」）から情報力に富むもの（「メッツの試合はシティフィールドで午後四時五分から八時四五分まで」）など幅広い。このアプリは、スポーツイベントなどの地域のできごとに関する情報を表示するため、ドライバーが需要を予想するのに役立つ。

ナッジは必ずしも操作のためのものではなく、本来は、ナッジを受ける人に選択と主体性の感覚を提供しているのだが[50]、にもかかわらず、それらは期待感を抱かせる上では非常に影響力が強い。個々のドライバーがUberから受け取る助言は、数学的なデータサイエンスの産物であるとも言えるが、Uberがそのデータの誠実な仲介者であるかどうかはわからない。さらにドライバーが、たとえばサージ料金設定のゾーンにいて、サージ料金の配車を待つためにサージ料金ではない配車を拒否するなど、そのデータを自分の利益のために利用するとき、彼らは解雇というリスクを負う。換言すれば、

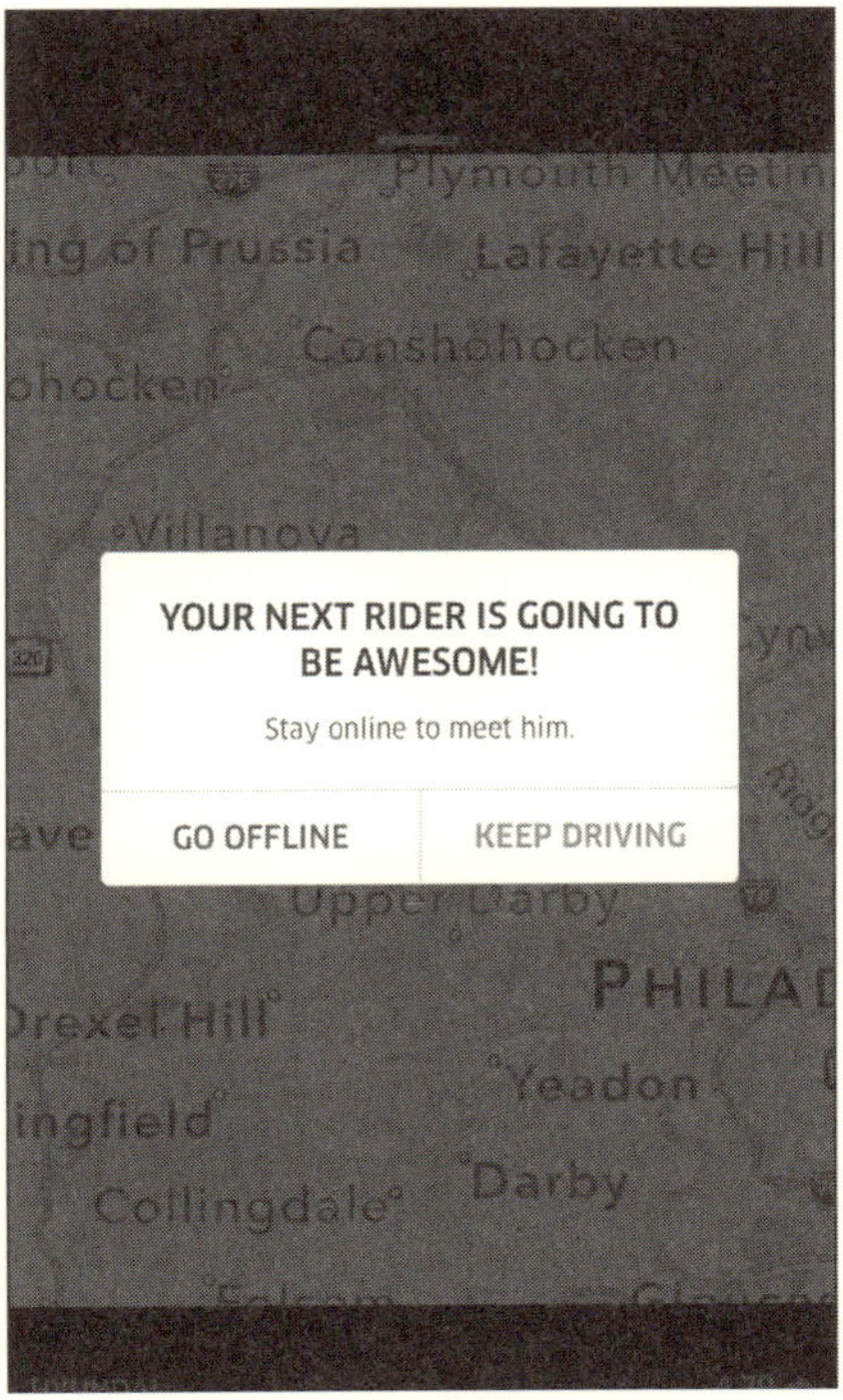

あなたの次の乗客は
すばらしい人です！

このままオンラインをキープして、
ぜひ彼と会ってみてください。

オフラインにする ｜ 運転を続ける

図 21　より多くの乗車を受け付けるようドライバーを説得するため、Uber が送ったメッセージの例。このドライバーはアプリ内の「オフライン」ボタンをクリックしたが、Uber のアプリはドライバーをログアウトする代わりに、地元エリアの地図を背景に、「あなたの次の乗客はすばらしい人です！　このままオンラインをキープして、ぜひ彼と会ってみてください」という押しつけがましいメッセージを表示した。その下には、黒文字で表示された「オフライン」ボタンか、もっと人を惹きつける青色のフォントで表示された、地元エリアの「運転を続ける」か、二者択一の選択肢が与えられている。2015 年、あるフォーラムに投稿されたスクリーンショット。

ドライバーはGPSナビサービスのユーザーのような、無料のデータドリブン分析の単なる消費者というだけではないということだ。そのデータで彼らができることは、自らの生計に直接的な影響を与えている、自らの上司が設定したルールに制限されているのだ。

このタイプのアルゴリズム的マネジメントは、供給と需要の客観的なデータ分析を提供するように見える「中立的な」アルゴリズムが、実はドライバーを操作している可能性があるという事実を強調している。Uberドライバーのアルゴリズム的マネジメントは、中立的ではないプラットフォームがいかに労働者を利用しているかということを私たちに示しているが、Uberのやり方は、シリコンバレーからやってくるデータ中心のアルゴリズムが、いかに私たちのすべてに影響を与えうるかということを浮き彫りにしているのだ。

5　背後に隠れて

Uber はどのようにアルゴリズムを利用してドライバーを管理するか

ロサンゼルスで、ホセと車内でおしゃべりをしていたとき、UberとLyftのドライバーをしていて、近寄らない地域はあるかと聞いてみた。彼は、コンプトン〔カリフォルニア州南部に位置し、アメリカでも犯罪率の高い都市とされている〕のようなエリアは避けていると認めたが、最後まで言い終わらないうちに、その声はすでに震えていた。目的地による差別は、Uberのシステム内だけでなく、タクシー業界全体でもひんしゅくを買う。都市によっては違法とされているところもある。「危険」だからという理由で、ある特定の地域へのサービスを拒否するということは、しばしば、人種を見てサービスを拒否することと同じであり、タクシー業界にはすでに、黒人（特に男性）の乗客が手を挙げても車を止めないという長きにわたる歴史がある。[1] こうしたタイプの差別を、UberとLyftのドライバーも延々と生みだしているかもしれないという懸念は数多く存在する。[2] 次第に無口になったホセは、ホルダーからスマートフォンを外して左手で隠し、腿の下に押し込んでから再び話を始める。口にしてはいけないことを話すのに居心地の悪さを感じ、彼は話題を変えたが、たまりかねたのか、会社から見られてるんじゃないかと心配なんだと、スマートフォンを隠した理由を説明する。アプリを開くたびに、Uberがスマートフォンのカメラから監視し、乗客とのやりとりを録画しているのだと彼は言う。Uberがそうするのは乗客のためだけでなく、ドライバーの安全のためでもあると彼は思うのだが、「聞かれてはまずいようなコメントをしてしまうんだ」と強調する。

ホセの主張は正しくはないが（私の知る限り、Uberはマイクを通して盗み聞きしていないし、カメラをコントロールしているということもない）、あながちまちがっているとも言えない。Uberはドライバーの行動を、たとえばレーティング・システムや、もっと最近ではテレマティクス〔車などに通信システムを搭載してさまざまなサービスを提供できるシステム〕などを通じて、実際に追跡している（ブレーキやアクセルの踏み方、スピードの出し方など）[3]。上司が監視したり、会話を聞いたりしているとドライバーが感じても、それは誇張ではないのだ。スマートフォンの振動から、各乗車に対する乗客からの評価に至るまで、ドライバーの動きを逐一追跡することで、Uberは、「手放し」のマネジメント・スタイルをとっているという自身の主張に矛盾するような、ある種の職場監視を実践しているのだ。たとえば、Uberアプリは「スムーズなブレーキ」と「スムーズな加速」というふたつのカテゴリーで、安全運転レポートを表示する。あるドライバーが、二六四回のうち二一九回スムーズなブレーキングをすると、アプリは「数回の急ブレーキが検出されました」というメッセージを表示する。一方で、二四七回のうち二一〇回スムーズなブレーキングをした場合、「すばらしい運転です！」というメッセージが出る（フォーラムに参加するドライバーのなかには、この監視レベルを「ビッグ・ブラザー」〔ジョージ・オーウェルの小説『一九八四年』に登場する架空の人物で、常に社会を監視している独裁者〕と呼ぶ人もいる）。

先に書いたように、Uberはデータドリブンのアルゴリズム的レコメンデーションと行動的介入を利用して、お金の流れを管理している。まずそのデータを集めるために、Uberはドライバーと乗客両方の行動を、それぞれのUberアプリのユーザーとして監視する。しかしデータ監視は、Uberプラットフォームのすべてのユーザーに、自動的に説明責任をもたらすわけではない。かつてカリフォルニアでUberとLyftのドライバーをしていたレティシア・アルカラは、ダラスに拠点を移し、いまもそこで両社のドライバーの仕事を続けている。複数のオンラインのドライバー・フォーラムを運営している彼女は、特に他の女性ドライバーの支援に積極的だ。長い電話インタビューのなかで、レティシアはふたりの乗客との間に経験した、とりわけ危険な事件について話してくれた。

ふたりの男が汚い言葉で話しかけてくるのよ。幸い、短い距離だったんだけど、本当に怖かった。ノーという返事を受け付けないタイプの人たち。セックスとか、3Pとか、そういうことばかり話しはじめて、私はただ震えてた。短い距離でラッキーだったんだけど、着いたとき、そのうちのひとりがなかなか車から降りなかった。私が電話番号を教えるまで、断固として降りようとしなかったのよ。それで嘘の電話番号を教えたら、やっと車から降りていった。Uberには報告したけど、本当に怖かった。そのまま、まっすぐ家に帰ったわ。本当に怖かったんだから。私はそれほど怖がりなタイプじゃないのよ。かなりタフなほうなんだけど。でも、そういう人ほど危険なのよ。わかるでしょ?

私はすでにある程度理解できていたのだが、もう少し話してほしいと彼女にお願いした。するとレティシアは、「ふたりともオクラホマ出身の白人で、でも田舎者だった」と付け加え、次第に声をひそめた。「低所得者層っていうか、そういうタイプだってことは、話しぶりからわかった。それにあの汚い言葉づかいからも。もし他の人で下品な人がいて、でもちゃんと教育を受けたビジネスマンで、ただバカなことをしてるだけだとわかれば怖くはなかった。そういういやらしい会話を、ただ迷惑に思うだけだったと思う。でもあの人たちは、本当に、本当に、恐ろしかったのよ。だからドライブレコーダーを買ったの。あれ以来、なにか事件が起こりはじめたら」と彼女は強調する。「ただこう言うだけ。「はーい笑って。カメラに写ってるわよ」って。そうすると大抵の人は黙るわ」。多くのドライバーは、レティシアのようにドライブレコーダーを利用して、Uberからは得られないような類の

説明責任を果たすことを期待している。(4)

レティシアの経験は、ホセの経験とは異なる。ホセは、Uberが始終監視していると思い込んでいたが、レティシアは、自分に最も影響を及ぼすはずの乗客の行動にUberは何の注意も払っていないと確信していた。乗客から何度かハラスメントの被害を受けた彼女は、Uberが収集している「データ」と、収集していない「データ」を理解することとなった。その後のUberとのやりとりで、迷惑な乗客をプラットフォームから追い出すことは、Uberの優先事項の主眼ではないことを彼女は理解した。Uberはレティシアが特定の乗客と再びマッチングしないようにはしてくれたが、それでも彼女は、こうした迷惑客が他のドライバーにまわされていることを知って、失望を隠せない。

本章では、Uberがそのテクノロジー・サービスを利用する人々から集めたデータをどのように利用しているか、その数多くの方法のうちのいくつかを紹介する。だがまずは、Uberにとって、ドライバーと乗客は等しく、そのテクノロジー・サービスの「消費者」なのだということを説明しておかなければならない。これは、重要であると同時に驚くべき主張なのだ。Uberはこれまで、テクノロジー的、組織的、そして修辞的な戦略を利用して、ドライバーが「従業員」だと思われないようにしてきた。ドライバーを消費者として扱うことによって、彼らにはUber発祥の地であるシリコンバレー由来の、より幅広い論理が開ける。こうしたより幅広い論理とは、ユーザーデーター―ドライバーと乗客の両方から集めたデーター―は、Uberにとって価値の源泉だということだ。Uberがこのデータをどのように操作し、不当に利用しているかということは、市場論理をベースにしたビジネス慣習だけでなく、テクノロジー文化のひとつの様相として捉えることもできる。このあとに続くセクションでは、Uberがドライバーと乗客という両消費者をどのように取り扱っているか、そしてそれがいかに、消費者がプラットフォームによって公平に扱われているかどうかに関する疑問を提起するかについて考えていきたい。

仕事中のあなたを監視しているのはだれか？

Uber のマネジメントの手法は、シリコンバレーが実践するユーザーの管理および操作方法を多分に借用している。多くのデジタルプラットフォームが、ユーザーは何が好きで、何をクリックするかを追跡し、こうした傾向を集め、その傾向と、同じような考えをもった他のユーザーのクリックを基に、「パーソナライズされた」レコメンデーションをユーザーに提供する。[5] Netflix はアルゴリズムを利用して、私たちが興味のありそうな映画に関するデータドリブンのレコメンデーションを行ない、フェイスブックは知り合いかもしれない人物を提示し、アマゾンは私たちが望んでいそうな商品の購入を提案し、そしてグーグルは検索結果を生成して、それを私たちが確認する――いずれも、こうしたプラットフォームがユーザー活動から掘り起こしたデータを利用しているのだ。このようなアルゴリズムによるレコメンデーションは、私たちユーザーに大きなメリットを提供することができる。人々がデータやアルゴリズムを信頼するのは、これらが客観的かつ数学的真実として提示され、利他的行為へと傾いているからなのだ。[6] Uber はこの同じ原理を雇用の世界に適用している。

Uber が自らのテクノロジーを、ふたつのエンドユーザー・グループ――ドライバーと乗客――を結びつけるひとつの方法に過ぎないと言うとき、このテクノロジーそのものがもつもっと重要な特徴、すなわち「ビッグデータ」を過小評価している。スマートフォンは基本的に、至るところにあるセン

新機能——電話位置確認通知

Uberは、ドライバーと乗客の安全を改善する新しい方法を継続的に開発しています。スマートフォン・テクノロジーを利用して、皆さまのスマートフォンがUberでの移動中にホルダーから外れていた場合、それを識別することができるようになりました。本日より、移動中にスマートフォンの位置が変わったことを当社が検知した場合、SMSまたはアプリ内のメッセージで皆さまにお知らせします。

運転中にスマートフォンが移動するのを防ぐために、スマートフォン・ホルダーの使用をおすすめします。ホルダーを使うことは安全な乗車につながり、高いレーティングの維持が保証されます。

図 22　新しい機能である電話位置確認通知についての Uber からの告知。2016 年のフォーラムに投稿されたスクリーンショットからの転載。

サーであり、スマートフォン・アプリは、こうしたデバイスを通じてデータを収集することができる。データドリブンのUberプラットフォームは、ドライバーがどのように仕事をしているかについて、特定の面ではこの会社に広い視野を与えてはいるが、この仕事のもっと質的な側面を検証する能力には欠けている。Uberはカメラを使ってドライバーを監視している、というホセの考えは正しくないかもしれないが、この会社は折にふれて、ドライバーのスマートフォンが振動しているかどうかを監視するプログラムを実行してきた。振動するということは、ドライバーがまじめに仕事に取りくむことを妨げる職務上の悪習慣を示すからだ（図22参照）。パートタイムまたは新入りのドライバーの多くが、はじめは自分の膝の上か、運転席と助手席の間のコンソール付近にスマートフォンを置いているのだが、運転中も常にUberアプリをチェックできるように、結局はスマートフォン・ホルダーを購入する。ホルダーがあるからといって、実際にはドライバーの仕事ぶりには何の関係もないのだが、だとしても、スマートフォンの位置が定まっていることで、Uber は正確なデータを簡単に取り込み、ナビサービスに情報を送ったり、センサーのデータを収集したりすることができる。定量的追跡は、たとえ人間の上司がドライバーの肩越しに見ていることはないにしても、ドライバーの行動が彼ら自身の車の内部で監視されているという印象を与える。

ドライバーによっては、会社に監視されているおかげで乗客とのやりとりに安心感が得られると言う人もいる。ドライバーと乗客双方の個人情報と位置情報が記録されているため、ドライバーも乗客も、何か問題が起きたときに、説明責任を果たしうるものがあることに安心できるのかもしれない。これは、クライアントとサービス提供者という、プラットフォームを介した関係におけるある種の信頼確認のようなものだ。

Uber がスマートフォンのデータにアクセスすることは、安全という感覚を提供することに加え、ドライバーの行動へ積極的に介入する絶好のチャンスをこの会社に与えることにもなる。ドライバーは自由意志で仕事にログインしたり、ログアウトしたりすることができる一方で、第４章で述べたように、ある特定の方法で行動するように促すナッジ攻撃を継続的に受けているのだ(7)。

Uber はいかにドライバーを消費者のように扱うか

アルゴリズムによるマネジメントがいかに偏見を生み、フェイスブックやグーグル、その他のシリコンバレー企業の製品の消費者を、いかに操作できるかについては、これまで見てきたとおりだ。同様に、ドライバー間の不公平は、アルゴリズムの上司が彼らを欺くときに明るみに出ることがある。

また、Uberはドライバーが仕事中に生成するデータを通じて彼らを監視し、職場環境における彼らの行動をコントロールしているということも、私たちは知っている。だがある意味では、Uberはあからさまに顧客サービス・コミュニケーションのモデルを採用して、ドライバーを労働者として管理しているのだ。強度の監督という域を超えて、Uberはドライバーの問題解決能力を制限するような申請手順を設計することで、ドライバーをコントロールしているのである。たとえば、ドライバーとUberとの主な（そしてしばしば唯一の）コミュニケーション手段はEメールなのだが、二〇一七年の年末にかけて、いくつかの都市で、ドライバーが直接顔を合わせることのできるドライバーハブ（ドライバーが直接サポートを受けることのできる物理的な場所）と、電話で相手と話せる電話番号が提供された。ドライバーには、自分たちの質問に答えてくれる専属の人間の上司はいない。その代わり、彼らにはコミュニティ・サポート担当者〔UberではCSRと略されている〕がいて、このCSRがコールセンターのEメール版のように対応してくれるのだ。(8) CSRはしばしば、フィリピンなどの海外に拠点を置き、Zendeskなどの第三者企業が管理している。(9) Uberは実質的に、ドライバーとの主要なコミュニケーションを海外に移し、自動化しているのだ。ドライバーは、問い合わせのほとんどに対して自動応答を受け取り、この自動応答はどうやら、ドライバーが書いたEメールのテキスト内にあるキーワードを基にして生成されているようだ。つまり、Uberは微妙なニュアンスを理解し、それに対応する人間を介在させることなくドライバーを管理しているというわけだ。自動応答は基本的な事実調査には有用かもしれないが、乗客が後部座席で麻薬を過剰摂取したり、ドライバーにハラスメント行為をしたりといった場合には、はなはだ不十分だということは明白だ。あるドライバーが、オンライン・フォーラムに日常的に投稿される意見を受けて、こう述べている。「Uberはクズとは言わないまでも、そのサポートときたら、どうひいき目に見てもゼロだ。僕が受け取る回答のほとんどは、目の前の問題にはまるで役に立たない。もし乗客の問題以外のことや、時間どおりに運賃メーターが始動しなかったということ以外に関わるものだったら、どれだけ正しい英語で話したって、僕が何を言ってるかわかる奴はいやしない」

私たちはみな、粗悪な顧客サービスには慣れっこになっているが、これが仕事という文脈になるともっと大きな影響がある。というのも、ドライバーはこうしたCSRに頼って、自分の生計を左右する問題を解決しようとしているからだ。アトランタでUberとLyft両社のドライバーをしているラモンはインタビューで、飲酒運転だと言って「乗客フィードバック」で彼を非難した人のことを話してくれた。二〇一七年にインタビューしたとき、ラモンは労を厭うことなく、長々とこう説明した。彼は多くの乗客がすでに酔っ払っている夜の時間帯に仕事をしているので、乗客のアルコールのにおいが車のなかに残っていることがある。糖尿病を患うラモンは、もし酒など飲んだら病院で意識を失うかもしれないそうだ。ある乗客がUberにクレームを言ったとき、事態は悪い方向へ進んだ。この乗客が飲酒運転のコメントを提出したとたん、ラモンは即座にアカウントの停止を通告され、途中で運転をやめて、アカウントの復帰を求めてEメールをいくつも書くはめになったのだ。ボストン地域でUberとLyftのドライバーをしているリンダは、二〇一八年冬のインタビューで、人間の上司がいない利点についてこう話してくれた。「そのほうがいいわよ。何か問題が起きない限りはね」

Uberドライバーのジェイ・クレデューは、ブログ「ザ・ライドシェア・ガイ」に記事を書き、自分が何の理由もなくアカウントを停止され、生活が危うくなり、その後、何週間もかけて問題を解決しようとしたがうまくいかなかった経緯について詳しく述べ、次のように締めくくった。

いまのところ、Uber はやりたい放題だ。まったくのお手上げ状態。この件については何も言うことはない。僕は無駄に何時間もかけて、自分の身を守ろうとしてきた。Uber は「変革の一八〇日間」［チップ支払いボタンなど、ドライバー・フレンドリーな機能を通じて雇用関係を改善しようという Uber の六ヶ月間の試み］などと自慢げに話しているが、(10) 一般的な礼儀正しさとか、ドライバーに真実を話すとか、ほんものの顧客サービスをするとか、共感を示すとか、健全な論理的根拠でもって自分たちの残酷な行動を納得させるといった些細なことがいかに重要かということを、どうやら理解していないらしい。なんだか自分がものすごく巨大な機能不全の機械のなかの、取るに足らない歯車のように思えてくる。(11)

CSRは Uber のドライバーと乗客間の論争を仲裁する立場にあるため、質の悪い回答をすれば、ドライバーが仕事中に経験する不公平を増長することになる。レーティング・システムにおける不公平の結果は、心地悪い、危険な、また虐待的状況にドライバーを陥れたのが乗客の側だったとしても、ドライバーに直接押しつけられるのだ。たとえば、フィラデルフィアのあるドライバーは、二〇一五年中頃のフォーラムでこう述べている。「ある乗客があまりに酩酊して、僕をクソ白人野郎呼ばわりしたから、その乗客をおっぽり出した。そしたら彼女は星一つの評価をしたんだ。おかげで僕のレーティングは、四・九七から四・八に落ちこんだ。五つ星を取るために、命を危険に晒さなければならないとはね。Uber にメールすると、ロボットがこう言った。残念ながらあなたの低評価をなかったことにするわけにはいきません、なぜなら、あなたが受けた被害は言葉による暴力だからです、と。

ロボットは、もっとマシな方法を選ぶべきだったんじゃないか？　まったく、Uberにはドライバーのメールに答える生身の人間なんてひとりもいないんだ」

CSRがドライバー・マネジメントのお粗末な代役となるやり取りには、他のパターンもある。フォーラムでは、努力はしたものの回収できなかった未払い賃金や消えた賃金について、多くのドライバーがコメントしている。キャンセル料について言えば、ドライバーは未払いの申し立てをするのに四八時間しか猶予がない。Uberがキャンセル料を乗客に請求する時間をつくるためなのだろう。ところが、こうしたシステムになじみがないような新しいドライバーが、Uberにはどんどん入ってくる。多くのドライバーは自分の給与明細書を、週ごと、または月ごとにチェックするが、確定申告の季節になるまでろくに見ないドライバーもいる。たとえば、ごく一部のドライバーが実際に自分の給与明細書を毎晩チェックして、待ち時間を逐一確認しているとしよう。これらのうちのさらにごく少数のドライバーだけが、Uberにクレームのメールを送ることになる。ドライバーが積極的にCSRとのやりとりを望めば、キャンセル料を取り返すことができるかもしれない。だが、会計処理との連絡にかかる時間を考えたとき、いったい何人のドライバーが、四ドルにも満たないはした金のために、わざわざそんなことをしようと思うだろうか？　おそらく、そんな時間があったら、もっとたくさん客を乗せたほうがキャンセル料の分より稼げるだろう。感情をもたないCSRとのEメールのやりとりは、せいぜい三回から六回で諦めると言うドライバーもいる。そこまでして取り戻そうと思えるほどの金額ではないからだ。一方で、Uberからの補償を求め、苦労の末に賃金を勝ち取った手柄をフォーラムの投稿欄に披露するドライバーもいる。

顧客サービスのプロセスは実質的に、支払われるべき賃金をドライバーが回収するのを妨げている。

これは、第4章で説明した賃金損失問題を彷彿させる。このやり方は、許可を得ていない少額の料金を顧客の請求書に無理やり上乗せしている携帯電話会社と似た手法だ。(12) ごく一部の顧客だけが、自ら進んで請求書に目を通し、ごく一部の人だけが、返金してもらうために善意はあるが役に立たない顧客サービス担当と一時間近く電話で話そうとする。事実上、アプリを媒介とする仕事では、賃金からの少額の天引き（Uber用語で言うところの「手数料」）を大きな規模で行なうことが可能なのだ。この種の賃金カットを糾弾することは、個人レベルでは意味をなさない――ドライバーという大きな層のための体系的問題として取り組むほうが理にかなっている。いずれにせよ、ドライバーが消えた賃金の申し立てを行なうにはCSRを介さなければならないという事実は、Uberがドライバーをどのように見なし、どのように取り扱っているかを如実に示していると言えるだろう。

リーがUberのCSRに対して抱く苛立ちの主な理由はその不公正さだった。二〇一六年の秋に話したとき、彼は言いたいことを山ほど抱えていた。彼は、大抵はパロアルト周辺でUberのパートタイムのドライバーをしているが、実はサンディエゴでフルタイムのエンジニアの仕事もしている。あるとき彼は、一回分の支払いが行なわれていないことに気づいた。たまたまそれがいつの支払いだったか思い出せたのだが、それもこれも、そのときの乗客が自分の同僚と似たような名前だったからだ。その支払いを受けるまで五日かかった。何通ものメールをUberに送り、彼によれば、毎回ちがうインド人の名前の新しいCSRが、メールのスレッドに返信してきたと言う（おそらく、対応中の問題で、特定のCSRに非難が集中するのを避けるための戦略だろう）。その回答は、ことの本質にまったく触れていなかった。結局彼はこう言った。「僕が受け付けた配車を数えて（四七回）、何回支払われたか（四六回）、数えてみてくれないか？　金の問題じゃない。一一ドルとかそんなもんだろう。でも僕はエンジニアでもある。自分の仕事は正確にやりたいんだ。「まあ、だいたい合ってるよ」とか言う人間は嫌いなんだ」（彼はUberで稼いだ余分なお金を、アマゾンで何か買い物ができるようにと、娘に小遣いとしてあげている）。ついにCSRは、コンピューターの不具合だという断定的な回答を送ってきた。「僕は最初から、コンピューターの不具合だって言ってきただろう？」とリーは叫ぶように言う。「こんな金は、僕のような人間にしてみたら取るに足らないもの。エンジニアなんだから、もっとたくさん稼いでいるはず。そうじゃなくて、原理の話をしているんだ。こういう考え方が、僕は大嫌いなんだ」。CSRは損失分の一一ドルほどを、プロモーション報酬の一種として彼に支払った。怪我に侮辱が加わった。正しく仕事をしているのだから公平な結果が欲しいのだ、とリーは何度も繰り返し言った。その配車がどれほど少額のものであっても構わない。それが、彼が契約した仕事なのだから。でも、ごまかされているというのが彼にしてみたら許せないのだ。

　CSRの有効性という論点は重要だ。というのも、テクノロジーが媒介するUberの仕事は、昔ながらの職場問題に相変わらず悩まされているからだ。マネジメント上のごまかし以上に、セクシャル・ハラスメントや不公平な仕事の評価といった他の問題もまた、Uberの評判に悪影響を与えている[13]。たとえばレティシアは、男性の乗客から受けた複数のセクハラ体験について語る。こうした行為をする男性のことをUberに報告すると、会社は二度と彼らとはマッチングさせないと約束した。「私とはマッチングさせないかもしれないけれど、他の女性ドライバーとはマッチングさせるつもりよ」と、諦めとも憤りともつかない口調で息巻く。レティシアは、バーが閉店する間際の夜遅くに運転をする。サージ料金設定のおかげで利益が上がるからなのだが、逆に態度の悪い乗客を乗せるというリスクも伴う。他の女性ドライバーや一部の男性ドライバーは、そんな夜遅い時間帯に運転することをまず選ばない。ある三〇分ほどの乗車で、レティシアはひとりの男性の乗客とその友人を拾った。「乗るなり、彼らはセックスの話をしはじめて、いろんなことを私にも言ってきた。そのとき、こう思った。「とにかくこのまま続けさせよう。絶対反応しちゃダメだ」って――これこそ、私がよく女性ドライバーに勧めていることよ。彼らはハンバーガー屋の前で車を停めさせ、私は外に出て少しストレッチをした。もちろん、彼らは私のからだを見てたわ。ひとりがこう言いはじめた。「あんないいからだしてんだから、俺とやる気マンマンにちがいない」って。三〇分もの間、ずっとこういうたわごとばかり聞かされてたのよ」

ドライバーのなかにはメフメット（第2章で紹介）のように、乗客からの逆襲や、仕事を失うことを恐れて、恐ろしい事件に遭っても会社に報告しようとしない人もいる。メフメットは、なだめるような口調で話すとき、目元まで笑っているようになる。広々とした七シートのSUVのなかにいると、往来のやかましい音は気だるいハミングに聞こえる。ニューヨーク市内を彼の車で走りながら、私はシートの上で前かがみになって彼の話を聞き逃さないようにする。「僕はトルコ出身なんだ！」と彼は声高に言うが、いまはロングアイランドに住んでいる。生活費のすべてを賄うには月に四〇〇〇ドルは必要なので、Uber と Lyft の両方のドライバーをするために、一時間半かけてニューヨーク市まで通っている。私は大抵ドライバーに、態度の悪い乗客を乗せたことがあるかと聞いている。たいがいは酔った客の話をされるのだが、ときにはちょっと変わり種のトラブルもある。メフメットがある日、男性客を乗せると、小便がしたいので道路脇に停めてくれと言ってきた。「それで用を足して戻ってくると、自分のプライベートな部分［性器］を僕に見せてきたんだ」と、メフメットはさらりと語る。そのトーンは、通行料を支払うなど、いつものルーティンのことを話すときと変わらず穏やかだ。「男は聞いてきた。「なんだかわかるか？　何か感じるか？」って。僕が「いや」と言うと、彼はこう言う。「これっぽっちも？」って」。メフメットは、このテーマから客の関心をそらせようと、なんとか話題を変えようとしたと言う。彼はUberにこの件を伝えず、「むしろ黙っていることにした」と言う。また別のケースでは、他の男性客が、メフメットがトルコ出身と知って、おなじみのつっこみを入れてきた。「トルコ人と言えば、うわさに聞いてるよ……立派なイチモツをもってるんだろ」。しまいにはメフメットもがまんできなくなり、もうそのことは話したくないと伝えたのだそうだ。こうした事件は、乗客とのやりとりのシナリオ通りの展開から少ししか逸脱していないといったように、彼は低い声で語る。メフメットの話を聞いて私が本当に驚くのは、こうした事件で味わった不快感を彼が重要視していない点だ。だが、自分の身に起こったことを軽視しているとはいえ、それを話すときの彼は真剣だ。メフメットの体験はUberの目には入らない。彼らは、ドライバーのGPS座標を収集するのと同じようには、こうした類の質的データを集めていないのだ。このような事件を報告した際に、乗客がその非難を自分に向けてくるかもしれないことをメフメットは恐れている。そうなったら彼は、Uberプラットフォームへのアクセスを失い、生計が立てられなくなる可能性がある。こうしたリスクは、ドライバーの能力を開花させる上での重要な緊張関係を浮き彫りにする。ドライバーは、Uberが将来の配車へのアクセスをコントロールしていることを知っているため、セクハラやその他の不平不満を、ビジネス上のリスクのなかに混ぜ込んで考えてしまっているのかもしれない。

他のドライバーたちは、差し迫った状況にも関わらず、あたり障りのない回答をUberから受けたことに困惑を隠しきれない。Uberが個々のドライバーに特定の解決策を与えるときでさえ、それは、根本的原因やシステム内の不公平には対処していなかったりするのだ。たとえば、フロリダ州フォートローダーデールで働くあるドライバーは、事前調整運賃（乗客からのクレームを受けたあと、Uberがドライバー収入を減額するしくみ）に異を唱え、ＣＳＲにこんなメールを書いた。「乗車を途中で取りやめるほか、ありませんでした。乗客が車に乗り込んできて、私に罵詈雑言を浴びせかけ、この車はuberPOOLだと彼に伝えたせいで、私のことをバカでまぬけなニガーと呼んだのですから。彼は「お前のようなまぬけでバカなニガーは何もできやしない」と言ったんです」。ＣＳＲは、一般的なUberポリシーの詳細と、感情に訴えるようなロボット風のたわごとでもって回答を送信し（「今回の件はお気の毒です。お時間を割いてご経験をお話しいただき、ありがとうございます」）、その乗客は今後あなたとはマッチングさせません、という部分を太字で強調した。頭にきたこのドライバーは、こう返した。「つまり、その乗客を次に拾った人も同じことをして、ドライバーはアカウントの停止を食らうということですよね。さすがはアメリカ」

ドライバーは、自分とやり取りをするロボット上司への怒りを募らせる。そしてこれが、Uberシステムへの不信感をさらに扇動することになる。だが、質の低い顧客サービスが彼らの質問に対処しているという事実は、私たちがUberモデルに見る消費者論理と雇用論理の抱き合わせを証明している。同様に、ＣＳＲの役割は、Uberのドライバーは労働者ではなく消費者であるという考え方を裏づけている。ソーシャルメディア・プラットフォームにいる何百万人ものユーザーは、アルゴリズムに組みこまれ、自動化されたルールに管理されているのだ。

レーティング・システムによるコントロール

不十分な顧客サービスは Uber のマネジメント・コミュニケーションの一面だが、別の点では、Uber のマネジメントは長い歴史をもつ労働者監視を参考にしている。[14] Uber のレーティング・システムは、マネジメントを効果的に遍在させている。というのもそれは、ドライバーの仕事上の振る舞い方を微妙に変えているからだ。それぞれの乗車が終わると、Uber の乗客用アプリは乗客に対し、ドライバーをアプリ上で星一つから五つまでで評価するよう促す。ドライバーのレーティングは、そのドライバーの過去五〇〇回の配車から得られたレーティングの平均値だ。消費者によるレーティングとランキング・システムは、他のデジタルな企業評価——たとえばレストランのレビューサイトの Yelp や、企業レビューサイトの Glassdoor など——を利用する私たちにとってはなじみが深い。レーティング・システムは、ウーバーランド全体でドライバーXとドライバーYを比較し、ドライバーと乗客との間の信頼を測るシンプルな方法だと言われる一方で、実際、その実施にはトラブルが潜んでいる。[15] Uber ドライバーのケーススタディのなかで、ルーク・スタークと私は、乗客が実質的に中間管理職の役割を果たしていることを発見した。中間管理職は、労働者の実績を評価する責任があるからだ。[16] 労働者が Uber のような不透明なシステムを介して監視されている場合、支配と権力の力学がどの程度影響しているかを見極めるのは、さらに難しくなる。[17]

ドライバーに短期的なナッジを送信するだけでなく、Uber は週間実績指標によって長期的な実績管理も行なっている。この会社は、レーティング、配車受付率、キャンセル率、オンライン時間、乗車数、他のドライバーとの比較（ドライバーの個人的レーティングをトップドライバーのレーティングと比較するなど）といったパーソナライズされた数字の組み合わせを記録する。過去には、たとえばレーティングが星五つのうち四・五とか、配車受付率が八〇—九〇パーセントを下回ったとか、またはキャンセル率が五パーセントを超えたなど、ある一定の閾値を超えてしまうと、ドライバーはアカウントの停止というリスクを負っていた。Uber は二〇一六年夏にこれを変更した。ドライバーは、受付率が低すぎた場合、アプリから一時的に保留状態になるだけで済むようになったのだ（一時的保留と永久的保留の間の明確な線引きがどこにあるかは定かではない）[18]。これらの週間サマリーが、乗車が完了したあとに送られる。Uber のドライバーは個人事業主であり、アントレプレナーだという主張にもかかわらず、彼らは標準化された体験を乗客に提供し、保留、アカウントの停止、賃金損失といったリスクを負わなければならない[19]。レーティング・システムは飴と鞭の両方の役目を果たす。つまりそれは、ドライバーを評価する乗客へとUber が提示する期待値に、ドライバーが確実に応えるようにする媒介なのだ。

ドライバーの行動の基準は、提案やアドバイスとしてメールやSMSで定期的に送られてくるが、全権を握るレーティング・システムがその背後に立ち、Uber の基準を強制する準備をすべく待ち構えている。ポリシーガイドや従業員ハンドブックといった直接的なアプローチは、ドライバーを直接的に監視している（雇用関係があるということ）という非難を生む可能性があることを知っているため、この会社は代わりに、その期待を間接的に言葉にする。図23の、ドライバーがUber から受けとった通知の例を見てみると、「乗客は次のようなドライバーに最高のレーティングをつけます」と書かれてたあとに、ドライバーに期待されていることの長いリストが続く。

低いレーティングのついたドライバーには、一時的保留やアカウント解約などのペナルティが科される[20]。シカゴのドライバー、セザールがある夜、仕事を始めようとしたとき、Uberアプリは彼に、別の車両でログインするよう指示を出した。ログイン画面の下にバナーメッセージがあり、「あなたのドライバー・アカウントはアクティブになっていません」という通知がある。彼はこのことを二〇一五年の春に、あるオンライン・フォーラムに投稿した。セザールはその後、ログインできなかったのは彼がまちがった車両情報を入力していたからではないと気づいた。彼は解約されていたのだ。ログインができなくて、はじめてわかったのだ。これは、従業員がその日、仕事のためにビルのなかへ入ろうと、従業員証を機械に通そうとしたら、単純にそれが機能しなくなったのと同じようなものだ。アカウント停止という脅威は、アルゴリズムの上司からのプロンプトや提案に対するドライバーの関わり方に影響を与える。自分の仕事への適性が危険に晒されていると彼らが感じるとき、ナッジの力が重要になってくる。

多くのドライバーが私に話し、フォーラムでもコメントしているように、レーティングがすべてなのだ。ドライバーは見えない上司と限定されたやりとりをしているため、この一から五までの小さな数字が、責任と実績の非常に個人的な感覚を醸成しているのである[21]。ドライバーはときどき、高いレーティングをフォーラムで自慢することがある。メリーランド州で働くあるドライバーは、乗客からのフィードバックと四・七七の星の数がついたレーティングを、二〇一五年のフォーラムに投稿し、そこにこんな興奮したようなキャプションを加えた。「お金自慢の投稿は本当にたくさんあるけれど、僕はいつも自分にこう言い聞かせている。「自分にとって大事なのは金ではない。自分を見失わずに自分のことをやれ。そうすれば報酬は向こうからやってくる」と」。また別の人は、高いドライバー・レーティングを維持するための最も効果的な方法で、乗客とのやりとりに入念な戦略を立ててい

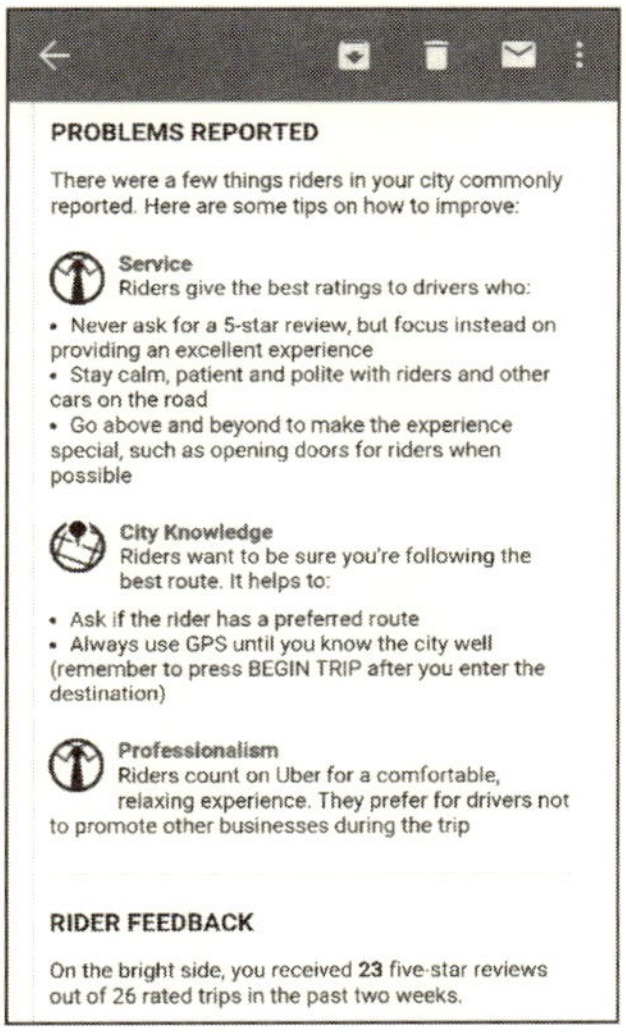

PROBLEMS REPORTED

There were a few things riders in your city commonly reported. Here are some tips on how to improve:

Service
Riders give the best ratings to drivers who:

- Never ask for a 5-star review, but focus instead on providing an excellent experience
- Stay calm, patient and polite with riders and other cars on the road
- Go above and beyond to make the experience special, such as opening doors for riders when possible

City Knowledge
Riders want to be sure you're following the best route. It helps to:

- Ask if the rider has a preferred route
- Always use GPS until you know the city well (remember to press BEGIN TRIP after you enter the destination)

Professionalism
Riders count on Uber for a comfortable, relaxing experience. They prefer for drivers not to promote other businesses during the trip

RIDER FEEDBACK

On the bright side, you received **23** five-star reviews out of 26 rated trips in the past two weeks.

報告された問題

あなたの街の乗客から、いくつかの点で、よくある報告を受けました。これらを改善するためのヒントを以下に挙げます：

サービス
乗客は次のようなドライバーに最高のレーティングをつけます：

・決して5つ星を要求せず、その代わりに卓越した体験を提供することに集中する
・乗客や路上にいる他の車に対して、落ち着いた態度で、辛抱強く、礼儀をもって接する
・乗車体験を特別なものにするために、予想以上のことをする

街に関する知識
乗客は、あなたが最も良いルートを選んでいることを確認したいと思っています。そのためには、次のことが役立ちます：

・乗客の好みのルートがあるかどうか尋ねる
・街全体をよく知るまで、常にGPSを利用する
（目的地を入力したら、「出発」ボタンを押すのを忘れずに）

プロ意識
乗客は快適でリラックスできる体験をUberに求めています。乗車中に他のビジネスを推進してくるようなドライバーを、乗客は好みません。

乗客のフィードバック

明るい面を見れば、あなたは過去2週間で、レーティングを受けた26回の乗車のうち**23**回で5つ星のレビューを獲得しました。

図23　5つ星ドライバーになる方法。2015年のフォーラムに投稿されたスクリーンショット。

る。ニューヨーク州のあるドライバーは、二〇一五年のフォーラムに次のようなアドバイスを投稿した。「乗客に話しかけないようにすればするほど、高いレーティングがもらえます。こんにちは、ありがとう、良い一日を――これだけでじゅうぶん。乗客はスマホをいじくって楽しんでいるときに、じゃまされたくないのです」。この投稿をした人は、気まぐれな乗客もいれば、懲罰的な乗客もいるかもしれないので、ドライバーが社交辞令じみたコメントをするとレーティングに響くこともわかっている。「乗客は、あなたが言ったことが気に食わなかったら、ありとあらゆる手段であなたを攻撃します。そしてこれが、彼らからのレーティングを下げることにつながるのです」。不公平なレーティングが自分のレーテ

ィングの平均に反映されないようにと訴えかけてきたドライバーは、こうした調整をUberはしてくれないと語っていた。

乗客はUberをドライバーと切り離して評価しているわけではないので、ドライバーはUberのすべての体験に対して責任があると想定せざるを得ない。[22] 複数のライドヘイル会社で働くドライバーはときどき、Uberの乗客を「他より口うるさい」と語る。低いレーティングとアカウントの停止を恐れるこうしたドライバーは、Uberで働くときに限り、不満そうな乗客に対しても極力「いい人」でいようとする。[23] こうしてドライバーは、Uberと乗客との関係性を管理する「ケアワーク」の仕事を引き受け[24]、乗客をいい気分にさせるといった感情面に関わる労働を、そのサービスの一環として提供しているのだ。[25] ある特定の市場で、少なくともUberが運営を始めたばかりの時期だけでも、たとえばペットボトルの飲料水やキャンディーなどのケアアイテムを乗客に提供するなどの小さな意思表示がなされることがある――これは伝統的な女性のサービス業を彷彿させる（いつも笑顔のキャビンアテンダントや、ホステス、ウェイトレスなどを考えてほしい[26]）。ドライバーが並々ならぬ努力をしたというのに、乗車後のレーティングをしてくれない乗客がいることに不公平を感じるドライバーもいる。二〇一七年以来、Uberは何度も、次の配車を頼む前に、ドライバーのレーティングをするよう乗客に要求してきたのだが、これが広く普及していないのは、乗客とドライバーの関わり合いのルールが、あらゆる時期にあらゆる場所にいるすべてのユーザーにとって、Uber全体で一貫していないからなのだ。たとえばドバーマンは、二〇一六年の冬からルイジアナ州バトンルージュでドライバーをしている。その半年後にインタビューをしたとき、彼はいらいらしながらこうコメントした。「レーティングがもらえなかった乗車は二〇〇回もあるよ。なぜUberは、ドライバーのレーティングをするべきだということを、早いうちに乗客にリマインドしないのか、まったく理解できない。しかるべき期間に彼らが何もしないなら、その乗車は星五つとしてカウントするべきだよ。乗客がレーティングをしてくれないのは本当に悲しい――ただ車から降りて、ドアをバタンと閉めて、ありがとうも言わないで立ち去る。ひどすぎるよ、人間っていうのはこういうものかと思うね」

乗客の振る舞い方は、自分が正当に評価されていないという印象をドライバーに残し、仕事における独立の感覚をどう捉えるかということにも影響する。ドバーマンはこう続ける。「彼ら［乗客］は飲料水を期待している。だからドライバーは水とキャンディーを提供する。彼らは水を床にこぼす。キャンディーの包みは車のなかに散らかしっぱなし。そういうことさ」。多くのドライバーは、収入に直結するレートをUberに下げられると、自分たちがしなければならないケアワークと、こうした過剰サービスのコストの両方が腹立たしく思えてくる。自分は自分の上司だと思うかとドバーマンに尋ねると、彼はいわくありげにこう答える。「とんでもないね。僕の仕事は人のために働くサービス業。すごく大変だよ。乗客に所有されているという感じ。ドライバーはほとんどの時間、乗客が望むことをなんでもやってあげてるっていう感覚だよ」。ドバーマンだけではない。バングラデシュからの移民で、いまはニューヨーク市のドライバーをしているアーシムは、Uber、Lyft、そしてJunoに切り替える前、ロングアイランドで黒塗りタクシーの仕事をしていた。一年後、ライドヘイルの世界から足を洗い、イエローキャブのドライバーになった。二〇一七年に彼にインタビューしたときは、この仕事を始めて六ヶ月が過ぎていた。彼に、あなたは自分自身の上司だと思うかと尋ねたところ、少し考えてから、こう説明した。「イエローキャブの場合は自分の上司だと思うよ。でもUberだと自分の上司にはなれない。Uberの場合、乗客がドライバーの評価をするからね。ドライバーはなんら個性をもたない。だれかが自分に点数をつけるって？　勘弁してほしいよ」。乗客のニーズを満たそうと、一生懸命さを露わにしなければならないと感じているドライバーもいる一方で、また別の個性と目標をもつドライバーは、自分自身の環境を任されていることに心地よさを感じている。[27]

ニューオーリンズでLyftのドライバーをしている、元看護助手のディードラは、乗客レビューや成績のサマリーなどのかたちでプラットフォームから送られてくるフィードバックを楽しみにしている。自分のレーティングが高いのは、フレンドリーな性格と、乗客とつくる関係性のおかげだと考えている。「私のサマリーはいつも完璧なの。私は人と話すのが好きだから……。乗客との間の壁をうち破って、まずは、どこから来たんですか？　って聞くのよ。私が自分で感じているくらいだから――私がフレンドリーな人間だってことがお客さんにもわかるはず。お客さんが邪魔されたくなさそうだったら、すぐに話をやめる。でも何か言葉を返してくれたら、私も話しつづけるのよ」

自分の仕事の感情的要求をどのように経験しているかがドライバーによって異なるのは、一部には、過去に顧客サービスの仕事をしたことがあるかどうかによるのかもしれない。私がインタビューしたモントリオールのドライバー、パトリスは、このちがいをうまく要約してくれた。「昔、コールセンターで働いてたんだ。大嫌いな仕事だったけどね。売り上げが伸びなくて解雇された。それでUberを始めたんだ。なんていうか、接客に縁があるのかな。これまでの人生ずっと接客関連、顧客サービス系の仕事をしてきた。そして気づいたんだ。これは自分がいままでしてきた仕事のなかでベストだって。もう五ヶ月ぐらい経つけど、ずっと星五つのレーティング。こんなこと珍しいよ。Uberから、あなたはモントリオールで最高のレーティングをもつひとりだっていうＳＭＳが届いたこともあるんだ」。彼は、自分の高いレーティングと、会社からの承認によって証明された自分の個人的な功績にプライドをもっている。

とはいえ、多くのドライバーは、レーティング・システムは不公平だとして苛立ちを感じている。あるドライバーは、二〇一五年夏のフォーラムにこんな意見を投稿した。自分が拾った乗客で、サージ価格設定によって運賃を二倍にされたと言って悪態をつき、Uberを激しく非難した人がいた。基本料金の二・一倍以上を支払ったと言うのだ。ドライバーはこう書いている。「その乗客を降ろしたとき、クレームを言いにUberのオフィスまでは行けないから、代わりにあなたのレーティングを星一つにして、この怒りを晴らすと言ったのです」。ドライバーは不公平なレーティングに対してはどうすることもできない。それは、融通のきかないアルゴリズムの上司が支配する雇用関係のなかで、ドライバーの力がどれほど制限されているかを物語っている。[28]

レーティング・システムは、職場におけるプロテクテッド・クラス〔差別禁止法で使われる言葉で、差別やハラスメントから守られるべきとされるグループのこと〕の差別をめぐる訴訟の可能性からも、Uberを頑なまでに守っている。[29] 一昔前は、多数の判決が、企業は顧客の意向を満たすために差別的な雇用に携わってもよいという考え方を退けた。[30] 仮に会社が白人女性の職員しか採用しなくても、これは差別ではなく、その選択は、できれば黒人の職員がいない店で買い物をしたいという消費者の好みを反映したものだ、というのが議論の本質だった。いまではレーティング・システムを通じて、会社が代理できないような方法で、消費者は自分たちの先入観を直接、労働者評価システムに入力することができる。[31] 一九八〇年代の差別的な雇用慣習よりさらにひどいことには、レーティング・システムを通じて示される乗客の無言の偏見は、突き止めたり、証明したり、抑止したりするのが非常に難しいのだ。消費者によるレーティング・システムを採用しているのはUberだけではない。デジタル業界全体にわたり、Yelp やエクスペディアといった消費者向けのプラットフォームも、レーティング機能によって企業や従業員を評価している。こうした会社のそれぞれにとって、提示された評価が完全に客観的なものだと言うことは不可能だ。消費者の偏見は必然的に、レーティングの高低に関わってくる。Uber の場合、これは、ドライバーが消費者の偏見と気まぐれによって管理されているということを意味し、一方では露骨な乗客差別をすれば、ドライバーに負の影響を与えかねないことになる。だが、Uber のドライバーは従業員ではなく個人事業主に分類されているため、ほとんどの場合には差別から守られていないのだ。[32] このように、レーティング・システムは、Uber が労働者としてのドライバーを管理する役割を担ってきたということの、最もはっきりした証拠のひとつなのだ。Uber モデルにおける労働者と消費者の慣習の組み合わせは、私たちが別々のものだと思っていることれらふたつのカテゴリー間の境界線をぼやけさせる。この問題に対する Uber のあいまいな態度は、タクシー会社ではなくテクノロジー会社だという主張に加えて、ドライバーとの関係性に対しても、それぞれの規制当局がどう対処するかを試している。

世界中で、Uber がドライバーの管理のために使用している同じツールが、ドライバーの雇用分類に関するさまざまな見解をもたらしてきた。オーストラリアでは、フェアワーク・コミッション〔法律に基づいて設置された労働および労使関係のトラブルを取り扱う機関〕が、不当に解雇されたと主張する Uber ドライバーは、彼らの認識によれば個人事業主であり、不当な解雇から保護されることはないと裁定した。[33] カナダのトロントでは、二〇一七年一月に起こされた集団訴訟で、ドライバーは従業員ではなく個人事業主として誤分類されているという主張がなされた。[34] Uber にまつわる誤分類訴訟はそこらじゅうにあふれているが、ドライバーの雇用分類に対するさまざまな裁判はそれぞれ異なる結果となっている。イギリスには三つの労働者区分がある。従業員、労働者または従属業務請負人〔ディペンデント・コントラクター、個人請負型就業者とも〕(以前は自営業者だったが、その収入を単一の雇用者に経済的に依存しているような人)、そして個人事業主〔インディペンデント・コントラクター、直訳すると独立業務請負人〕だ。イギリスの雇用審判所は抗告審判において、Uberドライバーは個人事業主ではないと主張する初期の判決を承認した。彼らは労働者であり、したがって、他の手当のなかでも特に不法な差別から保護され、最低賃金と休日給与を受ける資格があるとした。[35] これとは逆にフロリダ州では、控訴裁判所が、ドライバーは個人事業主であると裁定し、[36] その後、州は彼らの立場を個人事業主とする法律を制定した。つまりドライバーは、失業手当も、ほとんどの労働法による保護も、受ける資格がないということだ。一方で、カリフォルニア州労働委員会は早くも二〇一五年に、ドライバーは従業員であり、個人事業主ではないと決定した。[37] こうした裁定は何千人ものドライバーの職場環境に影響を与えるが、ドライバーが従業員として定義されるべきか、個人事業主として定義されるべきかについて、普遍的な合意には至っていないことは確かだ。ドライバーは、消費者としてではなく、そもそも労働者として考えるべきかどうかという、また別の問題もある。

労働を消費として扱うこと――Uberはどのようにそのマネジメント手法を正当化しているか

Uberがドライバーと自社のビジネス手法を説明するときに利用するテクノロジーの言語は、労働者たちに影響を与える。Uberは、ドライバーを労働者どころか、自社のソフトウェアのエンドユーザーとして扱うのだ。エンドユーザーというのは、ドライバーと雇用とを分けて考えさせる語弊のある言い方の好例だ。この用語は、違法と言われるUberの雇用方法をめぐる訴訟での書類や、社会とのコミュニケーションのなかに現れる。その言語の修辞的影響ときたら抜け目がない。社会として、私たちは労働者を大切にするよう納得させられているかもしれないが、エンドユーザーを気にかける人などいない。ドライバーを個人事業主として誤分類したり、顧客やエンドユーザーの枠にはめ込むように方向転換したりするなど、そのコントロールの範囲内で雇用の言語をごまかすことで、Uberが提示する枠組みは、雇用関係について私たちが知っていることに疑問を投げかける。そして、テクノロジーの実践とレトリックがビジネス手法を変革してきたにも関わらず、ハラスメントなど、もっと古くからの問題がテクノロジーの中立性という化粧板の影に存続しているのだ。

「ダグラス・オコナー、トーマス・コロピー、マシュー・マナハン、エリー・ガーフィンケル対ウーバー・テクノロジーズ社」の訴訟で、Uberは、テクノロジー例外主義の貧弱な議論を利用して法の壁を回避しようとした。ところが裁判官のエドワード・M・チェンには、この会社の論拠が極めて疑わしいとわかったようだ。ドライバーは顧客だという考えを提示されたとき、彼はこう言った。「あなたがたがドライバーをスクリーニングし、選択しているという事実、そして運賃を設定するのはドライバーではなく、あなたがた、つまりUberだという事実、さらにこの会社はドライバーがいなければ会社として運営し、存続することもできなければ、儲けることもできないという事実、それらはとりわけ、ドライバーがUberのために働いているということを証明するものではないとあなたがたは考えるのですか？」[38]。労働の言語と消費の言語との間を移動するUberの態度は、この会社の規制逃れの初期の戦術を呼び起こす。Uberの代名詞ともなったシェアリング・エコノミーには、「シェアリング」の要素がひとつも存在しない。実際、この会社がドライバーを「Uberのドライバーパートナー」と呼ぼうとも、彼らは決して「アントレプレナー」でもなければ、Uberの真のパートナーでもない。ドライバーは停職になるわけでも解雇されるわけでもない。彼らは「アカウント停止」になるのだ。この労働者と顧客の合成は、明らかに不信感の原因となっている。とはいえ、この誤分類は、Uberとドライバーとの雇用関係に関するUberの主張のなかに深く根ざしている。規制当局は、Uber独自のものと調和する言語を使うことで、このぼかしを支持していることもある。二〇一六年、Uberが売上に関してドライバーを欺いたという理由で、連邦取引委員会はUberに対して法的手段に出たが、連邦取引委員会もまた、Uberドライバーを「アントレプレナーのような消費者」と言及した。[39]

二〇一六年のある涼しい夕方、私はサンフランシスコで、Uberの上層部の従業員の向かい側に座っていた。Uberの従業員は、かつては自分のオフィスに私を招いてくれていたのだが、ミーティング前に機密保持契約（ＮＤＡ）に署名するのを断って以来、社内で彼らに会うことができなくなった。その代わり、上層部の従業員と私は、Uber本社の近くにある「ノンＮＤＡ」カフェで会うのだ。Uberはドライバーとの信頼を築こうとしているかと尋ねると、エンドユーザー全員と信頼関係を構築することを心がけている、と彼は言う。その答えに私は唖然とする。非公式なインタビューだというのに、法廷で使うようなことばを使っているということが、私を躊躇させ、それから数ヶ月の間、頭のなかで何度もこの瞬間に引き戻されることになった。私たちのテーブルに空のカプチーノのカップが並ぶ頃、上層部の従業員は私に、どうすればUberはドライバーとの信頼関係を改善できるかとしつこく聞いてくる。これは、実は愛人だということが彼女にバレてしまったとき、その彼女との関係性をどうやって修復すればよいかと尋ねることとほぼ同じだと考えざるを得ない。

その意味合いは明白だ。Uber ドライバーが仕事中に経験している問題を、顧客満足の問題として捉える場合、これらのドライバーは、雇用法をはじめとする救済へのアクセスを失う。他の企業の従業員であれば、自分の仕事の一環として被った被害であればどんなものでも、それを是正するために利用できるはずの法律、それが雇用法だ。こうした言語を使用しているのは Uber に限ったことではない――それは Lyft や、イギリスのフードデリバリー・サービス、Deliveroo といった他の会社にも見られる傾向だ。Uber がドライバーとの間に築いているような雇用関係は特別なものではない。むしろそれは、より大きな社会的傾向を示すものであり、この力が、テクノロジーやナラティブの力によって労働者を顧客に変えているのだ。たとえば Deliveroo は、自社で働くフードデリバリー要員を、営業している十数ヶ所の都市では個人事業主に分類し、アラブ首長国連邦など他の国では従業員として分類している。私が二〇一七年に話をした数名の Deliveroo 従業員によると、これは大まかに言えば、そうしたそれぞれの地域で雇用関係を定義する法律の話に帰着する。ところが、Deliveroo は自らを捻じ曲げ、この会社で働く人間は従業員だと考えられているという印象を与えないようにしている。数あるなかでも、あるひとつのメディア支局は、二〇一七年六月、漏洩したある文書に関する報道を行なった。「Deliveroo で働く自転車配達人は、労働者、従業員、スタッフなどと言及されたことは一度もなく、彼らが仕事中に着用しなければならない Deliveroo のジャケットは、制服ではなく「ブランドに合った服」だとしている。この文書によると、こうした人々には「契約書」がなく、「サプライヤ協定」しかない。彼らは「シフトを組む」のではなく、「自分の空き時間の情報を提示」する。そして、決して首を切られることはない――「関係を終了」させられるのだ」[40]

また別の機会に、同じく「ドライバーは顧客である」という考え方を反映したコメントを残しているもうひとりのUber上層部の従業員と会う。彼は約束の時間に数分遅れてやってきて、見るからにカジュアルな白いTシャツを着て、早朝のジョギングによる額の汗を真っ白なタオルで拭っている。さまざまな話題に関してさりげなく権威が見え隠れする彼のエネルギーを見ていると、自らの地位をひけらかす熟練した方法として、苦労のあとを隠しつつ必死でスリムに見せようとする女性を思い出す。ドライバーに対する顧客サービスの改善というトピックになると、彼はこう説明する。テクノロジー業界のあらゆる職務で働くすべての人の数を数えてから、顧客サポートで働くすべての人の数を数えると、後者のほうが断然多い、と。そして、従業員の二倍の数の顧客サポート要員がいると言う。状況を把握した私は、内心では目を細め、外側では笑顔をつくり、苦汁をすすったような笑いを浮かべてこう言う。「なぜかと言えば、あなたはドライバーを従業員として数えていないからですよ」。彼は少し首を垂れ、ドライバーは、そのどちらのグループよりもずっと——一〇倍くらい——数が多いということをしぶしぶ認める。ドライバーの分類方法と、シェアリング・エコノミーのなかでのより幅広い仕事の捉え方における中心的対立が、労働権の擁護者とUberとの間の多くの対立を激しくしているのだ。

労働を消費として取り扱うことで、Uberは強みを手に入れ、それを享受することができる。Uberがそのテクノロジーを、エンドユーザーのふたつのグループ——ドライバーと乗客——を単に（そして中立的に）結びつけるひとつの方法として説明するとき、より差し迫った現実を控えめに見せている。Uberのアルゴリズムはこの会社に、ドライバーの仕事のしかたに対する莫大な影響力を与えている。ドライバーがアルゴリズムの上司に欺かれるとき、それは、権力のあるシリコンバレーの企業が、どのように私たち全員を手玉にとっているかを示す単なる一例に過ぎないのだ。Uberの雇用論争は、なぜドライバーが法的枠組みのなかで不公平に扱われているかを明らかにするが、雇用という文脈は単に、テクノロジーのプラットフォームがいかにすべての消費者を巧みに利用することができるかを説明するだけだ。職場という文脈は、テクノロジーが先導する世界に現れ、そこで増殖していく不平等を検証するためのレンズを私たちに与える。私たちが考えるべき問題は、アルゴリズムによるマネジメントが労働と消費との間に質的な区別を生みだしているかどうかだ。Uber の主張は実際、雇用と消費が折り合いをつける方法が、アルゴリズムの力と透明性によっていかに大胆に変化しているかを如実に示している。

プラットフォームがあなたのデータを所有するとき

Uber による労働者＝消費者の取り扱い方は、Uber と他のプラットフォームが顧客＝消費者をどう取り扱っているかという疑問につながる。自らのデジタルデバイスを使うたびに、私たちはデータを生成し、企業はそれを収集する。データ中心の監視は、どのように個々のユーザーのプライバシーを保護するか――たとえば、ユーザーから収集されたデータを非特定化するなど――に関する、長きにわたる論争を引き起こしてきた。ところが、データの匿名化が、集約的なデータ収集の搾取的使用から私たちを守るという考え方は見当ちがいなのだ。私たちが Uber の手法を探るときに浮かびあがる疑問は、ユーザーという集団の一員として特定されるとき、個々人はどのように取り扱われるか、である。

Uber は乗客とドライバー間の仲介者として、価格、賃金、労働基準だけでなく、そのプロセスにおける機密データの多くもコントロールしている。Uberの収集したデータは、消費者を手玉にとるような方法で利用されている。たとえば、ある特定グループの乗客に、一定価格ではなく、自分たちが喜んで支払おうとする金額を請求するといったかたちでだ。[41]同時に、Uberはその幅広い浸透度ゆえに、消費者の目にも留まりやすい。Uberのデータの使い方はときに、仲介者としてのUberの役割が、単なる利益第一主義よりもさらに虐待的なものである可能性を示すシグナルになる。アップフロント料金設定がその際どい境界線上をさまよっているのは、ドライバーに支払われる分より多い金額を乗客に請求するのが特に悪いことだからではなく、それが、Uberとのパートナーシップと法的契約をドライバーがどう理解するかということに入り込んでくる問題だからなのだ。

Uberのデータの使い方は、その「中立的な」仲介者としての役割に疑問を投げかけるが、スキャンダラスとも言えるそのやり方は、消費者データの保護という文化に関する重要な問題を、より幅広く提起する。たとえばUberは、レイプされたとしてドライバーを訴えた乗客の診療記録を入手した──しかも乗客の承諾なしで、だ。[42]また別のケースでは、Uberはジャーナリストのサラ・レイシーとその家族を脅し、サラの正当な辛口批評を理由に、彼女に対して中傷キャンペーンを展開する考えがあると仄めかした。[43]さらにWaymo（アルファベット社傘下の自動運転サービス部門）がUberに対し、自動運転技術に関する企業秘密を盗んだ疑いで起こした訴訟手続きのさなか、Uberの元従業員が、大規模な企業スパイ行為をしているとしてUberを告発した。[44]

Uberには利害関係者との信頼関係を裏切ってきたという歴史がある。たとえば二〇一一年、この会社は、高級車の配車サービスをシカゴで開始することを祝うパーティを開いた。そして、「ゴッド・ビュー」と呼ばれる、アプリユーザーの位置情報の詳細を世界規模で示す、ストーカーじみた視覚化されたデータを介して、ニューヨーク市の三〇人の Uber ユーザーの動向と居場所を、その名簿とともにゲストに見せたと言われている。[45] これらの一件は、略奪的にもなりかねない Uber のデータ・キュレーションの文化を実証している。二〇一五年、『ニューヨーク・タイムズ』の記者、ナターシャ・シンガーとマイク・アイザックは、電子プライバシー情報センターによる申し立てを強調し、Uber のプライバシーポリシーの今度の変更は、「ライドヘイリング・アプリが、顧客の居場所に関するより詳細なデータを収集し、その連絡先リストを利用して、彼らの友人にプロモーションの文言を送ることができるようにする」ものであることを報じた。[46] 彼らの支持者らは連邦取引委員会の介入を求めた。

Uber の手法は、特に搾取的とは言えない場合でも、アプリの設計にほんの少し手を加えただけで、消費者のプライバシーに多大な影響を及ぼしかねないことを明らかにしている。小さな例を挙げると、二〇一六年、Uber はアプリの設定を更新し、乗客がスマートフォンを介して自分の位置を Uber に知らせることに「同意しない」か「常に同意する」かを選ばなければならないようにした。ほとんどのアプリには第三のオプションがある。つまりユーザーは、自分の位置情報データを、アプリを使用しているときだけ共有するという選択肢だ。乗車するたびに携帯電話の画面をスクロールして、プライバシー設定を「同意しない」から「常に同意する」に変えるのは、乗客にしてみれば面倒だ。プライバシーおよび法学を専門とするウッドロウ・ハートゾッグがツイッター上で公的に述べているように、「「アプリ使用中のみ」のようなよく見られるオプションを含めないことで、彼ら［Uber］はユーザーを巧みに操り、プライバシーを犠牲にして情報を引きだしているのだ」[47]（アップルが App Store で、Uber などのアプリを掲載・配布する条件として、その設定の改定を義務づけたため、Uber はあとになってそれに従ったが、Android のユーザーは Uber が方針を変えるまで、ずっと影響を受けていた)。一般に Uber の一幕から遠く離れたところにいるほとんどの消費者は、自分にとって最良とは言えないようなデータ使用を受け入れている。彼らは単に、安いタクシー乗車と便利なサービスを求めているだけなのだ。消費者がデータの搾取を通じて利用されている可能性があるというのは明らかだ。

さらに、弱い立場にあるのは個々の消費者だけではない――大企業もまた、あくどいデータ操作の食いものにされている場合がある。アップルの App Store には、Uber のアプリを含めたすべてのアプリが従わなければならないプライバシー関連の特定のルールがある。だが、Uber はこれらのルールに直接的に違反し、ユーザーがスマートフォンからこのライドヘイルのアプリを削除したあとも、iPhone のデータを追跡しつづけていたのだ。このことは、マイク・アイザックが『ニューヨーク・タイムズ』で報じているとおりだ。[48] 通常、アップルの App Store のガイドラインに従わないアプリのデベロッパーは、App Store から削除されるというリスクを負う。これは Uber の場合、何百万人ものアップルユーザーへのアクセスを失うという結果を導くところだった。そうしたリスクを考えて、Uber はどんな労苦も厭わず、そのガイドライン違反を隠蔽しようとした。このライドヘイル会社は、アップルのアプリレビューのチームが Uber アプリを承認するときに見るものを意図的に操作することによって、アップルの違反検出プロトコルを回避しようと試みたのだ。当時のCEOだったトラヴィス・カラニックの指示のもと、Uber のエンジニアはカリフォルニア州クパチーノにあるアップルの本社周辺に「ジオフェンス」を構築することで、一時の間、アップルを欺いていた。このジオフェンスの内部にいる人(アップルのアプリレビューのチーム)はみな、Uber アプリの別のバージョンを見ていたはずだ(それはまるで、ある会社がテック記者に――正規品だと見せかけて――テストとレビューのために新しいスマートウォッチを送ったのだが、記者に送られたデバイスには、こっそりと他のだれも手に入れることのできない高速のプロセッサーが入れられていた、というような話だ。こうすれば、記者はこの製品により高い格付けをすることになるからだ)。この一件が公衆に知れ渡る数年前に行なわれたミーティングで、アップルのCEO、ティム・クックは、ナーバスになっているトラヴィス・カラニックをオフィスに呼び、Uber がアップルのルールを故意に無視していることについて話し合った。カラニックはルールを適切に遵守することに合意した。

二〇一六年から二〇一七年にかけて、大衆の信頼を裏切るような Uber の行為がメディアで大きく取りあげられた。Uber の手法は、私たちが現在、どのようにテクノロジーを利用しているかという、より一般的な図式を代表するものだったため、この会社の行動は、実にたくさんの価値あるサービスをもたらすしくみが、同時に私たちを利用するものにもなりうるということを明るみに出したのだ。企業は私たちから収集したデータを再販することができるかどうか、つまりユーザーを利用するような慣習を可能にすべきかどうかについて、学術分野でも盛んなプライバシー論争が巻き起こっている。(49)コンピューター・サイエンティストで哲学分野の作家でもあるジャロン・ラニアーをはじめとする思想家のなかには、人々がオンライン上で生成したデータに対してお金が支払われるような未来を思い描いている人もいる。(50)しかしながら、デジタルと労働に関する研究者でコンピューター・サイエンティストのメアリ・L・グレイは、ツイッター上でこう公言している。「人々がオンライン生活を商品化したいと思っているかどうかについては、何の証拠もない。キャッシュバックがあれば、企業は私の家族の写真や買い物履歴を好きなように再販してもよいのか？　おそらくこんな疑問が出るだろう。私たちは、自分のデータを第三者に売るという、大規模な許可を企業に与えるのをやめるべきなのではないか？」[51]。メアリは、別の目的に利用されるソーシャルデータと、有給のデジタルな知的労働との区別を明確にする。というのも、彼女が私との会話のなかでも詳しく論じていたように、物質的でない労働というのはすべての人にとって同じではないからだ。時を経て、プライバシーに関する議論は社会における問題のあるテクノロジーの実践に関する、より幅広い議論を代表するシンボルとなった。Uber は消費者データのプライバシーをめぐる論争の主戦場になるかもしれない。データ収集とプライバシー論争に目立った変化をもたらしたいと願う政治的アントレプレナーにとって、それは格好の餌食だからだ。

「序論」で紹介したコフィは、ワシントンDCでインタビューに応じてくれた Uber と Lyft のドライバーだ。二〇一六年にハッカーが、彼の個人データのみならず、名前、Eメールアドレス、携帯電話番号など、五七〇〇万人にのぼる世界中の Uber ドライバーと乗客の個人データへのアクセスを手に入れたということを、二〇一七年一二月に――雇用主から直接ではなく――メディアで初めて知ったとき、彼は愕然としたと言う[52]。アメリカでは、六〇万人のドライバーがハッカーの被害を受け、運転免許証の情報にまで不正アクセスが及んだ。ハッカーに「報奨金」を支払ってデータを消去し、違反行為について沈黙を守らせようとした Uber は、後に『ブルームバーグ』がこれを初めて報じた翌日の二〇一七年一一月二二日に、郵便とEメールでこのことをドライバーに伝えた[53]。コフィはアメリカに移住する前、エチオピアの政府機関の検事補として司法に携わっていた。「個人情報の保護ということになれば、特にそれが顧客やドライバーのものであれば、Uber はもっとうまくやると思っていました」と彼は話す。Uber はその後、二〇年間の同意協定を結ぶことで、人を騙すようなプライバシーとデータ・セキュリティの業務をめぐって公正取引委員会と和解した。この協定は Uber に対して、社内監査と協力して包括的なプライバシー・プログラムを打ち立てることを要求している。[54]
Uberのデータ利用は、人々から集めたものをどう利用するかについて、プラットフォーム会社に対する私たちの信頼を揺るがす。Uberの行動は、グーグルやフェイスブック、その他のシリコンバレー企業に共通するデータ収集とユーザー操作のより大きな慣習を反映している。Uberはそのデータを利用して、ユーザーのなかのだれが一夜限りの関係（あるブログ投稿でUberが「栄光の乗車」と名付けたカテゴリー）をもったかを特定し、ユーザーに関するどれほど多くの個人データを、取引を促進するための一見無害な活動から会社が収集しているかということを強調した。これはUberに限ったことではない。よく知られたオンライン・マッチング・サイトのOkCupidは、ユーザーに一連の質問をし、共通点がどれくらいあるかに基づいてユーザー間のマッチングを提供している。二〇一一年、OkCupidの共同創業者クリスチャン・ラダーはこの会社のサイトに、OkCupidがユーザーから集めたデータを詳しく吟味するブログを書いた。自分たちができることの一例として、この会社は、「運動が好きですか？」という質問と「オーガズムを感じにくいですか？」という質問のクロスマッチ試験を行ない、女性は運動を楽しんでいないとオーガズムに達するのがはるかに難しくなるという結論を出した。[56] テクノロジー文化におけるプライバシーの侵害は計り知れないほどたくさんある。二〇一七年のクリスマス時期に、Netflixはツイッターで公然とこんなジョークを飛ばした。「過去一八日間、毎日、『クリスマス・プリンス』を観た五三人の皆さまへ：だれがあなたを傷つけているのですか？」この一見差し障りのないジョークが、「ビッグ・ブラザー」のような監視の不愉快な亡霊を生んだ。つまり、あなたはNetflixを見ているが、Netflixもあなたのことを見ているということだ。[57]
ここにあるメッセージは、あなたのデータは、それを集めるサービスによって、あなたに不利なように利用されている可能性があるが、それは大抵の場合、暗黙の脅威だということである。データ中心のシステムとのやりとりからは、私たちのデータのプライバシーは保護されている、という契約的な信頼をプラットフォームに対して抱いている、ということが汲みとれる。実際、Netflix はプライバシーの侵害によって厳しく非難された。[58] Uber に関わる特定の実例は、テクノロジーが人の神経に障ったときの「しまった」という数多くの事例のうちのひとつかと思われるかもしれない。だが、Uber はちがう。それは、グーグルが二〇〇〇年頃に発表した行動規範から引いたスローガンである「Don't be Evil.（邪悪になるな）」に警告されるような、テクノロジー文化の遺産なのだ。同様に、二〇〇四年に設立されたフェイスブックは、「よりオープンで、よりつながりのある世界を共有し、構築する力を人々に与えること」こそ自らの使命だと発表し、二〇一七年にはこれを次のように修正した。「コミュニティを構築し、世界をもっと身近なものにする力を人々に与える」。[59] テクノロジー企業は、アメリカ社会における疑わしきは罰せずという原則の恩恵を受け、よりよい未来を提供するパワフルで起業家精神にあふれるイノベーターとして、その高い地位と敬意を享受している。だが Uber は、その疑わしきは罰せずの恩恵を隠しておくための、たくさんの理由を私たちに与えているのだ。

フェイスブックやグーグルと異なり、Uber は物理的なサービスを提供しており、そのサービスは、自らの活動を仕事だと考えている何千人もの人々の労働力に依存している。Uber のドライバーはその活動に関して、規制当局に監視され、違反切符を切られる可能性があり、会社は文字通り、街から追放されることもありうる。グーグルとフェイスブックは当局からお払い箱になることはない。ところが Uber の場合は、会社が明白なかたちで存在しているため、規制当局はこの獣を動けなくさせることもできるのだ。さらに、消費者はグーグルの機能から身を引くことが非常に難しいと感じるが、

Uberから身を引くことはできる（この会社は、なんらかの特定のスキャンダルのメリット以上に人々が価値を置くサービスを、明らかに提供しているのだが）。さしあたり、Uberはアルゴリズムの世界を雇用の文脈にもたらすことに成功してきた。それは、ドライバーがどのように扱われ、保護されるかということに多大な影響を及ぼす。一方で、Uberのようなシリコンバレーの企業は、データドリブンのアルゴリズムを利用して、雇用の規範を再形成し、仕事のルールを書き換えているのだ。

6　メジャーリーグでプレイする

Uber はどう試合を運ぶか

二〇一七年八月、白人至上主義者らがバージニア州シャーロッツビルに集結した。そのとき、あるUberドライバー（たまたま有色人種の女性だった）は、人種差別的発言をしたネオナチの首謀者らを車から追い出した。[1]まもなくしてUberは、アップルやグーグル、フェイスブック、GoDaddyといった先進テック企業とともに、ヘイトスピーチに対して断固たる抗議の姿勢を示した。よく知られたウェブサイトのホスティング・サービス、CloudFareは、ナチス関連のウェブサイト、Daily Stormerをインターネットから追放した。[2]Uberは続けて、ドライバーと乗客にメールを送り、このネオナチのデモを引き合いに出し、偏見と人種差別はUberのプラットフォーム上では許されないことを強調した。Uberが反ナチスの立場を取らざるを得なかったという事実は、この会社が社会のなかでどれほど巨大であるかということを示している。とはいえ、Uberが張る戦線にいるのはドライバーだ。ネオナチを拒否することが突如、自分の仕事の一部となれば、たとえ彼らが「個人事業主」のままだとしても、敵対と報復という職業上のリスクを負うのはドライバーということになる。

反ナチズムのアピールにドライバーを利用することは、ネオナチの乗客を拒否しても解雇されることはないという自信があるドライバーと、反ナチスの市民社会団体や消費者の両方と手を組むひとつの方法だ。とはいえ、最終的には、こうした政治戦略は金目当てだ。これらは、Uberが成長とともに構築する戦略的パートナーシップ全体で、ひとつの武器を形成する。より大きなスケールでは、こうした政治戦略は、テクノロジー会社がどれほど迅速に社会問題に介入することができるかを示すことにはなるが、成果は上げられない可能性がある。私たちすべてを手玉に取ることをUberに許しているのは、多くの場合、Uberの方法と成功に対してムラのある投資をする、実にさまざまな利害関係者――ドライバー、市民権運動団体、規制当局、そしてテック業界への進出を目指す少女を支援する非営利組織など――を、この会社が抱えているという事実だ。さまざまな都市や国々でUberの政治力学について検証するうちに、私はある一貫したパターンを発見した。Uberは協力者を迅速に育て、彼らのサポートを利用し、それから次なる重大局面――誤分類訴訟や、公になったカラニックとドライバーとの喧嘩騒動、UberがWaymo専売の自動運転技術を盗んだとする同社からの非難に至るまで――へと移行する。唯一筋が通っていると言える論理は、拡大とコントロールだ。

このことは三つの主要な傾向に見ることができる。第一に、新しい地域に参入すると、Uberは、効果的なアプリを使って消費者を納得させることで、規制や政治的対立などの潜在的な障壁を回避するというD2C(顧客に直接届ける)のアプローチを採用している。そして、その手法の一部を規制しようとするかもしれない反対者に、こんなメッセージを送って警告する。「我々がもたらす破壊的イノベーションに感謝してください。我々が提供するものは、我々を抑止しようとする規制よりも勝るからです」(これは私が「感謝の論理」と呼ぶものだ)。その規模と影響力のおかげで、Uberは好まない規制を、単に取るに足らないものとして無視するのだ。第二に、Uberはアイデンティティをころころ変え、さまざまな規則や法律のシステム間にある悪用できそうな裂け目や矛盾を見つけだそうとする。そして最後に、Uberは一時的な提携者たちを利用して、行く先々で安定した足場を得ることで、利害関係者同士が争うように仕向ける。多くの場合、ドライバーや乗客、都市などは、Uberの事業から恩恵を受けているが、そこには常に取り残される他者が存在するのだ。

Uberの政治力学は、幅広いと同時に地域に根ざしたものでもある。Uberはその利害関係者のそれぞれを個別に弄んでいるのだが、こうした個々の闘いの一つひとつが、同時に残りの人々すべてに影響を与える。ドライバーがUberの拡大をどのように経験するかは、それぞれの段階で異なる。つまり、最初は楽観的なドライバーも、その多くが次第にうんざりしてくるのだ。だが、それでもこの仕事に価値を見出しているのはフレキシビリティがあるからだと言うドライバーもいる。街にやってきたばかりの初期段階が過ぎると、Uberはドライバーと乗客をそのプラットフォームに迎え入れることで、地理的な密度を高めようとする。そうなると、乗客のピックアップの待ち時間が短くなってドライバーの不稼働が少なくなり、需要は増え、Uberは料金を引き下げてネットワークの利用を拡大しようとする。Uberの拡大は、最初はドライバーに利益をもたらすが、その後は彼らを傷つけることになるのだ。次の段階で、Uberは通常、レートを引き下げて市場をあふれさせる。アラスカ州ジュノーで、イグナシオは私に地元のライドヘイル・アプリ、TaxiCallerの使い方を教えてくれた。これは、彼やその近くにいる他のドライバーに、配車リクエストを送信してくれる。また、それぞれのドライバーがどれくらいの時間待っているかも表示する。この人口三万二〇〇〇人あまりの都市には、ジュノー・タクシー&ツアーズ(Juno)をはじめとするいくつかのライドヘイル・アプリがある。UberとLyftの普及が地元のタクシー業界を刺激し、ニューヨーク州のプラッツバーグ(プラッツバーグ・タクシー)やモントリオール(テオ・タクシー)など、アメリカとカナダ全土の多くの地方都市が独自のアプリを構築している。イグナシオはUberがアラスカにまもなくやってくることに対して、楽観的に構えている。「消費者にとっても、選択肢が増えるからいいことだと思うよ」と彼は語る。イグナシオがUberの到来についての考えを述べているとき、ラルフ・ワルド・エマーソンの「アメリカは機会の別名なり」という詩的な一節が私の脳裏に浮かぶ。カントリー・ミュージックの聖地、テネシー州ナッシュビルを最近休暇で訪れたとき、イグナシオは自分でUberを利用してみて、とてもうまくいったと言う。ところが、家族と一緒に空港へ行こうとしたときは、サージ料金が実施されていた。ふだん一四ドルの距離に五〇ドル払うのはやめて、地元のタクシーを拾うことにしたと言う。イグナシオの楽観主義を見ていると、ニューヨークのドライバー、ファイク（第3章で紹介）の悲観主義が思い出される。「Uberがこの街にやってきたとき、タクシー業界は下火になっていた」とファイクはしかめっ面をしながら、歯切れは良いがぶっきらぼうな口調で話していた。ライドヘイルの風潮を分析しながら、彼はこう語った。

もうだれにもドライバー業界を勧めようとは思わないよ。昔はすごくよかったんだけどね。いまでは自分の首を絞めるようなもんだよ。一三時間も一四時間も働かなきゃならない。ふつう家族がいたら、そんなに長く働けないはずだ。昔は時間もちょうどよかった。九時間とか一〇時間で、五日か六日でよかった。いまじゃ六日から七日、一二時間から一四時間働かなければいけない……。Uberとか Lyftとかは取りすぎだよ。都市にいると出費がかさむ。TLC（タクシー・リムジン協会）のプレート、それにかかる費用、保険、経費もある。保険に七〇〇〇ドルも払っている人もいれば、三〇〇〇ドルっていう人もいる。それに加えて、車の支払いやらいろいろな出費がある。家賃もね。

彼がUberで働くことを家族はどう思っているかと尋ねると、彼はすぐさまこう答えた。「ドライバーの仕事はいただけないみたいだね。別の仕事を探してほしいと思ってるよ。とにかく最近、働いている時間が長すぎるって。僕だってもっと家族と一緒にいたい」。ファイクが言う家族との関わり合いは、独立をようやく勝ち取ったドライバーが、その長い労働時間についてどう説明するかという共通するテーマだ(3)。

また、Uber の労働条件は、他のタクシー会社やコールセンターなど、もっと厳重に監視されている職場よりも、自由と独立をたしかに感じさせてくれるという人もいる(4)。二〇一七年に出会った、モントリオールでタクシードライバーから Uber ドライバーに転身したグルジンダーはかつて、カーリース会社に週六〇〇ドル支払ってタクシーを借りていた（彼はこのタクシーを、一日二四時間借りているのだが、多くのタクシードライバーがシフトを分割している）。さらに、週二〇〇―二五〇ドルをガソリンやその他の経費に支払うと、残る手取りは六〇〇ドルだ。自分が稼いだ分を手元に残しておくという尊厳は、Uber のドライバーに移行した彼の心理の重要な一部を占めている。「六〇〇ドル稼いで、それを他のだれかにあげてしまったら、こんな辛いことはない」と、彼は前方から目を離して私の目をまっすぐに見た。厳密に言えば、自分の労働時間を選ぶことはできたのだが、常にレンタル料を支払わなければならないというストレスで、朝出かけるのが少し遅くなっただけでも不安になった。あまりに長い時間、家のなかにいたら、妻のハラスメントを食らう。「レンタル料をどうやって払うつもりなの？　いったいどうやって？」と。「レンタル料は常に心配の種だよ」と彼は付け加える。

グルジンダーは、Uber にいれば、たとえガソリンやメンテナンスのすべてを賄わなければならないとしても、自分自身の車を使うことができることを高く評価している。こうした経費は、彼の見積もりでは、手取り一〇ドルに対して二・五ドル、加えて所得税が一・五〇ドルほどだ。「僕は自分自身の上司だ」と彼は語気を強くする。「自分が好きなときに始められて、好きなときに終えることができる。自分で選べるんだ」。タクシーを運転しているときも、彼は自分を自分自身の上司だと感じていたが、いまでは自分の時間をもっとコントロールできているように思えると言う。当初、Uber

がビジネスとしてまだゆっくり稼働していた頃、彼は家に昼食を食べに帰ったり、銀行で用を済ませたりしていた。しばらくすると——と彼は続ける。「合法になる前は、どんどん稼げた。それほどたくさんドライバーがいなかったからね……ところが、前は一人だったところに、いまは五人いるんだ［二〇一六年一〇月、ケベックの運輸委員会とUberは、ある一定の規制のもと、Uberに法的な営業を許可する試験プログラムをスタートした］[5]。それでも、Uberで稼ぐ金額は同じか、または工場のようなところで稼ぐよりも少しだけ多いくらいだ」。オフィスで働くホワイトカラーの労働者でない限り、Uberでドライバーの仕事をすることは、他の仕事に比べれば良いオプションだと彼は説明する。第2章で書いたように、ドライバーはこの仕事を、自分ができる別の仕事との比較の上で評価している。だが、Uberの社会的影響を評価することは、それがドライバーや乗客、その他の利害関係者に与える混ぜこぜの恩恵と、そのプロセス中にUberが種を蒔く対立によって、常に難しいものになっているのだ。

感謝の論理——素早く行動し、破壊せよ、テクノロジーの貢献に言及するのは後回し

二〇〇九年から二〇一四年頃までの初期の上昇機運に乗っている頃、Uberはシェアリング・エコノミーを代表する存在となり、労働の未来に関するフォーラムやメディア、学術および政策コミュニティにおいて広く称賛された。シェアリング・エコノミーの各社は、自分たちを同業種のライバルと同じカテゴリーに含めるべきではないと主張した。多くの点で、これらの企業は、タクシーサービス、宿泊、雇用を規制する既存の法規制をうまくかわしてきたが、なかにはこの論理によって消滅したものもあった（たとえば、ハウスクリーニング会社のHomeJoyは、雇用の誤分類訴訟によって資金調達が阻

止されたあとに倒産した)[6]。Uber はシリコンバレーの政治的伝統にならって、規制しようとする地方自治体をも押し切った。テクノロジー業界があまり規制されてこなかったのは、規制当局と社会に対して、低規制はイノベーションには欠かせないと説得するのに成功したからだ。この社会契約は、イノベーションの成果――特にテクノロジーのサービスとデバイス――は社会に利益を与えるという考え方が主流になっているため、道徳的に説得力がある。この関係性は、シェアリングや相互依存によって特徴づけられているため、テクノロジー企業が社会に対してもつ権力が暗黙のうちに覆い隠されるのだ。

この論理が特に際立っているのは、アメリカのテクノロジー文化のある場所では、社会福祉による保護の重要性が重視されず、その反面、財政赤字を和らげる私有財産の介入を受け入れがちだからだ。Uber のシリコンバレーの同胞のひとつ、フェイスブックは、こうした態度を海外でとったときに激しい批判を浴びた。フェイスブックは Free Basics と呼ばれるプログラムで、インターネットに接続されている人とされていない人との間のデジタル・デバイドの架け橋になることを前提に、いまだサービスの行き届いていないインドの人々にインターネットをもたらすことを目指した。だが、Free Basics はインターネットではなかった。それは、フェイスブックがキュレーションするコンテンツへの一部のアクセスと、その他のデジタル機能への限定されたアクセスのあるフェイスブックのポータルサイトだったのだ。しかし実際、フェイスブックは自らをインターネットとして位置づけた。二〇一八年の一年を通して続いたバッシングのなかで、フェイスブックの取り組みは「デジタル・コロニアリズム」だとして広く非難されてきた[7]。

公共インフラに置き換わることを目論んでやってくるテック企業をある程度受け入れようとするの

は、そうした企業が無料のラップトップや、Uber の場合は道路混雑の軽減といった、ある一定の利益を約束してくれるからだ。[8]『ニューヨーク・タイムズ』のジャーナリスト、ナターシャ・シンガーは、公立学校における教育テクノロジーの採用に関する多面的調査で、こうした力関係を特定した。[9]彼女の調査が明らかにしたのは、テック界の寡頭体制の支配者は、学校に教育テクノロジー・プログラムとデバイスを配備しようとし、そのプロセスのなかで、公的に試算することなく、このカリキュラムの本質を変えようとしている、ということだ。マイクロソフト、フェイスブック、グーグル、そしてセールスフォースはこぞって、このストーリーの主役である Code.org を改革のプロトタイプとして支援した。創業者のハディ・パルトヴィは、Code.org の役割をシェアリング・エコノミーにリンクさせた。「Airbnb は旅行空間を破壊したが、ホテルを所有することはない」と彼は言い、こう付け加えた。「私たちも同じようなモデルのなかで、教育を破壊しようとしている。しかし私たちは学校を運営しないいし、教師を採用しない」。[10]実際、彼は教育施設にも、利害関係者の協議にも、学校とその従業員との関係性にも、責任がないと言う。彼のデジタルな介入は、所有者であることの責任を負うことなく、学校のモデルを破壊したり、かなりの点で変化させたりすることができるのだ。

「我々の貢献を受け入れてください、ただし、この空間で我々が政治的支配に服従することは期待しないでください」という感謝の論理は、サンフランシスコの Airbnb による広告キャンペーンにも同様に見られた。バス停に貼られていたサンプル広告には、こう書いてある。「公立図書館システム様、どうか一二〇〇万ドルのホテル税の一部を使って、もう少し図書館の開館時間を長くしてくださいませんか？」。Airbnb のビジネスが生みだす税金に、市が感謝していないことをそれとなく仄めかした、この恩着せがましい広告を出す前に、Airbnb はサンフランシスコの二〇一五年度投票法案の提案Fに反対する八〇〇万ドルのロビー活動を行なっていた。投票者は、これが短期レンタルを制限し、したがってAirbnbの短期レンタルビジネス・モデルをも徐々に蝕むことになるとして、最終的にこの提案を退けた。[11]感謝の論理は、Uberがその規制回避に対して民間の支持を得る方法のひとつだ。営業できるタクシーの台数に厳格な規制のあるニューヨークやシカゴ、トロントといった都市でさえ、Uberは、うちはタクシー会社ではなくテクノロジー会社だと主張して幅をきかせているのだ。古い規則はデジタル世界には通用しない。消費者にとってUberは、とりわけその不十分なサービスで知られる硬化したタクシー業界を破壊した一方で、Airbnbはホスト用のプラットフォームを構築し、空いている寝室や家を貸しださせることによって、高額なホテルが観光業界で牛耳っていた独占権を解体した。[12]悔い改められることのない破壊の政治力学が、社会におけるテクノロジー革命の価値を、凝り固まった業界の価値に照らし合わせて評価するための社会的基準となったのだ。

Uberはその評判にも関わらず、政府と規制当局に対して協力的だと主張する。この会社は私にこう書いてきた。「我々は実際、政府に対して、リソースとインフラをもっと効率的に利用するように、その規制を更新させようとしている」[13]。もちろんUberは、規制当局がこの会社の考え方に屈し、それに順応する限り、当局とは仲良くしようとしている。Uberのある上層部と会ったとき、彼はこの会社の企業文化に関する持論を語ってくれたのだが、それがしばらくの間、私のなかに引っかかっていた。Uber論争は新しい世界についてのもので、コンプライアンス、法律、ヒエラルキー、秩序といった旧世界と正面衝突する、共同創業者トラヴィス・カラニックのようなリーダーに代表されるのだ、と彼はつぶやいた。その対立は大きく、公的で、二極化している。

Uberが創業したカリフォルニア州では、州政府がテクノロジーと社会における進化に真の意味で歩調を合わせる措置をとり、ライドヘイル会社と一緒にステップを踏むダンスパートナーになろうと努力した。ところが、車両管理局がUberやグーグル、Lyftなどの会社が展開した新進の自動運転車に対するライセンスを新設したとき、Uberは協力を拒否し、自らのレトリックに矛盾することになった。Uberは代わりに、サンフランシスコの街角で、ライセンスなしで自動運転車をお披露目したのだ。車両管理局と州司法長官のカーマラ・ハリスが法的手段に出ると脅したとき、Uberは、最初は引き下がらなかった。そして、Uberの特別なテクノロジーは、はっきり言って車両管理局が開発した規則の対象にはならないという、お粗末な根拠を提示したのだ[14]。

　カリフォルニア州車両管理局とUberとの関わり合いの最も重要な部分は、この会社が信条に基づいて政府の権力を拒絶したことだった。Uberは、テスラのオートパイロット技術を、許可を必要としない自動運転技術の一例として引き合いに出し、車両管理局が自動運転車のために考案した試験的なライセンスは、Uberの自動運転車には適用しないと主張した。それらは実際、人間の監督者を乗せない自律運転はまだできなかったからだ。Uberの自動運転車の主任エンジニア、アンソニー・レヴァンドフスキ（グーグルを去ってUberに来たとき、グーグルの自動運転のインターネット・プロトコルを盗んだとして訴えられた人物）は、こう公言した。「我々は良心に省みて、自分たちがしていないことに対する規制に署名することはできない[15]」。Uberはなんら自責の念もなく、実際に何の傷も負わずに、法を犯したのだ。州司法長官事務局は、その回答としてUberにこう書いた。「我々はUberに対し、カリフォルニア州法を遵守し、即座にこの州の道路から「自動運転」車両を撤去し、Uberがすべての適用法および規制に従うことを求める[16]」。Uberは、その態度を変える代わりに自動運転車を回収し、それらをアリゾナ州に運んだ。アリゾナ州なら規制要件が最小限だからだ[17]（二〇一八年三月、

Uber の自動運転車が衝突し、アリゾナ州テンピの道をわたろうと自転車を押していた女性をはねたとき、アリゾナ州は Uber の自動運転車のテスト走行を中止した[18]。規制に対する Uber の一見誠実と思わせるような抗議は、当局の明白な意図を無視するテクノロジー企業の権力を浮き彫りにしている。

同時に、違法＝イノベーションであるかのような主張を Uber が掲げるのを見ると、戸惑いを感じる。シリコンバレー的な「破壊」という文脈で見ると、この違法＝イノベーションは、アントレプレナー的な仕事を、勇気をもってやっているようにも見えるかもしれない。だが、これは他の階層の人々には否定されている、一〇億ドル規模の企業とその（多くは白人の）技術主義的創業者だけに与えられた、ある種の特権なのだ。二〇一六年、Uber がカリフォルニア州の規制を無視していた一方で、その二年前、エリック・ガーナーが警官に窒息死させられた――刻みたばこを違法販売したと疑われたのだ[19]。そうした小さな規模で、テクノロジーを使わずに、低所得者層の黒人男性が犯した違法行為は、単に罰せられるだけでなく、有無を言わさず法外なまでに完全な罰を受けるのだ。法の執行機関が、法律に違反するテック・アントレプレナーは大目に見るくせに、平和に静かな生活を営んでいる人種的マイノリティのことは厳重に取り締まることを考えれば、Uber が享受する文化的特権の力関係は火を見るよりも明らかだ。

Uber に起こったことは、それほど重大な帰結を伴わずに、イノベーション的破壊と見せかけて法律に違反することができる立場にある人について、私たちに多くのことを教えてくれる。批評家のなかには、テクノロジーの破壊的精神――しばしば「素早く行動し、破壊せよ」とか「許可を求めるな、あとで謝れ」といったフレーズで要約される――は、地位と特権が合意に優先するようなレイプ・カルチャーと、不気味なまでに一致している[20]。

労働権と市民組織の多くの擁護者は、Uberやそれと類似する会社に抵抗しはじめている。政府は革新的であるべきか否か、テック・スタートアップのように社会を指揮すべきか否かをめぐる論争の重苦しい空気のなかで、労働者の擁護者や集団訴訟の弁護士は、Uber——およびHandy[21]、HomeJoy[22]、Lyft[23]などの他のシェアリング・エコノミー企業——を、労働者保護を意図した法律に違反していると して非難する訴訟を起こした。規制当局は「複数の評価体制」[24]を、Uberと、多くの法律違反を慢性的に行なってきたその他のシェアリング・エコノミー企業の訴訟に適用しようと試行錯誤してきた。たとえば、Airbnbのプラットフォームには明らかな人種差別があること[25]、またAirbnbは公正住宅取引法に違反している可能性があることを調査員が示したとき、カリフォルニア州公正雇用住宅局は、「公正住宅テスト」を行ない、ある一定のホストを監査する許可をAirbnbから入手することで、この会社に対する訴訟を和解させた。[26]これらのプロセスが強調しているのは、規制当局にとって、会社が保有しているデータにアクセスすることなく法律を施行することが、どれほど難しいかということだ。

都市がUberを規制しようとするとき、地方自治体の規制が裏目に出ることがある。テキサス州オースティンが条例を通過させ、UberとLyftに対して指紋ベースの身元調査に応じるよう求めたときのことを考えて欲しい。どちらの会社も二〇一六年五月[27]にこの街から撤退し、州に対しては、そのビジネスモデルに有利な規制を通過させようとロビー活動を続けた。[28]UberとLyftは翌年に成功を収め、第一〇〇号下院法案[29]がテキサス州上院を通過し[30]、その後まもなくしてグレッグ・アボット知事が署名して法が成立した。条例よりも優位に立つこの法案は、ドライバーを個人事業主として分類し、ドライバーは指紋ベースの身元調査を受ける必要はないということを明確にした。[31]ある種の緊張関係——Uberの魅力と短気な気質との間の緊張関係のような——が、その多くのパートナーシップに充満している。Uberの進歩はテクノロジー的決定論のように映ることがあるかもしれない。つまり、その進歩は、Uberとその慣習のすべてが避けられないものであるという考え方に依存しているという見方だ。「全米雇用法プロジェクト」は、「勤労者世帯のためのパートナーシップ」と協力して別の分析結果を提供し、UberとLyftは二段階の「ショック・ドクトリン」〔大惨事につけ込んで実施される過激な市場原理主義改革〕を採用して、やりたい放題やっていると述べている。第一段階で、彼らはオースティンなどの地方自治体の規制当局とともに危機をでっち上げ、第二段階で、州議会に救済を訴えるというわけだ。このアプローチの目的は、州法がドライバーを個人事業主として確実に分類するようにすることで、雇用法を書き換えることである。だが、自らの活動を正当化するために彼らが利用する理論的根拠は、規制が地方自治体の管理に委ねられるとしたら、この会社は、乱雑な、つぎはぎだらけの要件を受け入れなければならないということだ。四一の州で、UberとLyftは首尾よく政治家にロビー活動をし、地域がどのようにこれらの会社を規制するかを、もみ消したり緩和したりする法律を通過させてきた。[32] このアプローチは合理的ではあるが（法律変更は厳密に言えば合理的なことだ）、それは驚くべきことでもある（というのも、それはUberが既存の法律に対して示してきた、ある種の軽蔑的態度を確証するものだからだ）。Uberの利害関係者の多くが、この会社との協力関係に不安を感じるのも無理はない。

二〇一六年にUberとLyftがオースティンから撤退したあと、私はそこへ飛んで、取り残されたドライバーがどう感じているか確かめに行った。二〇一六年春、フィールドワークの傍らデジタルメディア『VICE』の「MOTHERBOARD」にも書いたように、[33] UberとLyftの元ドライバーのカールはこう語っている。「身元調査に……あまりにも時間がかかりすぎるからだ、とかなんとか彼らは主張しているけれど、この件については、現時点から二〇一七年二月まではそれなりの期間がある。だから、身元調査をすべて実施するのに、じゅうぶんな時間が彼らにはあったはずだ」。彼は地元のライドヘイル・スタートアップのGetMeと契約していたので、働きつづけることができた。「彼ら［UberとLyft］は、ビジネスを畳んでこの街を去る必要はなかったんだ。実際には出ていってしまったけどね」。UberとLyftのドライバーだったトーマスは、いずれの会社もドライバーの離職率が高かったため、指紋ベースの身元調査には反対の立場を取っていることを信じていた。「僕としては、指紋を取られたってちっとも構わない。ほとんどのドライバーは喜んでそうしてきたと思うよ。問題は、ドライバーに対するUberの扱いがあまりにひどいから、離職率が高くなり、ドライバーたちを常に回転させなければならないところまで来てしまっているということなんだ。それに、指紋採取はドライバーにとって、契約上の単なるもうひとつのハードルに過ぎないからね」

Uberがカーネギー・メロン大学とピッツバーグ市とパートナーを組み、自動運転車プロジェクトを進めようとした際、さらなる事件が起きた。この大学のロボティクス学部のほぼすべての人材を引き抜いたのだ[34]。記者のセシリア・カングが『ニューヨーク・タイムズ』で報じているように、当時のピッツバーグ市長、ビル・ペデュート（民主党）は、自動運転車の開発に対するピッツバーグの興奮状態を伝え、こう宣言した。「規制を放棄したり、Uberのような会社を制限したりするのは我々の役目ではない。お役所仕事（レッドテープ）をするか、レッドカーペットを広げるか、どちらかだ。二一世紀のテクノロジー研究所になりたいのなら、カーペットを広げるべきだ[35]」。ピッツバーグ当局は、その後、Uberは市との契約の一部だった約束を守らず、無料で無人ドライバー車に乗れることもなければ、高い失業率の近隣都市で約束どおり雇用を創出することもなかったと不満を漏らした[36]。

Uberのダブルスピーク――労働者に権利を与えない雇用の創出

Uberはカメレオンだ。ダブルスピークという技を利用することで、一見矛盾する政治的立場を同時に維持することができる。この会社のテクノロジー界の寵児としての輝かしい評判には、二〇一五年、陰りが生じた。Uberの戦術の攻撃性が多くの人を惑わせるようになったのだ。それでも、当時の規制当局に見られた最も顕著な態度は、非難と躊躇だった。規制当局は反イノベーション的であるとして非難されることを恐れているようだった。たとえば連邦取引委員会は、シェアリング・エコノミーの恩恵を支持し、Uberのドライバーを「アントレプレナーのような消費者」と呼んだ。[37] バンクーバーのように、Uberがまだ合法化されていない都市の政治家は、テクノロジーを肯定する、進歩的で、ビジネスフレンドリーであることの証しとして、自らのツイッターのプロフィールに「シェアリング・エコノミー」という言葉を追加しはじめた。

ダブルスピークの例をひとつ挙げよう。Uberは都市やその他の利害関係者に、その主な恩恵として雇用創出をしつこく売り込みながらも、自らをシェアリング・エコノミーの雇用主ではないと主張しているのだ。[38] Uberはトロントにおける成長を、自社ウェブサイトに公表して、次のように宣伝した。「二〇一五年、八〇〇〇を超える新しいフルタイムの仕事と同等のものをつくりだすことによって、成長の可能性は非常に高くなり、Uberはいま、トロントのいかなる新興ビジネスよりもたくさんのチャンスをこの街に生みだす軌道に乗りはじめました（注：フルタイムの仕事と同等というのは、週四〇時間をベースにしています）」（図24参照）。Uberは「週四〇時間」といった雇用対策の特徴を引き合いに出してこの主張を強化しているが、一方で、マネジメントを介してドライバーに対する強い支配

8000以上の新しい仕事

Uberは数千人の地元ドライバーに、プラットフォームから利益を得る権限を与え、カナダの地域経済の強化を促進しています。

何千人ものトロント市民――働く母親、若い専門家、年金受給者、大学を卒業したばかりの人など――がUberで働くことを選んでいます。Uberプラットフォームで収入を得るというフレキシビリティこそ、いちばんのお気に入りだというドライバーパートナーの皆さまの言葉を、私たちは毎日、耳にしています。それはつまり、ドライバーが収入を補い、自分にとってベストな時期に目標を達成することができるということだからです。

2015年、8000を超える新しいフルタイムの仕事と同等のものをつくりだすことによって、成長の可能性は非常に高くなり、Uberはいま、トロントのいかなる新興ビジネスよりもたくさんのチャンスをこの街に生みだす軌道に乗りはじめました（注：フルタイムの仕事と同等というのは、週40時間をベースにしています）。

図24　Uberのウェブサイトからのコピー、2015年、トロント。出典：イアン・ブラック “Strengthening Toronto’s Economy with Thousands of New Jobs”（何千もの新しい仕事でトロント経済を強くする）、Uber Local Blogs（著者のファイル上）、2015年4月21日。

を実践している雇用者であるという見解は受け入れない。Uberは自らを雇用創出者としてブランド化するが、ほとんどの場合、雇用と被雇用者の権利を切り離しているのだ。

Uberのダブルスピークのもうひとつの例は、ドライバーの扱い方に関する疑問におのずと現れる。ドライバーはUberから、「ターンキー（すぐに開業できる）型アントレプレナーシップ」への自由で自発的な参加者としての役割を与えられるが、ドライバーがよりよい労働条件を目指して組織しはじめると、この会社はギアを入れ替えるのだ。シアトルで、ドライバーによる労働力の組織化と労働組合化と闘うなかで、Uberはドライバーにこんな警告をするアプリ内メッセージを送信した。「タクシーのために闘い、独立系ライドシェア・ドライバーに反対してきたチームスターズ〔ドライバーの労働組合〕の長い歴史にもかかわらず、市は最近、ドライバーに圧力をかけて協力を求めてもよいというチームスターズの承認を許可しました。当社の最新のポッドキャストをチェックして、あなたの自由をどのように守ればよいかを考えましょう」(原文では強調)[39](ちなみに可能性として、Uber はその後、だれがポッドキャストへのリンクやその他のプロンプトをクリックしたか、またどれくらいの時間それを聞いていたかに基づいて、労働組合化に対するドライバーの関心を慎重に判断し、それに応じた介入を行なったと思われる)[40]。Uber は決まり文句として、ドライバーは自由だと強調しているが、よくよく見てみると、この会社は実は、ドライバーは集団的組織化から、、、の自由を得るべきだということを主張しているのだ。

Uber はどのように利害関係者が互いに争うように仕向けているか

Uber が一つの手を打つときは、同時に三つの行動に出ている。具体的にはこういうことだ。Uber とその他の企業が協力して、地方自治体から自動運転車のテスト走行の許可を得ようとしているとしよう。アメリカ合衆国では、こうした特別な交渉の裏には、自動化における進歩は大量の失業を生みだすという、より大きな文化的前提がある。こうした文化的背景を踏まえて、Uber は同時に州の規制当局にも接触し、ドライバーを個人事業主として制定する法律を、ときに当のドライバーから労働者の権利を剥ぎ取ってでも、通過させようとする。[41]だが、自動化の議論の論理は、この取り組みを小さな譲歩として捉える。すなわち、彼らの仕事が自動運転車のある未来、運転が不要になる未来に取って代わられるとすれば、労働者の権利を譲りわたすことは比較的害がなさそうに見えるということだ。「ロボットがあなたの仕事を奪う」というのは労働の未来に関する議論のなかではよく言われる常套句だ。このマントラは労働者を保護し、ニューエコノミーにおいて仕事を生みだす新しい方法を探す重要性に光明を投じるかもしれない。だがそれは同時に、劣悪な労働条件を正当化するための巧妙なプロパガンダ的ツールとして利用される場合もあるのだ。結局、ロボットがこうした仕事をやることになるのならば、雇用の改善はそれほど重要ではなくなる。ドライバーは労働法のもとで従業員の立場を法的に要求することができる一方で、テクノロジーの文化は、よりあいまいな方法で、これらの懸念のさらに先へと私たちを押し流そうとしている。

相互に関係する問題がそれぞれ異なる関係者を引き込み、Uber は必ずしも他の人との関係性を妨げることなく、特定の人との約束を破ることができる。なぜなら Uber は、ひとり以上の役者を演じているからだ。たとえば Uber は、ピッツバーグに参入したときに、ドライバーのいない無人車両専用道路の近くの高失業率地域で雇用を創出すると約束していたが、これは実現できずじまいだろう。ニューヨーク州などその他の地域は、この会社の拡大を、デジタル・エコノミーにおける進歩の証しと見なして歓迎しつづけるかもしれない。あるときは友、あるときは敵になるという Uber の複雑な実績にも関わらず、アンドリュー・クオモ州知事は二〇一七年六月五日、ニューヨーク州でライドヘイリングを合法化する法案に署名した。Uber は法案通過時には、数ヶ月間に渡って、本社、各都市、そしてさまざまな国でのスキャンダラスな行動や、ドライバー、ときに乗客の扱い方に関して、メディアから叩かれていた。著名な経済労働史家のルイス・ハイマンは、クオモの正式な認可を支持する発言をし、次のように語った。「我々はこの発展を、Uber と Lyft の到来としてではなく、オンデマンドのデジタル・エコノミーの拡大として捉えるべきだ。これらの特別な会社は、アップステート・ニユーヨーカー〔ニューヨーク州北部に住む人々〕が来たる数年のうちに出会うことになる、新しい働き方を提供する広大な世界のうちの二社に過ぎない。これらの会社は、仕事とは何か、それはどこで生まれるかについての前提を覆すだけでなく、同時に新しい機会をも生みだすのだ」[42]。換言すれば、Uber の拡大はデジタル・エコノミーの拡大と同義である、ということだ。

Uber と Lyft を合法化する法案にクオモ州知事が署名したことは、これらの企業が働き方の未来へ切り開いた道筋のシンボルとなっているが、こうしたプラットフォームに批判的な地域住民もいる。ニューヨーク市に隣接するウェストチェスター郡は当初、オプトアウト（離脱）を考えた。Uber の政治的戦略の典型とも言える対応で、隣接三州エリアの Uber のゼネラルマネージャー、サフラズ・マレディアは、「ウェストチェスターはライドヘイリングからオプトアウトすることで事業への反対メッセージを送る」というタイトルで、論説ページに寄稿した[43]。イノベーション、ビジネス、雇用機会をサポートするというメッセージで消費者を政治的に利用することは、Uber が昔から得意としていることだ。

前にも見たように、Uber にとって障害となるものはどんなものでも（Uber をタクシー業界と同じように規制するために立案された規制など）、シェアリング・エコノミーと Uber の支持者から、イノベーション、機会、労働の未来の障害として位置づけられる。Uber のような会社が消費者に価値あるサービスを提供していることは疑う余地がなく、これほど人気のサービスとなると、結果として、特に規制当局は「イノベーション」を妨害することに躊躇するかもしれない。古い体制と新しいテクノロジー事業との間のこうした衝突を考えるひとつの方法は、Uber の利害関係者たちの、逆行する論理をよく調べてみることだ。Uber は地方自治体および州レベルで、都合の悪い規制を出し抜く長いゲ

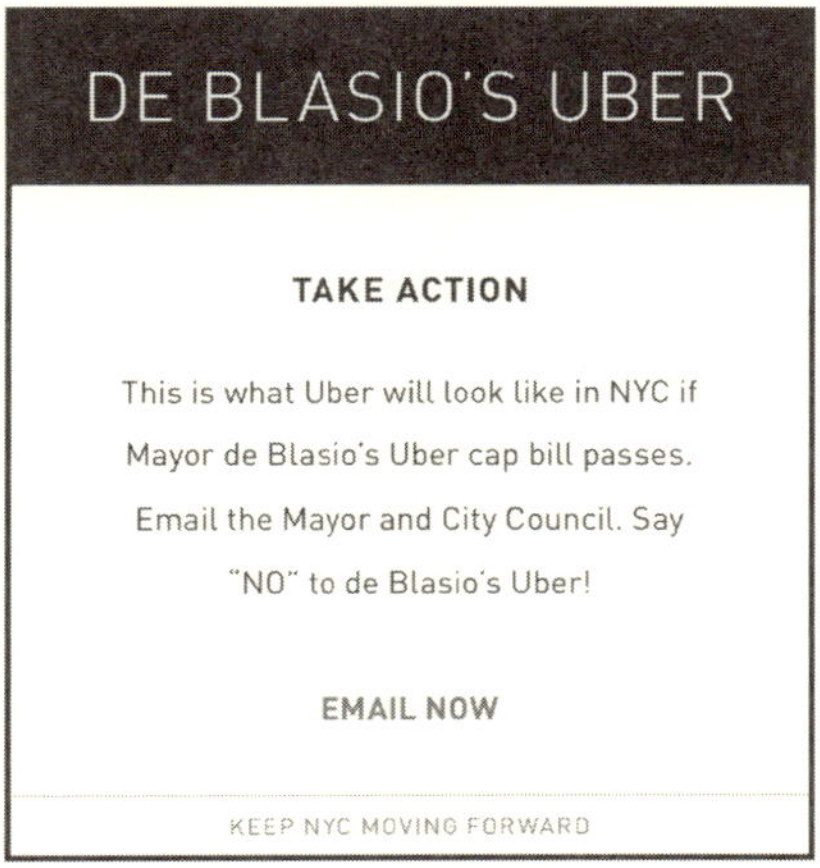
DE BLASIO'S UBER
TAKE ACTION
This is what Uber will look like in NYC if Mayor de Blasio's Uber cap bill passes. Email the Mayor and City Council. Say "NO" to de Blasio's Uber!
EMAIL NOW
KEEP NYC MOVING FORWARD

デブラシオのUBER

行動を起こそう

デブラシオ市長のUber台数制限法案が通過したら、これこそがニューヨーク市でのUberの未来となります。市長と市議会にメールを送ろう。そしてデブラシオのUberに「NO」と言おう。

今すぐEメールを。

常に前進するニューヨークであるために

図25　2015年のUberの乗客用アプリから引用したこのメッセージは、Uberが「ザ・デブラシオ・マップ」と呼んでいたものに添付されていたもの。このマップは、利用できるUber車両が1台もないことを表示し、24分以上の待ち時間があることを知らせるものだった。

ームにいそしんでいるのだ。

遡ること二年、ニューヨーク市で、当時の市長ビル・デブラシオは、街を走る車の台数を二〇一五年夏に制限する試みに出た。この街では長い間、タクシードライバーに発行される許可証の数が制限されていた。当時、ユーザーがUberアプリを開くと、利用できる車は一台もないという「デブラシオ」バージョンのアプリが表示された（図25参照）。

Uberユーザーは、この政府の取り組みへの抗議を呼びかけるメールを、洪水のように受けとっていた。それは、Uberが他で行なっていた政治的運動の一環として採用した戦略だった。[44]（Uberはオースティンで、これをSMSと電話を介して行なって訴えられた。）作家ニキル・サヴアルはUberのポリシーおよび戦略を担当する元副社長のデヴィッド・プラウフを引き合いに出して、こう語っている。「プラウフとライドシェアリング会社の理解では、資本主義においては、市場と政府が対立している場合、消費者の姿は市民の姿と対照的に呼び起こされる。消費は実際のところ、市民であることに関する我々の元来の考えに置き換わることになったのだ」[45]。規制当局(この会社に影響を及ぼす人)に対抗して消費者(サービスの便利さを愛する人)を集めようとするUberの不気味な脅威は、消費者トレンドは政治的感情の源泉となるという考え方の上に成り立つ策略である[46]。それはさらに、より大きな戦略をも証明する。Uberは法律に違反したとされる罪で繰り返し法廷の前に引きずりだされ、さまざまな関係者からの法的措置に脅かされてきたが、大抵は犯罪者扱いされることを免れてきた。その代わり、Uberは顧客に対して、制裁の危険に晒されたら、Uberをバックアップする選挙民となることを現に奨励しているのだ。

Uberのこの意志伝達方法は他の地域的、文化的、政治的文脈に適用できる。これは地域的、世界的現象なのだ。中東とアフリカ(シリア、イラク、リビアを含む)からの移民の影響に取り組む西ヨーロッパでは、ニューカマーに関する懸念が高まっている。Uberの売り込み文句は、若者にお金になる仕事を与え、彼らを地域住民と結びつけ、その語学スキルを高めることによって、彼らが職につきながら順応する手助けをするというものだ。共産主義支配の遺産をもつスロバキアでは、二〇一五年、スロバキアの議員たちに対して、Uberはこんな売り込みを行なった。「Uberはしばしば、仕事の安定性を破壊し、福利厚生を軽減する略奪的な資本主義の根幹として非難されていますが、実際は、一般市民により経済的なチャンスを与え、生活を向上させることを目指す、シェアリングの社会主義的プロジェクトなのです」(これはツイッター上に出回った抜粋だが、方針を示す文書の原本は広まらなかった。その正確性については確認できなかったが、ウーバーランドの論理に従えば、これがあまりにもっともらしいことに私は驚いている)。レトリックは、Uberがそのネットワークの脱中心化されたノードを、適応力のあるグローバルな力としてどのように統合したかを明らかにしている。これは、その帝国の襲撃部隊に対する忠誠を誓う限り、人はどんな神を信じてもよいとするチンギス・ハーンを彷彿させる。[47] このアメリカン・グローバリズムによる侵略という感覚は、Uberの海外での評価に見られる緊張関係の一因だ。この会社は、海外では、アメリカのテクノロジー会社が他の国々の市民生活のなかで果たす並外れた役割と関係があるとされている。多くの利害関係者が破壊の結果を享受したいと望んでいるが、この競争は、Uberのパートナーとなるための最も偏狭な闘いに内部衝突を引き起こしかねない。

Uberの政治的手段は、作家トム・スリーが「コマース（商業活動）とコーズ（大義）の結婚」と名付けた現象を通じて、風変わりな同盟関係を生みだす可能性がある。[48] 全米有色人種地位向上協会（NAACP）ニュージャージー支部からの支援を受けて、Uberは低所得のマイノリティの人々から三〇〇人の新しいドライバーをUberに採用した。[49] 会社は二〇一六年には市民権運動団体からスポンサー・アワードを受賞した。[50] 同じく二〇一六年、Uberは刑事司法改革の支援を意図する雇用方針を発表した。すなわち、ある一定の知能犯罪歴をもつ志願者でも、Uberのドライバーになる上では不適格と見なされないというものだ。[51] アメリカ合衆国の刑事司法システムは、有色人種の人々を偏って逮捕したり、監禁したりしており、これが、とりわけ雇用機会に人種的不平等を生じさせる原因となっている。[52] 雇用の壁を消滅させることは市民権の崇高な目標だが、一方でこの取り組みは、Uberのもうひとつのビジネス慣習を可能にすることにもなる。Uberが初めてある街にやってくると、レートが上がり、大抵ドライバーはいい思いをする。その後、たとえば適性基準を広げることによって（ドライバーが使用できる車種の範囲を拡大するなど）、新しいドライバーが市場にあふれだすと、多くの場合、ドライバーの収入の基盤となるレートが下がる。すべての人に仕事を生みだすことによって、Uberは献身的なフルタイマーの利益をひそかに蝕んでいるのだ。実際、アクセスの平等という市民権の大義は、安定した雇用という別の大義と相反する。市民と社会のパートナーシップという華麗な衣装に隠れて、Uberは他の活動の場でドライバーに負の影響を及ぼす慣習を覆い隠しているのだ。

最近の歴史を振り返ってみても、市民権運動家の連合が見解の一致を見いだしている例がたくさんある。たとえば二〇一七年三月、信仰および市民権コミュニティと手を組んだ労働権擁護者らが、ミシシッピ州のカントンという街にある日産自動車の工場で働く労働者――その大多数がアフリカ系アメリカ人である――を支援することを明らかにした。[53] 彼らは「労働権は市民権だ」などのスローガンを掲げ、より安全な労働環境のためにデモを行ない、組合オルグに対する威嚇戦術に抗議し、契約社員（正社員と比べて給与や手当が低い）の使用の軽減を求めた。Uberの未来に利害をもつ人が増加しつづけることで、本来は手を結ぶはずの市民権活動と労働権活動が、逆説的に衝突しかねない。というのもUberを支持する、またはUberに抵抗する組織は、一様ではないからだ。

人種の境界線に従って労働者の経済的関係を管理する亡霊は、アメリカ史における別の社会的闘争を呼び起こす。たとえば、歴史学者のナンシー・マクリーンは、一九世紀の変わり目にテネシー州で、自由に働く炭鉱作業員と、安い囚人労働者を借りて（州と共謀して）賃金を抑えようとする雇用者との間で起こりつつあった闘争について、次のように述べている。「あまりに奴隷を連想させるとして広く嫌悪の対象となっていたシステムが、軽微な犯罪を犯した男たちを拘留するという倒錯した動機を生みだした。そうすれば政府は、自由に働く炭鉱作業員の代わりとして、途方もなく安い労働力である囚人労働者を炭鉱会社へ貸しだすことができるからだ。こうして締めだされた自由な炭鉱作業員たちは、生活賃金と適切な治療を求めて、米国鉱山労働者組合を組織していた」[54]。こんにちの風潮においては、手荒な刑事司法制度——有色人種に偏って影響を与えている——に反対するUberの立場は称賛に値するが、それはうまく管理された人種間の関係性を演じる市民権劇場のようにも感じられる。

この戦略は功を奏している。ゆるい「パートナーシップ」は、Uberが二〇一七年七月までに、そのブランドを世界六三〇都市に拡大した要因のひとつだ。パートナーはこの取り組みにおいて役に立つ協力者だが、その絆はイデオロギー、ポリティクス、大義といった高次の項目に集中する、かなり金目当ての意図の上に成り立っている。Uberは社会的に望ましい事業を構築するため、ドライバー、社会的団体、各種キャンペーン、大学、都市、政治家、そして政府とパートナーを組む。これはグーグルの例から学んだと思われるテクニックだ。Uberが自動運転の研究部門を二〇一七年にトロントで立ち上げたとき、公的な立場ではこの都市の代表のだれひとりとして、Uberと積極的に「パートナーを組んで」いなかったにも関わらず、Uberは「トロント」をパートナーとして宣伝した[55]。それはたとえば、平和のためのパートナーの候補を中東で見つけたと言って、イスラエルでの休暇を予約するようなものだ。Uberがトロントと築いているように見える唯一のつながりは、トロント大学のコンピューター・サイエンスの教授、ラケル・ウルタスンがUberの研究活動に参加したことだけだ。その社会への進出はとどまるところを知らないが、Uberは、他の手法を用いてさまざまな都市と合法的なパートナーシップを築きあげてもいる。オンタリオ州イニスフィルやフロリダ州アルタモンテ・スプリングスはいずれも、公共輸送サービスのさらなる拡大の代わりに、Uberのサービスに助成金を払うことに合意した[56]。都市が民間サービスの選択肢を支持して、公共サービスの軽減を提唱するとき、その結果が常に目覚ましいものになるとは限らない。都市と全米フットボール連盟（NFL）との関係性について考えてみよう。都市はチームのためのスポーツスタジアムの建設に巨額の資金を投資し、リーグの運営に膨大な税控除を与えるが、NFLはその後、撤退してしまう可能性があり、あとに残るのは空っぽのスタジアムと、フットボールの動員する観客が経済効果をもたらすはずだったという、果たされない公約だけだったりするのだ。[57] 都市にとって、こうした提携は投資する税金のわりには利益にならないことがある。[58] 提携関係を結ぼうとするUberの野心的な取り組みは、ときに感情に訴える身代金、つまり、巧みにしくまれた策略であり、これがUberの精気の一部となっている。

デジタルカルチャーは網の目のように利害が重なりあっているため、Uberがある協力者と交流すれば、それがドミノ的効果を生みだし、結果的に他の利害関係者すべてに影響を及ぼす可能性がある。さらに、シェアリング・エコノミーから全米有色人種地位向上協会に至るまで、多数のパートナーや社会的大義を利用したこの会社の自意識過剰なブランディングは、そうした自己宣伝の正統性に関する数多くの批判に自らを晒しているとも言える。[59] 二〇一四年、アルコール消費量で悪名高い休日である元日を迎える少し前、Uberはこう公言した。「我々は飲酒運転根絶を目指す母親の会（MADD）と協力し、飲んだら運転しないと誓うことをすべての人に求める」と。[60] このニュースは、多くの人の話題の中心になっただけではない。Uberの乗客用アプリを見ると、目的地の詳細表示の下にMADDカナダの広告が目に入る。そこにはこう書かれている。「トロントの冷たい夜、シェリーは飲酒運転をした結末と、それによって自分の人生がどれほど永久的に変わってしまったかを乗客に語る」。[61]

UberとLyftは両社とも、飲酒運転反対という大義に加わり、自分たちのサービスを、死に対する防御手段として売り込んだ。とはいえ、大晦日は巨額の金儲けが期待できるイベントでもある。ドライバーには高需要を伝える通知が山ほど送られてくるが、「一年で最大の需要」が、予想していたとおりのプレミアム報酬にならないことに非難の声を挙げる人もいる。前述のとおり、このようなケースには、ドライバーの供給が乗客の需要をじゅうぶんに満たしていたのか、サージ料金設定によるプレミアム報酬という結果につながらなかった例もある。さらに、主要なホリデーシーズンの飲酒運転を回避するため、指名ドライバーのサービスを、すでに無料で提供または支援している地方自治体も多くある。[62] 奨励給という誘惑でだまされたことを知って熱意が冷めるドライバーもいる。また、飲酒運転の代用としてUberを認知的な枠組みに入れることは効果がある。ニューオーリンズでUberのドライバーをしているカレンとのインタビューのなかで、彼女は警官に停車を命じられたときのことを次のように思い起こす。

飲酒検問所に来たとき、私は車に四人の若者を乗せていた。いつものようにUberのサインロゴステッカーを車に掲示していたのに、警官はそれを見逃したのよ。私を車から引きずりだし、「車から離れろ」と言うので、私は車から降りた。外に出ると、警官は車のなかを覗き込み、私が乗せていた客を見て、「ステッカーはどこだ?」と言った。私がそれを指差すと、彼は「よろしい、行け」と。私が酔っているかどうかなんて、まったくチェックしなかったわ。もちろん私はしらふだったけど、Uberだとわかっていれば検問所で停車させられることもなかったはずよ。

カレンは成人した子どもをもつ白人女性だ。彼女と乗客を見比べて、彼女が本当にドライバーとして働いているということがわかったのかもしれない。「あの警官、乗客を見て、私がUberのドライバーだと気づいたんだと思ったら、なんだかおかしくなっちゃって。いかにも大学生という感じの四人のアジア系の少年だったから」と彼女は説明し、こんなジョークを飛ばした。「ほんとは私のボーイフレンドなの……なんて言ったら、どうなってたかしら」。ところが彼女は、飲酒運転をするUberドライバーがいるというのを、実際に聞いたことがあると付け加え、警官はブランドだけに信頼を置いているわけではないと思うと言った（私がロサンゼルスで会ったドライバーは、酒を飲んで運転しようとする人は、わざとUberやLyftのステッカーを車につければいいと言っていた。そうすれば停車させられることはないからだ。とはいえ、実際にこんなことが起こったという具体的な例についてはわからない）[63]。

こうしたやっかいなパートナーシップは、ドライバーにも影響する。Uberは常にマスコミに取りあげられているため、Uberドライバーはタクシー業界のライバルよりも、労働環境に注目が集まる。さらに、ドライバーは自分自身の仕事について、Uberがメディアでどう語られているかを通じて初めて理解することもある。事故に巻きこまれそうになったあるUberドライバーは、フォーラムにこんな投稿をしている。「私のことをあわや殺すところだったクレイジーな酔っ払いは、Uberのドライバーだった。いったいどうなってるの？　私たちは人の安全を守る立場にいるのであって、問題を起こすことが私たちの仕事じゃない」。フォーラムに参加するドライバーは、ライドヘイル・ビジネス一般や、さまざまな地域のドライバーに影響を与えるこの会社に関するメディアのメッセージを熱心に消費するのだ。コロラド・スプリングスのドライバー、デレクは、「飲酒検問所と衝突して告訴された、けんか腰のUberドライバー」というタイトルで、カリフォルニア州サンディエゴで実際にあったエピソードを投稿した。彼はこの投稿を次のように始めている。「またどこかのドライバーが我々の印象を悪くしている」。Uberは良いパートナーシップを常に示すことによって、その印象を最適な状態にしているが、同時に、自らが形成するナラティブへのコントロールを失うおそれもあるのだ。

だれもがUberの調子に合わせて踊るわけではない

一企業としてのUberは、最大手のインターネット企業が自らのサービスについてするのと同じような、数多くの主張をしてきた。二〇一七年一二月、欧州司法裁判所は、Uberはテクノロジー会社ではなくタクシー会社であるという裁定をし、このレトリックがもつ権威に深刻な一撃を加えた。(64) ちなみに、「我々はテクノロジー会社である」というUber独自のスタイルを根底から覆すような裁定は、アメリカ合衆国には存在しない。

Uberが徴集しようと努力するあらゆるグループが、すべて等しく協力的であるとは限らない。二〇二〇年までに、女性のための仕事を一〇〇万件生みだすことを目指して徒党を組んだUNウィメンは、すぐさまUberとのパートナーシップを断ち切った。国連は、Uberが労働者の法的保護手段をひそかに蝕み、社会の主流から取り残された労働者を傷つけることに関わっていると気づいたからだ。(65) さらに二〇一七年には、元Uberエンジニアのスーザン・ファウラーが、Uberのオフィスで働いていたときに経験したセクシャル・ハラスメントについて、直接ペンをとった。これがシリコンバレーにおけるセクハラの、より大規模な文化的論争に火をつけた。彼女は次のように書いている。

チームに持ち回りで配属され、正式に勤務を始めたその日に、新しい上司が会社のチャットを通じて一連のメッセージを送ってきた。自分はオープン・リレーションシップ〔互いに自分以外の人とも親しくすることを容認している恋愛関係/パートナーシップ〕の状態だと彼は告げ、ガールフレンドは新しいパートナー探しがうまくいっているようだが、自分には彼女以外のパートナーはいないと言う。仕事中はトラブルに関わらないようにしているのだが、どうしてもトラブルに巻きこまれてしまうと言うのだ。なぜか？ それは常にセックスする相手を探しているからだ。彼がセックスを目的に私に近づこうとしているのは明白だった。あまりにとんでもない話だったので、私はすぐさま彼のチャットのスクリーンショットを撮って、人事に提出した。[66]

彼女はさらに説明を続ける。人事にこの上司のことを報告したが、彼は「仕事ができる人間」だからということで、会社はこの上司を擁護し、他にも同じような訴えをした女性たちにも人事は同じ措置をとったのだと言う。スーザンは、『ゲーム・オブ・スローンズ』〔ジョージ・R・R・マーティン原作のファンタジー長編小説。アメリカの衛星ケーブルテレビ局のHBOがドラマ化した〕にて描かれる上級幹部間の政治的かけひきなど、ハラスメントの一因となった企業文化について概説する。「あらゆる上司が仲間と争い、直属の上司の足元をすくい、直属の上司の座を奪おうとしているように見えた」。さらに彼女はこう語る。「私たちはみな、チームが崩壊するのではないか、また別の再編成があるのではないか、不可能な締切りでまた別の新しいプロジェクトを始めなければならないのか、といった恐れのなかで日々を過ごしていた。一〇〇パーセント容赦のない混沌にある組織だった」[67]。結局、この論争は、二〇一七年六月の、Uber のCEOトラヴィス・カラニックの辞任で終結した。[68]

こうした一連のできごとに続いて、Uber は非営利団体「ガールズ・フー・コード（Girls Who Code）」〔一二—一八歳の女子学生を対象にプログラミングを教える団体〕に一二〇万ドルの寄付をすることを約束し、「プログラミングをする女性」という大義に協力する試みに出たが、この協力者候補のすべてが Uber の提案を受け入れているわけではなかった。[69] 成人女性にソフトウェア開発を教える非営利団体「ガールズ・ディベロップ・イット（Girls Develop It）」は、二〇一七年八月、Uber から提供された、喉から手が出るほど欲しかった資金調達を取りやめることを発表した。「ガールズ・ディベロップ・イット」のエグゼクティブ・ディレクター、コリン・ウォーンシュイスは連続ツイートでこのことを次のように説明した。

FWIW〔あくまでも私の意見〕：Uber によるGWC〔ガールズ・フー・コード〕への寄付金について。私たちは$$（本当に必要だったお金）を取り下げた。悪徳テクノロジー企業のブランドの後始末に関わりたくなかったからだ。私たちはその名前とブランドを、あなた方の後始末キャンペーンに結びつけたくない。私たちは女性のために存在するのであり、テクノロジー業界のために存在するのではない。一方から見れば「一〇〇万ドルもあればたくさんのいいことができる」という感じだが、もう一方から見れば大海の一滴、つまり単なるマーケティング項目のひとつに過ぎないのだ。

ウォーンシュイスは、自らの組織が代表する（プログラミングをする女性の）ような利害関係者と、Uber との協力関係が意味することとの間のつながりについてツイートを続け、こう付け加える。「私

はUberのような会社と一緒に、あるいはUberのような会社で、仕事をすることを推進しようとは思わない（!?!）ウェブ／ソフトウェアのスキルを学ぶための場を女性に提供することの真意は何か……積極的に女性を傷つけようとする会社で働くことを勧めて、彼女たちを道に迷わせようとしているとしたら？　それこそ最悪の結末だ」。当時、「ブラック・ガールズ・コード」の創業者、キンバリー・ブライアントは、Uberが提供した寄付金を同時期に取り下げ、賛意を表した（GWCに提供された資金の何分の一かという程度だったが[70]）。この会社がその協力関係に対して誠実であろうとなかろうと、Uberと結びついた大義は闘いつづけるだろう。

Uberの「情けをかけない、断固とした」態度からは、嫌悪と称賛の入り混じった感覚を受ける。人々は、乱暴な英雄的行為によって強さを誇示する戦士を崇めるのと同じやり方で、Uberを称賛する[71]。ユーザーに代わってジャンクメールが届かないようにするアプリ、Unroll.Meは、Uberがこのアプリからライバルの Lyft に関するデータを購入し、Lyftのビジネスがどのように行なわれているかを判断していたことが明るみに出たとき、槍玉に挙げられた。この事件は、Uberがいかに、その向こう見ずな偉業におけるとてつもない大胆さと巧みさに対して、嫌悪と称賛の両方を呼び起こしているかを明白に示している。この議論への反応として、Unroll.Meの創業者ペリー・チェイスはこう語った。

> トラヴィス・カラニックは手に負えず、だれも彼を止められない。止められるのは、彼にその不愉快な行動の責任を取らせることを拒否する理事会だけ。そう、私はひとりの女性として彼を不愉快に思う。私はひとりの創業者として、はっきり言って、彼を忌々しいとさえ感じている。あの男は手に入れるためならどんなことでもするし、私は自分が、成功のためならどんなことでも

するようなくだらない人間ではないことに、少しばかりの羨望すら感じる（このことは、コメントのなかで何度も誤解されてきたので、明確にしておきたい。つまり私は、成功するために進んで愚劣な人間にいいいいいいいいいいいいになろうなどと思わないいいい。それが私の言いたいことだ）。[72]

Uberがメディアで酷評されていることは、違法ビジネスの評判をもつ六八〇―七〇〇億ドル規模の巨大企業の権力よりも、情報のほうが少しだけ勝っていることを示している。こうした負の露出は、国レベルで政治に関与しようとするUberの取り組みによってさらに拡大する。カラニックはドナルド・トランプ大統領の技術諮問委員会の初期メンバーとなり、この動きは広く、トランプ政権に反対するリベラル派の嘲笑を受けた。トランプは任期のなかでも極めて重要な初期段階を利用して、イスラム教徒と難民に入国禁止令を発令した。これに反応して、二〇万人のUberユーザーが、自分たちの価値観と食いちがう男がこの会社と協力関係を結んでいることに抗議する#DeleteUber運動によってUberのアカウントを削除した。[73] Uberは激怒した消費者＝市民を当てにして、ニューヨーク市長デブラシオおよびアメリカ全土の都市との闘いに臨んだわけだが、Uberが一方で彼らの政治を弱体化させるようなことがあれば、消費者がこの会社に背を向けることもあるのだ。

#DeleteUberの抗議運動は、Uberの行動の、ある特定の事例に対する極めて重大な反応だったが、これがさらに大きな政治的運動を引き起こした。二〇一六年のアメリカ大統領選挙によって、アメリカ人は分断された国に住んでいるということがより明確になったのだ。二〇一八年一月二八日、権力を握るニューヨーク・タクシー労働者連合――メンバーの大多数が移民で、多くが南アジア出身――は、ジョン・F・ケネディ国際空港でストライキを呼びかけ、トランプ大統領の入国禁止令に抗議し

た。Uber のシティマネージャーは、ストライキ中はサージ料金設定を無効にすることを決めたが、必ずしもストライキに応じてそうしたわけではなかった。ビジネスニュース・サイト『クオーツ』の記者アリソン・グリスウォルドは、Uber の行動は、抗議する人たちで溢れかえった場合の空港の安全について、港湾局が行なった告知に応じたものだという考えを示している。[74] ところがサージ料金設定を Uber が一時的に停止したことは、タクシードライバーに対する反ストライキ行為の一形態だとして広く酷評された。Uber はすでにかなりの悪評に晒されていたため、政治的行為への欲求が強く、Uber に関する悪いうわさを信じようとする怒った消費者たちのいい標的だった。アプリを削除することは障壁の低い行為だ。Uber のライバル会社 Lyft の主要投資家であるピーター・ティールは、当時大統領候補であったドナルド・トランプを支持するナンバーワンのテクノロジー業界後援者だったにもかかわらず、Lyft はほんのわずかしか同様の抗議を受けていない。カラニックは、消費者の混乱によって生じた圧力を受けて、諮問委員会を辞職した。政治的不満の風潮のなかで、Uber はしばしば、政治情勢に関わる、より大規模なフラストレーションのスケープゴートとして扱われる。ある Uber の上層部の従業員は、この会社に向けられたリベラルな憤りはすべて、カラニックが諮問委員会の一員になった結果、この創業者と大統領とが密接な提携関係を結んだ結果だという考えを述べた。社会に対する Uber の文化的影響は、一部にはマスコミにおける並外れた露出に端を発している。とはいえ、Uber と利害関係者との間の対立関係は、信頼で結ばれた、見知らぬ者同士の協力関係というシェアリング・エコノミーの公約とはかけ離れているということも示している。

Uber はこの騒動のあと、大統領の入国禁止令によって生計を立てることができなくなり、海外で足止めを食らっているドライバーに移民サポートを提供した。多くのドライバーにとって、これが

Uber の消費者基盤から支持を集めることを目的とした政治的行為だということは明らかだった。私が会ったドライバーの反応は、もっと控えめだった。Uber は、たとえばイエメン出身のドライバーが五人いたら、その人たちには寛大な姿勢を示しながらも、アメリカのドライバーにはチップ支払いボタンを追加することすらできない、と彼らは不満を漏らした。

数々の利害関係者を手玉にとりながら、Uber はドライバーの懸念を軽視し、ついにはそれを、会社の社会的秩序に役立つより大きな脅威の一部として、慎重に取り組む姿勢を見せている。ところが、いくつかの重要な局面で、Uber はドライバーをスタンディング・ロックにいる抗議者のように感じてきたのだ。スタンディング・ロックというのは、ノースダコタ州の石油パイプライン・プロジェクトに対する抗議が行なわれた主要地域で、作家のシャーマン・アレクシーが記しているように、複数の先住民、退役軍人、環境保護論者など珍しい組み合わせの人々を結びつけた。[75] #DeleteUber も、大義が突如として流行の中心になるという、似たようなエネルギーのパターンがあった。Uber を非難することがかっこいいとなると、ドライバーは消費者、労働権擁護者、そしてビジネススクールの教授などを含む協力者と、図らずも同一平面上にいることに気づく。社会学者が雇用不安に対して深刻に首を縦に振る一方で、オンラインのスラックティビスト(またの名をクリックティビスト)〔インターネットにアクセスして画面上でクリックするだけで、コストをかけずに気軽に社会運動を行なう人〕は、搾取的とも捉えられるような慣習に関して、Uber に絶え間ない非難を浴びせかけた。ドライバーの運命は短い間ではあったが、Uber ユーザーと利害関係者にとっての、異常なまでに深い懸念材料となった。

Uber の慣習に対する反感は計り知れないものでありながら、その中身は真空だった。私は、Uber

が変化を約束したとき、多くの人がひそかにアプリを再びダウンロードしたにちがいないと推測するが、うわさによれば、代案としてLyftのアプリをダウンロードした人が多く、#DeleteUberはLyftの成長に拍車をかけたと言われている。継続する不穏な状況にもかかわらず、Uberは二〇一七年六月後半までに配車数五〇億回という画期的記録を達成した。しかもそれは、入国禁止令の一件からわずか五、六ヶ月後のことだった。実質的にイスラム教徒を差別する入国禁止令が更新されると、抗議運動は再発しなかった。こうした浮き沈みのなか、Uberが基本的には、ナポレオンのような野心をもちながら、その評判は新鮮さを失ったサバと同じくらいの、ひときわ目立つタクシー会社だということを忘れるのは簡単だ。一方でドライバーは、自分たちのフラストレーションはUberサポートからの自動応答以上のものを受け取る価値がない、と気づくという心の痛みを繰り返し味わっているというのに、この会社は世界的な支持を集めているのだ。会社の中心的経営から遠くはなれていて、サポートもほとんど得られないドライバーが、Uberに見捨てられたと感じるのは当然のことだ。Uberはいまもなお可能性を追い求めているが、同時に、Uberで運転するために垣根を越えてくるタクシードライバーにもやがて明らかになる、不確かな感情も育んでいるのだ。

Uberの砂上の楼閣が崩壊するとき

二〇一六年には、Uberはマスコミの轟々たる非難に大いに晒されていた。その年の終わり頃、Uberは自動運転車に関するグーグルの知的財産を盗んだかどで訴えられた。二〇一七年初頭、Uberはアメリカ合衆国の元司法長官エリック・ホールダーを採用し、その有害な企業文化が仕事中のセクハラ行為の蔓延を許したという元従業員からの申し立てを受けて、独自調査を行なった。Uber はずっとメディアから叩かれてきた。この会社の最新情報に関するニュースを見ずに、数日が過ぎることはめったにない。自ら明らかになるとてつもない数のスキャンダルは、Uber に関する報道を覆いつくし、そのそれぞれが一部始終記事になっているのではなく、まとめの記事のなかの一行か一段落に収まっている。Uber の文化的、ビジネス的慣習は、世論の餌食となっているが、一体の生きた呪いの人形をマスコミでしつこく突いたりつついたりするのは、特筆すべき現象だ。それは、不安にさせる、力のある何かを私たちのなかから取り除きたいという、文化的欲求を証明している。

Uber の数多くのスキャンダルをきっかけに意気消沈したテック界およびビジネス界の楽観主義者たちは、Uber の隆盛を手放しで承認する姿勢から、その主要幹部を駆け抜けるスキャンダルの急速な広がりを重く受けとめる姿勢へと移行していった。Uber のビジネスモデルは崩壊したと言う者まで いる。ハーバード大学法学教授ベンジャミン・G・エデルマンは、『ハーバード・ビジネス・レビュー』に論説を寄せ、Uber の有害なリーダーシップについてこんなタイトルを掲げた。「Uber は修正不能——規制当局はいまこそ、Uber の活動を停止すべきだ」。この論説のなかで、彼はこんな意見を述べている。「Uber のビジネスモデルは法律違反の上に成り立っている。したがって、意図的な違法行為を通じて成長してきた Uber が、法令の遵守に方向転換するのは難しい」[76]。

Uber が、未解決のままになっている自動運転技術の特許をめぐってグーグルと闘う一方で、ドライバーは、配車リクエストを待つジョン・F・ケネディ国際空港の一時停車場〔迎えに来た人が相手に携帯で連絡をし、少しの間、車を停めて待つことができるスペース〕のトイレなど、随所において、危機一髪のところで難を逃れているのだ[77]。ドライバーが数ヶ月にわたって、仕事中に味わう避けられない不平等を曝けだしながら、仮設トイレを求めて争っていた間に、テック界のボクサーは極めて有能な弁護士と協力して、車の運転の未来を支配することを追求してきた。このふたつの項目は、『ニューヨーク・タイムズ』の一面にほぼ同時に現れた。Uber はあらゆる面で、テクノロジーが権力を形成することを示すシンボルだからだ。

二〇一七年の夏、Uber は、三年にわたる衝突に端を発する数々のスキャンダルのラッシュを受けて破滅の危機に瀕していた。そしてそれは、Uber が社会に誓ったテクノロジーの公約の暗黒面をさらけ出すことになった。次々と出てくる記事が『ニューヨーク・タイムズ』の一面を賑わした。Uber は賃金泥棒の末、推定数億ドルもの金額をドライバーに支払わなければならないとして告訴され[78]、聞くところによれば、採用したドライバーに略奪的なサブプライムのリース条件を勧めたとも言われている[79]。さらに、アメリカの Uber ドライバーは、ホームレスにならずに済むだけのじゅうぶんな稼ぎを常にもらっているとは限らず[80]、ドライバーのなかには、駐車場にキャンプを設営する人もいた。勤務シフトのために移住し、仮眠しないことには家にも帰れないからだ[81]。女性ドライバーはセクハラや暴行の対象となり、Uber は有意義な支援を彼女たちに行なったことがほとんどないと言われた[82]。そしてシンガポールでは、故障箇所のある車を、そうと知りながら、第三者を介して Uber ドライバーにリースしていたとされている――これらの車は爆発炎上する可能性も大いにあったというのだ[83]。

批判が高まるにつれ、シェアリング・エコノミーは、労働者の政治的・経済的な力の減退に関する長期にわたる懸念を明確にする一方で、働き方の未来をめぐる、終わることのない議論を活気づけた。二〇一七年末には、ドライバーの給与が急落した。Uber の社内文書によると、この会社はひそかに、Lyft とマクドナルドをドライバー採用の最大のライバルとして引き合いに出した[84]。Uber をめぐる争いは、規制賛成と規制反対の圧力団体間、そして共有、略奪、および社会的不平等間の、より大規模なイデオロギー闘争の代用となった。

ユタ州ソルトレイクシティへ向かう車に私は二回乗ったが、これらの乗車は、Uberがウーバーランドのすべての人にとって、中心的な政治的権力ではないことを思い起こさせる。テッドはUberとLyftのドライバーだが、その車についているナンバープレートは、私の乗客用アプリにある彼の車のIDとは一致しない。もう一度彼のドライバーアプリをチェックし、自分が正しい乗客だと確認してから出発する。「なぜここへ？　モルモン教徒の方ですか？」と彼は私に尋ねてから、黒人至上主義、「ブラック・ライブス・マター」の暴動や、工場の従業員の九〇パーセントを構成すると彼が断言する不法在留外国人に関する陰謀論を熱弁しはじめる。日頃練習を積んでいる落ち着いた態度で、私は好奇心に満ちた、軽い質問を織り交ぜながら彼の挑発を受け入れ、カナダの医療保険制度に対して彼が抱いている疑問に答える。テッドは、カナダ型のほうがいいに決まっていると寛容に認めるが、オバマケアに対しては攻撃的なまでにばかにした態度を取る。また、自分はほとんどユダヤ人だが、まだ完全には改宗していないとも言う。それから、バナナにグルテンを入れるという政府の取り組みへと話題を変えた（そもそもバナナはグルテンフリーなのだが）。運転はテッドにとってフルタイムの仕事だが、一方で彼は、学校に通ってコンピューター・サイエンスを勉強している。だが、学費とドライバー収入をやりくりしながら、値上がりする医療費を賄うのに苦労していると言う。特に、Uberは彼のさまざまな懸念のどれに対しても代用にはならない。

その一年後、私は再びソルトレイクシティを訪れ、季節の行事のために閉鎖されているビルの入口の前で車を拾おうとしている。駐車場は空っぽなのに、ドライバーは入口まで来るのをためらっている。入口前の道路は特定車両以外通行禁止という標識があるからだ。規則を守るその態度が印象的だと思っていた矢先、その女性ドライバーは全米ライフル協会を支持していること、また自分が所持している銃を政府が取りあげにきたら、どうやって闘うかについて、声高に話しはじめた。彼女の考え方は、アメリカ政治の中心にある銃文化に関する論争の一般的立場を反映している。現在のところ、文化の両極性がアメリカを幅広く特徴づけているが、Uber はニューヨークなどのいくつかの都市では、そうした対立の最前面にいながらも、他の場所では背景にとどまったままなのだ。

一方でシリコンバレーでは、Cレベルのエグゼクティブ〔経営幹部〕の大量脱出が、Uber に権力の真空地帯を残し、Uber の元従業員は未来の雇用主との面接で、なぜ自分がろくでなしと見なされるべきではないかの説明を求められていた。[85] シリコンバレーの人事の内情に通じた人間によると、Uber での経歴はよく汚点だと言われていたらしい。

未来の社会のために、テクノロジーは何をするかというナラティブを Uber がコントロールしつづけてきたのは、一部には、この会社の戦略的な宣伝活動が原因だろう。一連のスキャンダルが起きたあと、Uber は大抵、輝かしい未来のテクノロジーでもってメディアと社会の気をそらせようとする。トラヴィス・カラニックの[86]辞任で終わったセクハラスキャンダル[87]を含む、二〇一七年春に行なわれた Uber の不手際の一斉検挙の際、この会社はダラスとドバイを、二〇二〇年の空飛ぶ車の立ち上げ計画地に選んだ。[88] スーザン・ファウラーによるセクハラ申し立ての数ヶ月後、連邦議会黒人議員幹部会の議員らが歩み出て、Uber の未来におけるアフリカ系アメリカ人のリーダーシップに賛成の論を唱えた。[89] すぐさまスキャンダルの渦中となるようなものにテクノロジー的参入を求める、選ばれた黒人立法者の切なる願いを私がようやく理解したのは、未来にとって Uber は何を象徴するかについて、少し時間をとって考えるようになってからのことだった。広範囲の利害関係者がUberに投資するのは、この会社があまりに多くの異なる方向へ疾走すると同時に、つい引き寄せられてしまうような力をもっているからだ。おそらく、Uberの創造的破壊行為は、テクノロジーの未来における社会的共生に突破口を開くことだろう。その可能性の煌めきこそ、Uberが新しい協力者を魅了しつづけるものなのだ。テクノロジーと社会の間の重大な分岐点に立ったいま、旧世界でチャンスの階段を上りつづけてきた市民社会のリーダーは、それでも利益の分け前を欲しがっている。スキャンダルにくじかれない人間が、どこかにいるのだ。

結論　Uber の新時代

テクノロジーの消費は働き方のルールをどのように書き換えたか

コールはアトランタで働くパートタイムのUberドライバーだ。仕事を始めた最初の週に彼は明らかに泥酔している男性を乗せていることに気づく。(1) この街に来たばかりだというその乗客は、何をしたらいいのか、どこへ行けばいいのかを知りたがっている。そこでコールは、いくつか観光名所を紹介する。「降って湧いたように」とコールは思い起こす。「彼は声を限りにどなりだし、ダッシュボードの上を思い切り叩きはじめた。「君、静かにしてくれよ。本当に、頼むよ。さもないと君を傷つけることになるよ」って僕は言った」。突然の客の爆発に唖然としたコールは、自分のするべきことを悟り、静かにハンドルを握りなおす。そして、この攻撃的な乗客をいつでもかわせるように、注意深くその手を緩めておく。静寂のなか、運転を続ける。まもなくすると、その乗客は、車のなかでたばこを吸ってもいいか？　と聞いてくる。それが彼をなだめることになればと、コールは車を路肩に寄せる。においが車内に充満しないように――それに、次の客を乗せたときに面倒なことになるかもしれないと思ったからだ。ふたりともそれぞれ、車の前と後ろで立ったままたばこを吸う。目的地に到着すると、乗客は、車のなかでマリファナを吸おうとコールを誘い、彼がそれを断ると、じゃあ代わりにたばこをもう一本どうだ、と提案する。動揺を覚え、なんとか平穏にと切望するコールは、この男からは簡単には逃れられないと感じる。

「当時、Uberのガイドラインのことは知らなかった」とコールは言う。社則では、失礼な態度を取る乗客は、Uberプラットフォームへのアクセス権を失う可能性があると書かれてある。だが、そのガイドラインを知っていても、ライドヘイリングの仕事のすべての緊急事態には対処しきれない。「いまならわかることを当時知っていたら、その男が車から降りた瞬間に走り去っただろうと思う。でも、当時は知らなかった。そんなことが起きるなんて。しかも仕事を始めてたった一週間で」。彼の乗客はコールが去る前にハグを求めてきた。そしてなかなかコールを離そうとしなかった。前職で磨きをかけた顧客サービスのスキルを利用して、コールは自分の手を胸の前にもっていき、やさしくその抱擁を断った。

初めての悲惨な事件のほぼ一年後、コールはまだUberでパートタイムのドライバーをしている。だが、もうひとつ別の仕事を始めた。フォーラムの運営者になったのだ。UberやLyft、その他のライドヘイル・サービスで働くドライバーが、アドバイスや警告、質問への答えをシェアし、希少な仲間意識を得る非公式のオンライン・コミュニティを管理するため、計り知れないほどの時間を費やす世界中の人々の仲間入りをしたのだ。ルイジアナ州で、UberとLyftのドライバーのためのフォーラム・グループの運営を担当しているドライバー、ドバーマンは、このグループについて次のように語る。「だれかから何かを学ぶためにグループをつくったんじゃない。だれかと一緒に集まるためにつくったんだ」。インタビューをしたとき、彼はドライバーが互いにコーチングしあうことのできる環境を育もうとしていることを力説していた。「だれかが問題を抱えているとき、それをさっと見てやり過ごすだけじゃなく、親身になって考えて、もっとみんなで共有できるようにしたいんだ」。Uberや他社で働くライドヘイルのドライバーは、アプリを介して互いに話をする手段をもたない。その代わり、フォーラムはジャーナリズム、ソーシャルメディア、そして直接的な会話と併せて、新しい労働環境を生きぬこうとする労働者のための、極めて重要な情報源となるのだ。

ドライバーは好きなときにログインし、ログアウトできるという形式上の自由を享受しているが、その自由は、実は制約されている。仕事をするとき、ドライバーは絶え間なく変化するUberの支払いレートや実験的なポリシー、インセンティブに四六時中対応しなければならない。これらの反復的な機能とともに進化するこうした雇用関係は、ユーザーとしてのドライバーだけでなく、労働者としてのドライバーにも不安定な感覚を生みだす。テクノロジー会社は、そのサービスをユーザーがどのように経験するかを方向づけるような製品をつくる。ところがユーザーが労働者である場合、こうした試みは仕事の性質を変え、混合した効果を生む。にもかかわらず、Uber のドライバーは、フレキシブルなスケジュールから彼らが乗客とつくりだす社会的つながりに至るまで、さまざまな利益を享受しつづける。法学者のV・B・デュヴァルが不安定な仕事の拡大について（特にタクシー業界の規制緩和に関して）私に語っていたように、「この仕事の良い部分は、たとえ利益や安定性が得られなくなっても消えることはありません。情緒的な利点、たとえば仕事をしていないときに仲間のドライバーと築きあげるコミュニティのようなものは、継続するのです[2]」

とはいえ、アルゴリズム的マネジメントの欠点には、従業員の福利に関する議論というだけでなく、情報不足を核としているものもある。ドライバーは、仕事を始めるときに従業員ハンドブックをもらわない。その代わり、何百通ものSMSやEメール、アプリ内通知などによって、時間をかけてルールを学んでいくのだ。雇用期間中にどんどん変わっていく契約条件の認知的負荷を管理するため、情報共有の場であるオンライン・フォーラムに頼るドライバーもいる。こうしたドライバー主導のフォーラム――フェイスブックやインターネットの掲示板、また WhatsApp、Zello、WeChat などのチャットアプリ上のそれ――で、ドライバーはアルゴリズム的に規制されたライドヘイル・アプリの外側で、自身の非公式な情報ネットワークを築きあげている。彼らは常に、Uber の同語反復に追いつこうとしている。Uber は仕事のルールを変えているかもしれないが、デジタル通信のおかげで、ドライバーもまた、仕事文化を生みだしているのだ。こうしたコミュニティの核にあるものが、Uber の手法が変わっても存続する組織としての記憶をつくる。まだわかっていないのは、これらのドライバーとその新しい職場の慣習が、より幅広い文化——他の仕事や他のテクノロジー企業を含む——にどのような影響を与えることになるかということだ。というのも、ニューエコノミーの文化的アイコンとしてのUberは、すでにライドヘイリングをはるかに超えたところに、取り消すことのできない痕跡を残しているのだから。

ドライバーは労働の新しい世界にどのように入り込むか

ライドヘイルのドライバーはニューエコノミーのドライバーのなかでも、顔のない上司のために働くことに慣れている。リサーチの初期段階で、同僚のルーク・スタークと私が発見したのは、アルゴリズムの上司は、敏感に反応するインセンティブやドライバーの給与に影響するペナルティを利用して、彼らの行動や、いつどこで働くかを管理している、ということだ。この発見はリサーチを続けるにつれ、その後何年もの間、事実として変わることはなかった。Uberとその他のライドヘイル会社で働くニューヨーク市のドライバー、リカルドは、こう語っている。「頭越しに上司はいない——そこにあるのはスマートフォンだ[3]」。自動フィードバックは、何十万ものドライバーの行動様式を標準化するのには効果があるかもしれないが、それはコールやドバーマンなどのドライバーが直面しているような不確定要素——賃金不平等から安全性への脅威に至るまで——のすべてに対処することはできない。多くのドライバーにとって、Uberでの運転の基礎を学ぶことは、オンラインのドライバー・フォーラムで彼らがやっている知識労働のほんの一部に過ぎないのだ。二〇一七年、Uberがアップフロント料金設定の新しいポリシーをひそかにテストしていたとき[4]、ドライバーは乗客用アプリ内で受信したスクリーンショットと、自分自身の賃金を比較することによってその策略を学び、その後、フォーラムや「ザ・ライドシェア・ガイ」などの公表されたブログで、その差異について書いた[5]。フォーラム全体に増殖するアプリのスクリーンショットによって、ドライバー同士の比較がさまざまな都市の分散された職場全体に広がり、不公平の感覚の蔓延を助長する。つまり、オンライン・フォーラムの集団力学は、すべてのドライバーに影響を与える不公平という共通の感覚から派生しているのだ。個人レベルでは、私がインタビューをしたUberとLyftのドライバーのなかには、支払いの不一致を一笑に付す者もいれば、それに不安を感じる人もいた。（チップとアップフロント料金設定の組み合わせも、ドライバーに驚くべき利益をもたらす。たとえば、Uberがチップ機能を使ってA／B実験を行なったとき、パーセンテージをベースに乗客にチップを払わせることができるドライバーもいれば、一ドル単位でしか上乗せできないドライバーもいた。その後のフォーラムのディスカッションでは、自分の給与明細書のスクリーンショットを投稿し、アップフロント料金設定で乗客に課された金額よりも低い運賃しかもらえなかったが、それでも問題なくやっていると説明するドライバーもいた。乗客の支払い額に対するパーセンテージをベースにしたチップは、ドル単位で乗客がチップを支払う場合よりも高かったため、ドライバーは、チップの面で言えば、アップフロント料金設定に隠れた利益があると推測したのだ。）ドライバー間の比較も、意外な事実を明るみに出す[6]。たとえばコールのフィアンセは、学校がないときや、生まれたばかりの息子と一緒に家にいないときなどに、ときどきUberのドライバーをしている。彼女は自分よりも高い昇給を受けているとコールは言う。彼女の運転スケジュールは散発的だからだ。彼のほうが信頼はあるというのに、会社は彼女のほうを懸命に引き留めようとする、とコールは言う。それが彼にとっては不公平に思えるのだ。

デジタルな公共空間での出会いは、Uber のドライバーに、ともすると孤立する可能性の極めて高い仕事のなかで情報交換する機会を与えてくれる。ドライバー主導のウェブフォーラムやチャットルームに、いったい何人のドライバーが参加しているかは定かではないが、私がフォローしているフォーラムは数十万人の会員を誇り、地域や全国レベル、また世界レベルでサービスを提供している（すべてのメンバーが、本当に人間、あるいはドライバーなのかについての保証はないが）。多くのフォーラムが時間をかけて会員要件や管理プロセスを開発しているということは、厳密に言えば、それらが大衆に開かれていないということを意味する。ドライバーは多くの場合、Uber と Lyft の両方で働いているため、最初は Uber に特化したフォーラムに参加していたとしても、これらがすぐに拡大して、複数の会社で働く会員を取り込むようになる。二〇一七年に私が直接話をしたドライバーは、ほとんどの場合、オンライン・フォーラムになじみがあった。しかもフォーラムは、それらを利用したことのないドライバーの職場環境をも左右することがある。オンラインのドライバー・ディスカッションは、彼らの仕事をメディアがどう伝えるかに影響を与え、これがドライバーにさらなる可視性と透明性を与える。たとえば二〇一七年七月、『ニューヨーク・タイムズ』は、誤った税計算によって、Uber がドライバーの給料から何億ドルも不当に差し引いていたことを発見した[7]。一方で、ニューヨークを拠点とする独立系ドライバー組合は、Lyft も同様のやり方に関わっていることを報じた[8]。こうした報道がフォーラム内外のドライバー間に流布するにつれ、さらに長きにわたる支払いに関する不満の組織的記憶が立証された。

フォーラムはしばしば、より開かれた対象に対してライドヘイルの仕事に関するドライバーの懸念を明るみに出すが、これらは主に、職場にありがちな問題について情報を交換するためのサイトなのだ。たとえば、私がドライバー・フォーラムでよく見かけるアドバイスのひとつに、ドライバーはちょっとした追突事故やかすり傷など、軽度の交通事故にあっても、Uber や Lyft に報告すべきではないというものがある。そんなことをすれば、ドライバーはアカウントの停止というリスクを負うからだ。しかも、すべてのフォーラムのディスカッションが異議申し立てを中心に展開しているわけではない。その多くは、評価が高いこと、無料で乗客からのフィードバックが得られること、チップが悪くないこと、仕事中に時折生まれるユーモアに関することなど、ポジティブなものだ。それでも、料金値下げ、手数料の引き上げ、賃金格差などの話題がしばしばフォーラム上を往き交い、憤りをあらわにするような流れを持続的に生みだしているとも言える。自分に起こっていることが他人にも起こっていることを知ると、ドライバーは自身の職場環境に関するより幅広い視点を得る。人によっては、こうした独立したネットワークが、プラットフォーム上の分散型の仕事を特徴づける情報格差を埋めるのに役立つこともある。

ドライバーはさらに、ライドヘイルのプラットフォームからというよりも、地方当局から自分たちを守るために、フォーラムで団結し、アプリでチャットをする。たとえば、ライドヘイルの仕事が合法化される前、モントリオールで違法に活動していた Uber ドライバーは、交通警察の位置情報や、彼らを脅迫したり、攻撃したりしようとする正規従業員の情報を互いに更新しあうために利用する Zello チャットというものを私に見せてくれた。ドライバーは、しょっちゅう変わる仕事の条件に対応するため、情報に目を光らせている。これらの非公式なドライバー・ネットワークは、プラットフォーム経済が見向きもしてくれないドライバー間の隙間を埋めることによって、その不安定さを軽減するのに役立っている。ケベックのような地域で仕事をしているドライバーが団結して、自身の雇用リスクを管理しようとするにつれ、彼らは実質的には、そもそものリスクを生みだしている慣習を雇用主が維持する手助けをしていることにもなるのだ。

Uberは私たちをどのように変えたか

ドライバー・フォーラムは、こんにち最も重要なふたつの社会的トレンド、すなわち、臨時労働の拡大と社会におけるデジタル通信ネットワークの優位性を、Uberがいかにまとめあわせたかについて、ひとつの実例を提供する。雇用主は業務委託契約などによって、労働者から距離を置くようになり、Uberもその例外ではなく、ドライバーを個人事業主に分類して、彼らを価値の低い消費者のように取り扱い、アルゴリズムによって管理している。Uberは労働の動向を利用し、分散された労働力のなかで、仕事の機会を拡大することによってその身をたてると、アルゴリズムはこの会社が設定するルールを実施する。アルゴリズムはフェイスブックやグーグルといった消費者志向のテクノロジー・プラットフォームでユーザーを管理する。雇用主と遠く離れたところにいるドライバーは、デジタル文化に頼って、アルゴリズムの上司から直接得ることのできない情報をクラウドソースする。雇用主が労働者に対する責任を回避するとき、職場文化に隙間が生まれることになるのだ。

その一方で、インターネットとデジタル文化は、労働者やその他の人々にチャンスの第二の波を切り開き、彼らの抵抗をネットワークでつなぐ。これは搾取を防ぐものではないし、完全に信頼できるものでもない。労働条件が頻繁に変更される可能性がある仕事では、一部の情報——個別の実験、突発的な料金設定ポリシー、テスト機能などに関する情報——は、あっという間に広がる可能性がある。誤報が同じ経路から拡散すると、ドライバーの対話の信憑性は危うくなる。アルゴリズム的マネジメントからネットワーク化された抵抗に至るまでのこうした力関係は、Uber が単に社会の注目を集めるだけの存在ではないことを物語っている。この会社は、足を踏み入れたあらゆる場所で、一連の果てしない波及効果を生みだしているのだ。

Uber の慣習やその個々の影響のほかに、ウーバーランド全体に何度も姿を現わすテーマは、Uber がいかにテクノロジーの言語を使用して、アイデンティティの役割を破壊しているかということだ。Uber は自らを輸送会社ではなくテクノロジー会社と呼んでおり、この区別を利用して、たとえば、なぜ自分たちが障害をもつアメリカ人法に従う必要がないか、つまり車椅子の人が利用できる輸送手段を提供しなくてもよいかを正当化している。何十万人もの労働者が Uber のプラットフォームで仕事を探しているが、Uber は雇用主という役割から距離を置いている。Uber は、ドライバーは独立したアントレプレナーであると宣伝するが、自動化されたアルゴリズムの上司を介して、ドライバーの仕事中の行動をコントロールしていることを覆い隠しているのだ。テクノロジーは「接続しているもの」なので、Uber は自らが提供する仕事とサービスを、シェアリング・エコノミーにおけるシェアの一タイプだと見なしている。事実上、賃金労働の価値を下げ、それを女性化するメッセージである。賃金損失のような問題は、「不具合」などのテクニカルな言語で処理される。価格差別の市場論理は、人工知能のイノベーションとして組みなおされる。私たちがこれと思うものが実は別物だということを主張するために、テクノロジーの言語が修辞的に使われていることを私たちは何度も目にしている。ウーバーランドはテクノロジーのからくりによって動かされているだけでなく、アメリカ文化を実質的に支配しているテクノロジーによる説得によっても動かされているのだ。

アメリカの労働人口におけるUberドライバーの数は全体としては少ないが、こうしたドライバーは、臨時労働の長期にわたる拡大傾向を拡散し強化するテクノロジーの役割を象徴するようになった。ローレンス・F・カッツとアラン・B・クルーガーというふたりの経済学の第一人者によると、「UberやTaskRabbitなどのオンライン仲介者を通じてサービスを提供する労働者は、二〇一五年には、全労働者の〇・五パーセントを占めていた」ことがわかった。(9) だが、Uberがテクノロジー文化、ビジネス、仕事に与えた影響は、その運営のしくみに劣らず、Uberの成功のパワフルな文化的手段なのだ。アメリカ社会におけるシリコンバレー・テクノロジーというポピュラー・カルチャーは、私たちにUberの雇用テクノロジー・モデルを受け入れる準備をさせている。Uberが文化にもたらす不釣り合いな影響は、サービスとして、また常にメディアに注目されるものとしての遍在的な存在を通じて明らかになる。なぜならそれは、対立を引き寄せる磁石のようなものだからだ。そしてUberがドライバーに設定する条件は、私たちが労働の未来において、テクノロジーの役割を取り決める基礎となる条件を決定するのだ。

Uberのひときわ目立つ共同創業者であるトラヴィス・カラニックは、最終的にシリコンバレーの戦士王を象徴する存在となった。「デカコーン」〔評価額一〇〇億ドル以上の未上場のスタートアップ企業のこと〕としてのUberのステータスと、およそ七〇〇億ドルという評価額にも関わらず、カラニックは二〇一七年、ついに辞任に追いやられた。尽きることのないスキャンダルが、この会社の未来を危うくしたからだ。長年シリコンバレーのジャーナリストをしてきたサラ・レイシーは、二〇一七年七月一四日に、モントリオールで行なわれたスタートアップ・フェスのキーノート・スピーチで次のように述べた。

シリコンバレーは地元で育った文化です。最高の価値をもつ会社がどこであろうと、それは、この時代のあらゆる文化に不均衡な影響を及ぼします。ＩＰＯ（上場）直前という立場から、シリコンバレー史上最高評価額の七〇〇億ドルを誇るようになったUberをはじめ、これほどのレベルはかつて目にしたことがありませんでした。全権を創業者が握っているのです。三年にわたるスキャンダルを経て、創業者はついに失脚に至ります。彼らに何十億ドルも稼がせた破壊と違法行為、その評価とマスコミ報道などすべてが原因で——この会社は、タクシー法を破ることと、労働法を破ること、そして企業秘密を盗むこととのちがいがわかっていないことが判明したのです。

自らの活動に対する規範的規制を適切に遵守するのをUberが攻撃的なまでに無視したことは、シェアリング・エコノミーがアメリカ社会に広めている男性的な破壊の態度のひとつと言えよう。

とはいえ、Uberの評判が目まぐるしく変化していても、それが必ずしも、Uberがもつもっと大きな遺産に影響を与えているわけではない。Uberの考え方は、社会におけるテクノロジーの望ましさを、私たちがどのように想像するかという点で重要なことは確かだ。世界的高みへと上りつめていくなかで、Uberはテクノロジー楽観主義者の合言葉となった。多くの都市にとって、Uberを迎えることは最先端であることの証しであり、少なくともグローバルなテクノロジー・ビジネス市場の一部であることのしるしなのだ。UberとLyftが二〇一六年五月、彼らに運営条件を課そうとする規制当局の取り組み（データシェアリングやドライバーの指紋ベースの身元調査など）に対する抗議として、すばやく踵を返してテキサス州オースティンから撤退したとき、このことは、「Uberを失ったオースティンは、もはやテックの首都ではなくなった」といった、やたらと批判的な見出しでもってメディアに取りあげられた。[10] シェアリング・エコノミー会社を受け入れることに対して、カナダで最も気が進まなかった主要都市、バンクーバーでは、[11] 心配したブリティッシュコロンビア大学の卒業生やコミュニティの専門家らが、二〇一六年一一月末に行なわれた「バンクーバーはなぜシェアリング・エコノミーへの参入にこれほど遅れをとっているのか？」といったパネルに参加した。[12]

大都市でUberが不在であることは、その都市の評判に傷をつける。それは、進歩的な仲間に遅れを取っている証拠になるからだ。Uberを利用することは、都市によっては社会の基盤、すなわち、多くの人にとって標準的な民間輸送手段となっている。二〇一七年五月、オハイオ州ペインズビルの地方裁判所判事が、飲酒運転で有罪判決を受けた者に対して、保護観察条件の一環としてUberとLyftをダウンロードするよう命じた。[13] 消費者にとって、Uberのない地域へ旅行するという経験は、カルチャーショックのように感じられる。それはまるで、アメリカ人やカナダ人がヨーロッパに行って、トイレを使うのにお金を払わなければならないことを知ったときと同じくらい当惑することかもしれない。

Uberはスマートフォンにダウンロードする単なるアプリというだけではない。それは私たちが街を移動する方法を変える。WhatsAppがブラジルでしているように、またWazeがイスラエルでしているように。ブラジルでWhatsAppを停止することは、国全体の通信を無効にするも同然だ。同様に、Wazeがイスラエルのドライバーに、主要道路を避けようという誤った忠告を流したとき、とんでもない交通渋滞がそれに続いて起こったという。[14] Uberの考え方とそのビジネスモデルの論理は、すでにUberそのものを超えているのだ。

私たちは労働者として、そして消費者として、シリコンバレーのアルゴリズムを毎日の生活のなかに統合してきた。Uberのケースは、テクノロジーが思いも寄らない、潜在的に取り返しのつかない方法で、仕事というものを変えてきたことを私たちに示している。シェアリング・エコノミーは利他的な貢献と仕事を合体させ、労働者のアイデンティティを疑問に付し、仕事そのものの価値を下げることによって、労働文化に広範囲の変化を普及させた。一方で、Uberは労働者の法的地位に関する自らのビジョンを発展させ、彼らは労働者というよりもテクノロジー消費者に近いということを強調した。一見、法律を尊重しているようなこのニュアンスは、実は、私たちが労働を分類する上での文化的な目覚ましい変化なのだ。

アルゴリズムによって動かされているUberの雇用モデルは、私たちの労働の定義のしかただけでなく、その組織のされ方をも、テクノロジーがいかに永久的に変えようとしているかを示している。Uberが働き方の定義を変えようとして事業を始めたとは思わない。それよりも、事業の危機を切り抜けようとするとき、Uberは、より幅広い文化的底流を感じとり、それらをどのように効果的に結集すれば自分たちの慣習を守り抜くことができるかを知っているように見える。Uberがその途上で引き起こす対立は、そうした慣習に私たちがどれほど苛立ちを感じているかを例証しているが、究極的には、ひとつのアイデアとしてのUberの成功は、この会社を一〇億ドル規模でグローバルに現実にしたその慣習を容認しているのだ。そして、Uberにいま何が起きているかに関わらず、その変化はすでにそこに存在している。

Uberとドライバーとの間の対立関係は、私たちの新しいデジタル時代に、労働関係がどのように形成されているかを示す一例だ。消費者のアルゴリズム的マネジメントの隆盛は、シリコンバレーのデータドリブンのテクノロジー全体に普及している。こうしたシステムに出会わずして、毎日の生活を送ることはできない。Googleマップなどのナビゲーション・アプリは、推奨経路を生成し、交通路をクラウドソースする。フェイスブックはアルゴリズムのエンジンに頼って、私たちが消化する情報をキュレーションしている。私たちは、フェイスブックやグーグルをシェアリング・エコノミーの一部として想像することはない。たとえテクノロジー・プラットフォームが中立性というレトリックによって覆われていても、ウーバーランドは、ユーザーを必然的に不利な立場へ追いやらざるを得ないプラットフォームの力を明るみに出しているのだ。

ドライバーは乗客と同様、この会社のテクノロジーの消費者だというUberの利己的な論拠は、表面的には規制逃れのためのさらなる策略のように見える。つまるところUberは、ルールが追いついてくる限り、方針を変えていくことで名を馳せてきた。だが、よく見れば、Uberはドライバーを、実際には消費者のようにも労働者のようにも扱っているのだ。こうした境界線をあいまいにすることで、Uberは、私たちが自らを労働者または消費者として考える方法にひとつのレガシーを生みだしている。Uberはこの戦略的なあいまいさから利益を得ている。というのも、どちらのルールがUberのモデルに適用するかを決めるのは難しいからだ。ドライバーは自分のやった仕事にお金が払われない場合、労働法に基づいて賃金泥棒を申し立てるべきか、それとも、消費者保護法に基づいて、不公平で人を欺くようなやり方に対する補償を求めるべきか？　Uberは法律だけでなく規範をも壊し、その両方の脆さを露呈した。Uberが先導するこの新しい規範が、労働者と消費者にとってよりよいものなのか、より悪いものなのか、その答えはまだ見つかっていない。

Uber の影響は奥深い。この会社が乗り越えるスキャンダルにもかかわらず、そしておそらく、メディアにおけるその持続的な露出ゆえに、Uber は大衆の想像のなかで、労働の未来として捉えられているのだ。同時に、Uber のストーリーは、いまやあたり前のものになったテクノロジーによって、私たちがどのように弄ばれているかの一例に過ぎない。端的に言えば、私たちはテクノロジーを使いたいのだから。[15] オーソドックスとは言えないアプローチで、Uber は数多くの利害関係者——ドライバーから乗客まで、労働者から消費者まで、テクノロジー業界からタクシー業界まで、そして政府や規制当局から市民権運動グループまで——に合わせて、さまざまな方法で活動の場を変えてきた。とはいえ、おそらくもっと重要なのは、Uber がシステムのルールを有利に使うことによって、シリコンバレーのアルゴリズムを利用して労働のルールを書き換えたということだろう。

付録1

研究手法——私はUberをどのように調査したか

私の研究は、自分自身がいくつかの異なる種類の学者のハイブリッドであるという事実に根ざしている——私は社会科学の研究者であり、学術論文の執筆者であり、ジャーナリズムのライターであり、ブロガーである。こうしたアイデンティティと、それぞれの分野が知識を明るみに出し、合成するさまざまな方法が、過去四年間の私の手法と、本書の執筆方法を方向づけている。したがって私の研究手法は、ここに私が説明しようと努める数多くの集会と専門的なコミュニティの存在を頼りにしている。本書の多くの部分は、リサーチャーおよび多分野の学者としての立場で私が取り組んできた学識を参考にしているが、そのすべてが厳密な意味で学問的なわけではない。私が行なった研究は、ふたつの正式な研究プロジェクトから生まれたものだ[1]。そのうちのひとつは、ライドヘイルのドライバーと、ケア労働者または清掃業従事者との間の比較を行なう研究プロジェクトへと発展した。これらの研究プロジェクトは、それぞれ独自の初期前提とプロトコルから始まったが、それらの結果は本書のなかで融合している。本書には、私が過去数年間に、学問的な出版物よりも大衆を対象にメディアに発表した文章を参考にした部分もある。折にふれて、現地調査の記録の断片をブログに書いたり、研究の過程で発見したことなどを、ジャーナリスティックな視点で集めたり、報告したりしていることもある。

さらに、学会誌やジャーナリズム的な説明として、またハリー・キャンベルのブログ「ザ・ライドシェア・ガイ」や私自身のブログ「ウーバー・スクリーズ（Uber Screeds）」にも、私の知見を同時に発表したこともある。こうした発表の場は、自分がしていることについての何をドライバーに説明するかということの方向づけにもなった。私は通常、自分の仕事はテクノロジーが労働にどう影響するかを研究することだという主旨を伝え、同時に自分はドライバーの視点から、Uber とライドシェアリング（ドライバーにとっては「ライドヘイリング」よりもなじみのある用語）の研究を主にしており、そこで発見したことを学術的な専門書と、メディアを含む大衆向けのものの両方に発表していると話す。原稿を書くプロセスに入ったあとにドライバーと話す機会があったときは、自分はいま本を執筆しているということも伝えた。

学問の世界に限って言えば、私はエスノグラフィーという専門分野を、より幅広い知的プロジェクトとして利用してきた。たとえば、法学者や社会科学者と協力して、偏見や差別から消費者保護に至るさまざまなテーマに関係する疑問を探求した。こうした応用を自分の手法の一部として言及するのは、それぞれの段階で私がしてきた協力的な、多学問にまたがる会話が、定量的なリサーチのなかで私が観察しつづけていることの処理と分析に役立ったからであり、同時に、私の研究プロジェクトが進展し、続行していくにつれ、何に目をつければよいかを提案してくれたからだ。たとえば、私は断続的にコンピューター・サイエンティストと話をしてきた。技術的に何が可能かということと、研究を行なうための情報保護の慣習について聞くためだ。特に、ウィニフレッド・ポスターが運営するレイバー・テック・グループとプライバシー法研究者会議は、関与している学者からの非常に重要なフィードバックを受けることのできる生産的空間だ。本リサーチの過程のなかで、数多くのコミュニティのリーダーとの会話からも恩恵を受けた。学術、政策、規制当局、そしてビジネスなどに関わるコミュニティだ。彼らとの会話は私の分析をよりよくしたが、これらを私の正式なインタビューの一部と見なすべきではない。（これらは私が自分の考えを洗練し、発展させる際の重要なバックグラウンドとしての役目は果たした。）

ウーバーランドで過ごした数年間に、私はさまざまな方法でそれぞれ異なるタイプのデータを集めた。はじめは、主にオンラインのドライバー・フォーラムから知識を得た――これはいまでも毎日数時間かけて目を通し、積極的に投稿を読んでいる。一分ごとに更新されるフォーラム文化は、私がインターネットで過ごす間、ずっと背景にある。フォーラムで読んでいるものを、アメリカとカナダで行なったドライバーとのインタビューだけでなく、ショーファー〔役員など特定の顧客の専属者として車を運転する職業運転手〕業界の管理職など、他の利害関係者との散発的なインタビューから集めたものの多くと比較した。

私のリサーチ方法は定質的なエスノグラフィーだ。正式な（そして累積的な）研究の一環として、実際に乗客として車に乗り、四百人のドライバーの参与観察を行なった。私がドライバーと話した一二五のインタビューが、本書に生命を吹き込んでいる。これらのインタビューは、スタイルはそれぞれ異なるものの、ある程度目的に沿ったものになるようにした。研究者として、私は対象者が割いてくれた時間に対して、その額面金額を補償し、すべてのドライバーに星五つの評価をして安心感を与えた。七五の正式なインタビューをドライバーと行なった。ときには彼らの車のなかで、電話で、そして稀にではあるが、インスタント・メッセージでインタビューしたこともあった。ドライバーの同意があれば、これらのインタビューを録音することも多々あった。インタビューを受けることには同意するが、録音は断るドライバーもいた。また別のケースでは、レコーダーを使わずに、自分のメモと記憶だけを頼りに正式なインタビューをし、彼らの説明を編集して本書に掲載しているものもある、何度も乗客として車を呼び、乗車するとすぐに、インタビューをしてもいいかとドライバーに尋ねた。助手席から、また後部座席からインタビューしたり、後日フォローアップとして再度インタビューしたりすることもあった。インタビューを断るドライバーもいて、そんなときは所定の目的地に着いたらさっさと車から降りることもあれば、そのままおしゃべりを続けることもあった。Uber の管理職にインタビューしたときは、こうした会話をインタビューとは見なさず、私の理解を満たしてくれる背景的情報と捉えた。

正式なインタビューのほか、私は五〇ほどの非公式なインタビューやチャットも行なった。このような場合は、一応乗客として乗るのだが、自分は研究者だと告げ、大抵は正式なインタビューのときと同じような質問をした。本書全体にわたって、ノートに手早くメモしたものも含め、あらゆる範囲のインタビューからさまざまなドライバーを引用した。こうした非公式のインタビューは――質疑応答式というよりも――会話的なものになる傾向があり、そこでは私自身とドライバーとの情報交換が盛んに行なわれた。たとえば、子育てについてなどだ。参与観察としてのその他の乗車の場合は、もっと軽く、くだけた質問をし、ときにはジョークを交えたり、ドライバーに会話をリードさせたりもした。また、ドライバーの働き方を観察したり、車内の様子にフォーカスしたりすることもあった。たとえば、Uber と Lyft など、しばしば複数のスマートフォンにある複数のアプリからのリクエストを、彼らがどのように管理しているかといったことだ。また、ドライバーが自分の車をどうカスタマイズしているか（またはしていないか）、充電器の置き場や数はどうか、乗客にお菓子や飲み物をサービスするか、また自分自身の食事を車内に持ち込んでいるか（これは稀なケースだ）、写真があるか、紋章（宗教的シンボルなど）はあるか、などといったことを観察した。こうした特徴は自分だけのユニークな職場空間をつくりだすのに役立つ。インタビュー中はボディランゲージの変化や、路上にいる他のドライバーへの視線、おしゃべりの間、乗客としての私に自分をどう順応させているかといったことにも目を向けた。何百回も乗客として乗っているうちに、ドライバーとの会話が正式または非公式のインタビューへと発展していく場合もあることがわかったが、それらはまた、主に参与観察の場にもなりえた。これらの乗車では、ほとんど、またはまったく会話がなくなってしまうものや、乗り気ではないものから盛り上がるものまでさまざまなテーマが繰り広げられ、その話題は宗教や家族、不動産、銃、政治、健康、旅行、移民など多岐にわたった。それらは必ずしも Uber のドライバーアプリやテクノロジー、労働にフォーカスしたものではないが、大抵はよりフォーマルなインタビューで尋ねた質問もいくつか含まれている。たとえば、ドライバーになった動機、Uber や Lyft について一般的にどう思うかといったことだ。乗客として観察し、関わりあっていくなかで、私はいまもまだ、ドライバー経験に関する情報を集めている。本書はこうした乗車を背景として利用しているだけでなく、乗車中にドライバーが話してくれたちょっとしたエピソードも盛り込んでいる。また、ドライバーが私に話してくれた内容の一貫性をなるべく保持する努力もした。彼らの話すトーン、話し方、アクセント、文法といったことだ。場合によっては、本書内で、ドライバーの話し方について前もって断りを入れ、流れを止めないように［*sic*］（原文のまま）などの文体上の表記を使うことによって、彼らが話す不規則な英語に読者の注意があまり向かないようにした部分もある。ドライバーのまちがいがタイプミスだと思われる可能性がある箇所では、もっと惜しみなく［*sic*］を使用して、その言葉づかいを保持している。どんな場合も私が目標とするのは、ドライバーの発言の正確さを保ちながら、本書をなるべく読みやすくすることだった。

都市のなか、そしてインターネット上で取り組んだエスノグラフィーの全行程において、ドライバー（主にライドヘイル・ドライバーだが、特に Uber 以前の都市ではタクシードライバーもいた）と路上で過ごした数年の間に、私は二五都市以上を横断した。ドライバーは大抵、広大な都会の中心部で仕事をしているため、私は分析目的として、ドライバーが日常的に横切っている、地理的につながった都市——たとえばダラスとフォートワース地区、ニューヨーク市とその近郊のニュージャージー州の一部、ボカラトンとマイアミ地区、ケンブリッジと隣接するボストンなど——を「ひとつの都市」として取り扱った。これらのグループ分けは、私がこれらの都市を旅した方法を反映している。たとえば、ボストンのほうが主要都市だが、ケンブリッジを拠点にすることが多かった。同様に、サンフランシスコとパロアルトは相互に関係しているが、このふたつの都市間、またはサンノゼとサンフランシスコなど他の近隣都市間の移動よりも、パロアルト内およびサンフランシスコ内で個別に観察を行なうことのほうが多かった。ニューヨーク市は、ニューヨーク州とニュージャージー州の訪問で私が主な拠点としていた都市だったが、これらの州はドライバーにとって異なる意味合いをもっていた。ニュージャージーからニューヨークへ自由に乗客を運ぶことのできるドライバーは、ニューヨークで働くライセンスをもっていない場合、復路の乗客を拾うことはできない。ところが、ニューヨークのドライバーは、たとえばコネチカットやニュージャージーまで乗客を運び、復路でも乗客を拾うことができる。だが、復路のレートはニューヨーク市発の配車よりもレートが低くなる傾向があった。より詳細なエスノグラフィーおよび調査分析の対象となった現場には、テキサス州オースティン、ダラス、フォートワース地区、フロリダ州オーランド、マサチューセッツ州ケンブリッジと隣接するボストン、カリフォルニア州サンフランシスコ、パロアルト、ロサンゼルス、ニューヨーク市とその近郊のニュージャージー州の一部、ユタ州ソルトレイクシティ、ジョージア州アトランタ、ルイジアナ州ニューオーリンズ、ワシントンDC、カナダのモントリオールなどが含まれる。

このなかには、モントリオールやニューヨーク市など、私が繰り返し訪れたり、二〇一四年から二〇一八年までの比較的長い間滞在したりした都市がいくつかあり、これらの都市から集めた情報は、より詳細な分析を反映している。またロサンゼルスでは、実際にドライバーを訪ね、観察したのだが、この街は私のフィールドワーク現場の対象外とした。というのも、ドライバーとのインタビューと彼らの経験に関する私の理解が、この街のなかで行なったインタビューではなく、私が遠く離れたところにいたときに電話で行なったインタビューを基にしていたからだ。エスノグラフィーの精神で、私はさらに、自分が旅行に訪れていた都市やその途上でも、何回か、または一回限りの乗車をした。このような場合は、ドライバーに追加インタビューをして観察を続けた（この方法は、「フラッシュ・エスノグラフィー」と呼ばれる）。これらのなかには、ミシガン州アナーバーとデトロイト地区、コロラド州デンバー、カリフォルニア州サンノゼ、フロリダ州のボカラトンとマイアミ地区、アラスカ州ジュノーとアンカレッジ、ワシントン州シアトル、サウスカロライナ州チャールストン、モンタナ州ボーズマン、カナダのマニトバ州ウィニペグ、ブリティッシュコロンビア州バンクーバー、オンタリオ州トロントとオタワがある。さらに、実際にフィールドワークで訪れた都市と、訪れたことのない都市の両方で電話インタビューも行なった。そうした都市には、ジョージア州サバンナ、ルイジアナ州バトンルージュ、テキサス州ヒューストン、ノースカロライナ州ローリーがある。

ドライバーの名前は、本書ではすべて匿名にしてあるが、本名を使ってもよいという明白な書面による同意が得られたドライバーだけは公開している。ドライバーの体験談の詳細のなかには、彼らの匿名性を維持するために変えている部分もある。本書の「序論」で詳しく説明したように、私はそれぞれのライドヘイル・サービスでさまざまなアカウントを使用した。いくつかのアカウントには自分の本名を、また別のアカウントには偽名を、ライドヘイル・サービスとオンライン・フォーラムで同様にその両方を使った。本書全体を通じて、日付や名前などを含め、スクリーンショットやドライバー体験の詳細を暗号化し、ドライバーの匿名性を保護したが、説明内容の正確性を保持するために最善の努力を尽くした。私がインタビューをした三人のドライバー、レティシア・アルカラ、ニコラス・スチュワート、デヴィッド・アギーレは、むしろ本名を使ってほしいと言った。本書には彼らの姓も含めることで、他にインタビューした匿名ドライバーとの差別化をはかった。ブロガーのような、より公的な人物の場合も、その姓を本書のなかに含めている。スクリーンショットや画像が一般に公開されているフォーラムからの転載である場合、ドライバーのウェブサイトやパブリックなフェイスブックのグループなどといったページのリンクは省いた。これらは公的な投稿かもしれないが、リサーチャーとしての私の特権は、こうした投稿をした人たちを世に知れ渡ることから保護しすぎるくらい保護することなのだ。

リサーチをする上での私の第二の方法は、バーチャルな現場であるオンラインのドライバー・フォーラムを通じてだった。これらのなかには公開されているものもあれば、されていないものもある。公開されていないフォーラムで管理機能がある場合、リサーチャーとしてそれを閲覧する許可を求めた。二〇一七年末までに、私はいくつかのフォーラム・グループ、ブログ、デジタルチャット、ウェブサイトなどを積極的にフォローしたが、それらの会員を全部合わせると三〇万人にものぼった。他よりも詳しく調べたフォーラムもあるが、そのすべてが、オンラインのドライバー・ネットワークの理解の助けになっている。こうしたフォーラムの掲載プラットフォームとなっているウェブサイトには、フェイスブックなどがある。フェイスブックのニュースのアルゴリズム的キュレーションは、ドライバーの会話のさまざまな部分を詳述したり、あいまいにしたりするだけでなく、特定的なフォーラムを他より強調したりもする。たとえば、フェイスブックのニュースフィードは、より物議を醸すようなものなど、人を惹きつけやすい投稿を強調したり、私が他よりも多くクリックするフォーラム・グループを強調したりしていることが想像できる。フェイスブックの独自のアルゴリズムは、このように、私にはわからない方法で、ドライバーグループに関する私の観察に影響を与えていた。

これらのフォーラムの組織は、多くの場合、長い時間をかけて発展し、公開されているフォーラムはその後、大抵はドライバー専用の環境をつくるという意図のもと、閉鎖的でプライベートなものになっていく可能性がある。フェイスブックなどのサイトの新しいグループやデジタルチャット、Uber専用のウェブサイトや私がフォーラム管理者を務めるブログなどへの入会申込書に、私は自分の素性を明かした。これにはリサーチ目的や、しばしば私のプロフェッショナルなプロフィールやウェブサイトへのリンクも含めた。そして、こうしたフォーラムへ参加する目的を説明した。つまり、ドライバーの活動を観察し、ときにインタビューをするドライバーを選ぶという目的だ。このため、私は通常、本名ではなくコードネームのプロフィールを使った。そうすれば、ライドヘイル会社の別の人間や代表が、フォーラムの会員名簿から必ずしも私を特定することはできないだろうと思ったからだ。フォーラムの観察を行なっていた初期の頃、管理者のなかには、同意書など、研究過程で私が使用している書類を見たがっている人もいたため、私はそれを喜んで見せた。こうすることで、リサーチの過程で数名のドライバーが個人的に抱いていた、私が Uber のコーポレート・スパイなのではないかという疑念を、部分的にでも払拭することになると思ったのだ。（初期の頃、ドライバーの仕事に対する私の知識の深さと熱意が、個人的にも、オンライン上でも、ドライバーに待ったをかけてしまうことがあることを学んだのだ。彼らとシェアできるものや、それまでの私の知見をいくつか説明したものをメディアに発表してからは、自分の意図していることの証拠を示すのがはるかに容易になった。）実際に乗車すること以外に、私はオンライン・フォーラムの調査のためのドライバーを募集することもした。選ばれたドライバーと接触するときは、自分が何者かであるかを明かし、研究者としての役割を知らせ、研究の後半には、私が書いたものをドライバーに見せたりもした。

コメントや投稿などをして、積極的にフォーラムに参加することはめったになかった。だが場合によっては、他のメンバーの参加者にメッセージを送るときなどは、名目上の参加が必要なときもあった。彼らが自ら、または紹介を通じて私と接触したあとに、私が調査のために採用したドライバーもいた。また、正式なリサーチの一環として、Uber と Lyft の出現に関する見解を学ぶため、ショーファー業界のふたりのビジネスマンに正式なインタビューも行なった。こうした採用の多くは、ドライバーへの私の個人的な働きかけによるものが多かったが、他のドライバーから紹介してもらうケースもいくつかあった。

データ・アンド・ソサエティ研究所のリサーチャーとしての役割のなかで、私はマイクロソフト・リサーチ、オープン・ソサエティ財団、マッカーサー基金、そしてロバート・ウッド・ジョンソン財団から資金と寛大なサポートを得た。

本文のなかには、ブログの投稿やメディアの記事で、私自身の名前で過去に発表した研究のほか、ルーク・スターク教授、ティム・ファン、ライアン・カロ、ジュリア・ティコナ教授、アレクサンドラ・マティースクなどの他の学者と共同で行なった分野間をまたがる研究から引いたものもある。後者の出版物については、共著者の許可を得て本書に部分的に転載・引用されている。

付録2

Uberを超えるライドヘイリング——双子の弟分Lyftとの出会い

Uberは、ライドヘイルの舞台では主役を演じているかもしれないが、多くのUberドライバーは同時に、Lyftやその他のライバル会社でも働いている。Lyftは二〇一二年にアメリカで設立された。二〇一七年には四〇の州で利用できるまでになっていた。[1] Lyftは二〇一七年の秋には、評価額一一〇億ドルを達成した。[2]「Recode」〔テクノロジー系ニュースサイト〕が明らかにしたところによると、クレジットカードの購買履歴を追跡するリサーチ会社、Second Measureは、Lyftはアメリカ合衆国におけるライドヘイル市場シェアの二三・四パーセントを占めるのに対し、Uberは七四・三パーセントと結論した。[3] ドライバーを管理する際の企業活動は、UberとLyftとではまったく同じではないが、相違点より類似点のほうがはるかに多い。どちらの会社も、ドライバーの配車受付率とキャンセル率を追跡している。両社とも、自動化されたシステムを通じて配車を行なう（Uberは、いちばん近くにいるドライバーを配車すると主張する一方で、Lyftは、同じくいちばん近くにいるドライバーが配車されるが、そのドライバーが配車待ち時間を決定すると主張する）。いずれの会社も、乗客からのレーティング・システムを採用してドライバーを評価する。また、どちらもドライバーによる乗客の評価を許可している。Lyftのドライバーと乗客の互いのレーティングが星三つ以下だった場合、それ以降、このふたりがマッチングされることはない。Uberにはこのようなポリシーはない。両社ともアカウントの停止という脅威を利用して、システムのルールや規範を守らないドライバーにペナルティを科す。また、両社ともアウトソースされた顧客サポートに頼って、ドライバーとコミュニケーションをとっているが、Lyftはさまざまな都市に指導プログラムも備えている。このプログラムでは、通常はドライバーでもある指導者が、新入りのドライバーにアドバイスを提供する。UberもLyftもプレミアムやインセンティブ報酬を利用して、自社のプラットフォームへドライバーを誘い込むことで彼らを魅了し、どちらも、ドライバーの収入の基準となるレートを一方的に設定したり変更したりしている。

最後に、ユーザーにとっても、どちらのアプリもほとんど同じように機能する。主要市場においては、UberとLyftはどちらも実行可能な選択肢だ。たとえばサンフランシスコでは、二〇一七年六月の報告によると、このふたつのライドヘイル会社はそれぞれ一日に一七万もの乗車を受け付けているという――同市のタクシー乗車数のおよそ一二倍だ[4]。二〇一六年一一月、Uberは私への返信のなかで、六〇万人の「現役」ドライバーを抱えていることを確認した。「現役」とはつまり、前月に四回以上の乗車を完了したドライバーと定義される。同時にLyftは、三〇万人の「現役」ドライバーがいると主張したが、現役をどう定義するかについては発言を控えた。どちらの会社も成長を続けている。二〇一四年には一六万人だったUberドライバーが、二〇一五年には四〇万人を数えるまでとなった。二〇一七年一一月には、Uberはアメリカ合衆国で七五万人、カナダで五万人の現役ドライバーを抱えていた[5]。いまだに現役の定義はしていないものの、Lyftは二〇一七年一一月までに、現役ドライバーが七〇万人に増加したと言う。UberとLyftでは、ドライバーの配車、評価、管理方法があまりにも似通っているため、ドライバーはこの二社を交換可能なものとして扱っていることが多い。Uberでの経験なのか、Lyftでの経験なのか、混同している人もいるほどだ。Lyftが設定したルールを尊重しないとして、Uberにフラストレーションを感じているドライバーもいるかもしれないが、ほとんどの場合、このあいまいさは支払い、安全性、ポリシーといった問題に集中している。たとえば、どちらのサービスもアルゴリズムを利用して、需要が高いときに料金を上げるが、Uber はこれを「サージ」と呼ぶのに対し、Lyft は「プライムタイム」と呼んでいる。Uber が優位を占めるエコシステム〔複数の異質の企業等が結びつき業界の枠を超えて共存共栄していくしくみ〕とはいえ、均衡を保つために Lyft は不可欠の存在だ。このことを、二〇一七年の終わりに Lyft がトロントで初めて営業を開始したカナダのドライバーからも聞いたことがある。

私が直接会ったほとんどのドライバー、またオンライン・フォーラムで観察した数えきれないほどのドライバーの間では、よりフレンドリーなコミュニケーションをしてくれるなど、Lyft は Uber よりもドライバーを大切にするという、ほぼ普遍的とも言えるコンセンサスがある。だが、ドライバーとしての仕事が多いのは Uber のほうだ。ドライバーは Lyft のドライバー・フレンドリーなチップ支払いボタンを、乗客がチップをあげる気をなくすような Uber のポリシーと著しく対比するものとして引き合いに出す。(Uber は二〇一七年六月になってようやくチップ支払いボタンを追加した。ドライバーからの抗議とフィードバックを何度も受けた数年後の話だ。)ドライバーが説明する両社の相違点のなかには、企業メッセージにも同じように反映されているものがある。二〇一八年二月の Lyft のホームページの最初のセクションでは、三つの主な点を宣伝している。たとえば「ハッピー・ドライバー、ハッピー・ライダー(ドライバーがハッピーなら乗客もハッピーだ)」といったものだ。[6] これは、ドライバーがハッピーであることが、Lyft の配車サービスの重要な部分であることを強調している。同じく二〇一八年二月の Uber のホームページの最初のセクションは、三つのスローガンを掲げ、乗客のほうに重点が置かれている。すなわち、「身近にある最も簡単な方法」、「いつでも、どこでも」、そして「低コストで贅沢を満喫」だ。どちらの会社のホームページにも、ページの右上の隅に、ドライバーへの申し込みを読者に促すリンクが張られている。[7]

Uber では、ドライバーからの主な連絡先は、Eメールベースのコミュニティ・サポート代表グループとなっている。ドライバーはLyftのEメールとメッセージ通信を、Uberのものよりずっとドライバー・フレンドリーだと言っている。私が注目してきたのは、ドライバーがUberのCSRをどのように評価しているかということだが、自動応答に関しては、両社ともにフラストレーションが蔓延しているのがわかる。

先に本書で紹介したラモンは、ジョージア州アトランタでUberとLyftのドライバーをしている。彼は私に、これまで経験した最も思い出に残る事件について話してくれた。数名の乗客を目的地まで運んでいたとき、別のドライバーが車線に割り込んできたため、ラモンはあわてて車線を変更しなければならなかった。後部座席でジョークを飛ばすことに夢中になっていた乗客は、突然の車線変更以外、何が起こったか気づいていなかった。ラモンは道路で何が起こっているか、三六〇度全体を見渡すことのできる先見の明のあるドライバーだと自負していたが、彼が乗せた客は、彼の運転に問題があると申し立てたのだ。Uberはこの車線変更の件で、ラモンの言葉よりも乗客の言葉を重視した。ところが、Lyftに乗っていたひとりの乗客が別の件でラモンの運転を訴えたとき、Lyftは彼の言い分も聞いたと言う。自分は糖尿病なので、飲酒運転なんかしたら病院に直行するはめになる、とラモンは説明したのだ。Uberのモデルより良いものをつくろうとするライバルたちにとって重要なのは、ドライバーを心から気遣い、彼らの話をきちんと聞いてあげるということに尽きるのかもしれない。

二〇一六年にダラスでインタビューしたUberとLyftのドライバー、フランクは、乗客を基準に、この二社のちがいを評価した。彼はこう語る。「僕の経験からすると、Uberの乗客はどちらかと言えば知識があり、少しだけ上流階級なんだ。Lyftで配車の電話をしてくる人のほとんどはUberから門前払いを食らった人、つまり、クレジットカードの支払いでヘマをしたとか、そういう人なんだ」。Lyftの乗客に関するフランクの説明は、他のドライバーが言っていたことの底辺にあるものだが、ドライバーがUberの乗客を、上流階級ではあるが思い上がっていると説明し、Lyftの乗客はもっとフレンドリーで、話に入ってきてくれるからLyftのほうが好きだと語ることは、それほど珍しいことではない。この区別は両社のブランディングのちがいから来るのかもしれない。Uber は「あなたのプライベート・ドライバー」というスローガンを掲げ、自社をショーファー事業だと宣伝する。Uber の乗客は後部座席に座り、携帯電話から目を話さない、とドライバーたちは言う。対する Lyft は自社を「車をもっている友だち」と宣伝し、グータッチをして乗客を助手席に迎え、楽しくおしゃべりすることをドライバーに推奨する。ブロガーのハリー・キャンベルが二〇一八年に行なった調査では、Lyft のドライバーは仕事満足度において、Uber よりも高い評価だったと報告されている。[8] インタビューや観察のなかで多くのドライバーの指摘にあったのは、Lyft のほうがすぐれているのはアプリ内にチップ支払い機能があるからだということだった（これを Uber が導入するまでには長い年月がかかった）。アプリにチップ支払い機能があることで、乗客にとっては少しだけ割高にはなるが、ドライバーにとってはもっと満足できるものになる。Lyft はとにかく敬意があり、ドライバーの懸念を正当に評価しているように思えると言う人もいる。それでもドライバーが Lyft より Uber のほうで運転するのは、Uber からもらえる仕事のほうが多いからなのだ。

「Uber はウォルマート、Lyft はターゲット」というのは、ソルトレイクシティのあるドライバーが、このことを簡潔に言い表したフレーズだ。「ちょっとだけ品質の良いものが欲しいときはターゲットに行くけれど、ウォルマートのほうが安いから、いつもはそっちに行く」ということだ。Uber と Lyft は文化が異なるとはいえ、ほとんどのドライバーは、両社の実際の企業活動は交換可能だと語る。しかしながら、両社が似たような雇用慣習をもっているにも関わらず、Lyft よりも Uber のほうが大衆紙や消費者、他の利害関係者からこれほど多くの矢継ぎ早の非難を浴びているという事実（Uber の悪評の証）は、これらふたつの会社を一般的に分け隔てるものが、雇用慣習から生まれるのではなく、だれの目にも明らかな Uber の数々の矛盾に端を発しているということを示唆する。Uber は会社としてだけではなく、人々がテクノロジーと社会に対して抱いている汚れた感情の政治的スケープゴートとしても重要な存在なのだ。

リサーチ活動中、ドライバーがUberとLyftをどのように評価するかについて、長い年月の間に地域的なちがいが現れた。ソルトレイクシティでは、Lyftがじゅうぶんな量の仕事を与えているため、ドライバーは一社以上から仕事を求める必要がないように見えた。Lyftで働くことをドライバーが選べば、必ずしもUberに対して抱く反感から逃れるということではない。アトランタでは、LyftよりもUberで運転するほうが好きだとニコラス・スチュワートは言った。「Uberのほうが、いわば忠誠心をもって接してくれるから」と。そしてこう続ける。「マネジメント・チームにもたくさんの知り合いがいる。それに、問題を解決しなければならないときは、LyftよりUberのほうが連絡を取りやすいんだ。Uberのほうが現場でのサポートが充実しているから。サポートが少ないのは、僕だけじゃなく、他の多くのドライバーにとってもフラストレーションがたまることだからね」

註

序論

（1）『ブルームバーグ』の記者、エリック・ニューカマーの調査により、アメリカ全土でドライバーが駐車場を仮眠場所に利用していることがわかった。以下を参照。Eric Newcomer and Olivia Zaleski, “When Their Shifts End, Uber Drivers Set Up Camp in Parking Lots across the U.S.,” *Bloomberg Technology*, January 23, 2017, www.bloomberg.com/news/articles/2017-01-23/when-their-shifts-end-uber-drivers- set-up-camp-in-parking-lots-across-the-u-s.

（2）Andrew Ross, *Nice Work If You Can Get It: Life and Labor in Precarious Times* (New York: New York University Press, 2009); Arne L. Kalleberg, “Precarious Work, Insecure Workers: Employment Relations in Transition,” *American Sociological Review 74*, no. 1 (February 2009): 1–22.

（3）この年間九万ドルという数値はニューヨーク市に特有のものだが、メディアにも広まり、この仕事の利点を、都市に限定した視点を超えて幅広く説明している。

（4）Uber は臨時雇い労働に、長期にわたるトレンドを構築し、これがタクシー業界とその他のセクターに、より広範な影響を与えているが、そのさらに一歩先まで踏み込んでいる。Uber は、テクノロジー主導のナラティブを利用して、こうした同じパターンを再生産しているのだ。

（5）V. B. Dubal, “The Drive to Precarity: A Political History of Work, Regulation, and Labor Advocacy in San Francisco’s Taxi and Uber Economies,” *Berkeley Journal of Employment and Labor Law 38*, no. 1 (February 21, 2017), https://ssrn.com/abstract=2921486.

（6）カーネギー・メロン大学の研究者は、これをアルゴリズム的、またはデータドリブンのマネジメントと表現している。たとえば以下を参照。Min Kyung Lee, Daniel Kusbit, Evan Metsky, and Laura Dabbish, “Working with Machines: The Impact of Algorithmic and Data-Driven Management on Human Workers,” in *Proceedings of the 33rd Annual ACM SIGCHI Conference, Seoul, South Korea, April 2015* (New York: ACM, 2015), 1603–1612, https://dl.acm.org/citation.cfm?id=2702548.

（7）Uber Help, “Insurance,” February 14, 2018, https://help.uber.com/h/a4af b2ed-75af-4db6–8fdb-dccecfcc3fd7?state=x31lXMTG_n8G9rQNXx_ 5L3qgzdIE8–7bHzhAoksAf1g%3D&_csid=KofAFMlupm3NY9go3S0D_A#_.

（8）Alex Rosenblat and Luke Stark, “Algorithmic Labor and Information Asymmetries: A Case Study of Uber’s Drivers,” *International Journal of Communication 10*, no. 27 (2016), http://ijoc.org/index.php/ijoc/article/view/4892.

（9）Douglas O’Connor, Thomas Colopy, Matthew Manahan, and Elie Gurfinkel vs. Uber Technologies, Inc., August 16, 2013, http://uberlawsuit.com/Complaint.pdf.

（10）ロバート・ジョン・ヘンドリクスによるこの引用については、以下を参照。Douglas O’Connor, Thomas Colopy, Matthew Manahan, and Elie Gurfinkel vs. Uber Technologies, Inc., no. C 13–3826 EMC, “Transcript of Proceedings,” p. 17, U.S. District Court, Northern California:January30,2015,http://uberlawsuit.com/Uber%20-%20Transcript%20of%20hearing%20on%20summary%20judgment%20-%201-30-15.pdf.

(11) Philip M. Napoli and Robyn Caplan, "Why Media Companies Insist They're Not Media Companies, Why They're Wrong, and Why It Matters," *First Monday* 22, no. 5 (May 2017), http://firstmonday.org/ojs/index.php/fm /article/view/7051/6124.

(12) 以下からの引用。Judge Edward M. Chen, comes from Douglas O'Connor et al., Plaintiffs v. Uber Technologies, Inc., et al., Defendants. No. C-13-3826 EMC, "Order Denying Defendant Uber Technologies, Inc.'s Motion for Summary Judgment," p. 10, U.S. District Court, Northern California, March 11, 2015, https://onlabor.org/wp-content/uploads/2015/05/uber-order.pdf.

(13) Helen Christoph, "Judge Advances Men's ADA Complaint against Uber," *Courthouse News Service*, March 1, 2018, www.courthousenews.com /judge-advances-mens-ada-complaint-against-uber/.

(14) Napsterはユーザーにファイルの共有を無料で許可することで、音楽業界の軌跡を変えた。フェイスブックのソーシャルメディア・プラットフォームは、ニュースをより迅速に拡散したが、ジャーナリズムはその流通の制御力を失った。たとえば以下を参照。Emily Bell, "The End of the News as We Know It: How Facebook Swallowed Journalism," *Tow Center*, March 7, 2016, https://medium.com/tow-center/the-end-of-the-news-as-we-know-it-how-facebook-swallowed-journalism- 60344fa50962.

(15) Amy Webb, "The 'Uber for X' Fad Will Pass Because Only Uber Is Uber," *Wired*, December 9, 2016, www.wired.com/2016/12/uber-x-fad-will-pass-uber-uber/.

(16) メディア、カルチャー、コミュニケーションを専門とする学者、ルーク・スタークとともに行なったUberについての私の最初の正式なリサーチプロジェクトは、二〇一四年一二月に開始したが、その背景となる調査は二〇一四年六月にすでに始まっていた。

(17) これらの都市には、テキサス州オースティンとテキサス州フォートワース地区、フロリダ州オーランド、マサチューセッツ州ケンブリッジとその隣のボストン、カリフォルニア州サンフランシスコ、パロアルト、ロサンゼルス、ニューヨーク市と近郊のニュージャージー州の一部の地域、ユタ州ソルトレイクシティ、ジョージア州アトランタ、ルイジアナ州ニューオーリンズ、ワシントンDC、カナダのケベック州モントリオールなどが含まれる。

(18) これらの都市には、ミシガン州アナーバーとデトロイト、コロラド州デンバー、カリフォルニア州サンノゼ、フロリダ州ボカラトンとマイアミ地域、アラスカ州ジュノーとアンカレッジ、ワシントン州シアトル、サウスカロライナ州チャールストン、モンタナ州ボーズマン、マニトバ州ウィニペグ、ブリティッシュコロンビア州バンクーバー、オンタリオ州トロントとオタワが含まれる。実際に歩いてフィールドワークを行なった都市だけでなく、訪れたことのない都市の人々とも電話インタビューをしたこともある。たとえば、ジョージア州サバンナ、ルイジアナ州バトンルージュ、テキサス州ヒューストン、ノースカロライナ州ローリーなど。

(19) Global News Staff, "Uber Can Now Legally Operatein Quebec," *Global News*, October 22, 2016, http://globalnews.ca/news/3019867/uber-can-now-legally-operate-in-quebec/.

(20) Julia Simon-Mischel, "Uber and Lyft: Where Are We Going?" (panel presentation, Continuing Legal Education for the Pennsylvania Bar Institute, November 28, 2017); Training Assocs. Corp. v. Unemployment Comp. Bd. of Review, 101 A.3d 1225, 2014 Pa.

Commw. LEXIS 501 (Pa. Commw. Ct. 2014).

(21) この洞察は、リサ・コンラッドからの二〇一七年八月三日付のEメールから得た。彼女に感謝したい。たとえば以下を参照。https://en.wikipedia.org/wiki/How_the_Other_Half_Lives.

(22) ソルトレイクシティ以外では、ユタ州の大多数の宗教はモルモン教である。たとえば以下を参照。Matt Canham, "Salt Lake County Is Becoming Less Mormon—Utah County Is Headed in the Other Direction," *Salt Lake Tribune*, July 16, 2017, http://archive.sltrib.com/article.php?id=5403049&itype=CMSID.

(23) U.S. Federal Trade Commission, "Uber Settles FTC Allegations That It Made Deceptive Privacy and Data Security Claims," August 15, 2017, www.ftc.gov/news-events/press-releases/2017/08/uber-settles-ftc-allegations-it-made-deceptive-privacy-data.

(24) Sarah Lacy, "Uber Executive Said the Company Would Spend 'A Million Dollars' to Shut Me Up," *Time*, November 14, 2017, http://motto.time.com/5023287/uber-threatened-journalist-sarah-lacy/.

(25) Aaron Deliwiche and Jennifer Jacobs Henderson, "What Is Participatory Culture?" in *The Participatory Cultures Handbook*, eds. Aaron Deliwiche and Jennifer Jacobs Henderson (New York: Taylor and Francis, 2013), 4.

(26) 研究のなかで、Uber の乗客用アプリに表示される小さな黒いセダンの数と場所は、実際には、実生活で利用できる Uber の本当の場所と正確な数とは似ても似つかないという証拠をつかんだ。

1 運転という魅力あふれる仕事

(1) シェアリング・エコノミーとその政治的意味合いについての重要な評論については、以下を参照。Trebor Scholz, *Uberworked and Underpaid: How Workers Are Disrupting the Digital Economy* (Cambridge, UK: Polity, 2016), and Nick Srnicek, Platform Capitalism (Cambridge, UK: Polity, 2016).

(2) 法学者オーリー・ローベルは、シェアリング・エコノミーの定義には確固たるコンセンサスはなく、「我々が製造し、消費し、労働し、資金を調達し、学ぶ方法におけるパラダイム・シフトの全範囲を完全にとらえる」フレーズは存在しないという事実を強調している。Orly Lobel, "The Law of the Platform," *University of Minnesota Law Review 101*, no. 1 (2016): 87–89; Ryan Calo and Alex Rosenblat, "The Taking Economy: Uber, Information, and Power," *Columbia Law Review 117*, no. 6 (2017), http://columbialawreview.org/content/the-taking-economy-uber-information-and-power/. 一般的な考え方、または想像の対象としてのシェアリング・エコノミーの説明については、以下を参照。Caroline Jack, "Imagining the Sharing Economy," *Points*, November 21, 2016, https://points.datasociety.net/imagining-the-sharing-economy-3a2048469da5.

(3) Anne Washington, "A Crisis of Logics: Vocabulary Shifts in 2007–2008 Monetary Policy" (presentation, egos2017, Copenhagen, June 24, 2017).

(4) Christine MacDonald and Joel Kurth, "Detroit Backed Off Suing Lenders over Risky Mortgages, Blight," *Detroit News*, June 25, 2015, www.detroitnews.com/story/news/special-reports/2015/06/25/detroit-backed-off-suing-lenders /29289237/.

(5) 経済学者のバースとその同僚が述べているように、「大不況において雇用が急激に落ち込み、それが徐々に回復へ向かい、六年後の二〇一五年には、就業者人口比率が二〇〇七年より三・六ポイント低くなった」。たとえば以下を参照。Erling Barth, James Davis, Richard Freeman, and Sari Pekkala Kerr, "Weathering the Great Recession: Variation in Employment Responses, by Establishments and Countries," *Russell Sage Foundation Journal of the Social Sciences 3, no. 3* (2017): 50–69, www.rsfjournal.org/doi/full/10.7758/RSF.2017.3.3.03.

（6）Ann R. Tickamyer, Jennifer Sherman, and Jennifer Warlick, eds., *Rural Poverty in the United States* (New York: Columbia University Press, 2017), 124.

（7）Ofer Sharone, *Flawed System/Flawed Self* (Chicago: University of Chicago Press, 2013), 7; 著者は以下を引用している。Challenger, Grey, and Christmas, "More on White-Collar Job Loss," October 6, 2009, *Challenger@Work*, http://challengeratworkblog.blogspot.com/2009/10/more-on-white-collar-job-loss.html.

（8）Janice Nittoli, "Our Blue-Collar Great Depression," *Wall Street Journal*, August 25, 2010, www.wsj.com/articles/SB10001424052748704023404575429864088150270.

（9）バースとその同僚は次のように述べている。「二〇一五年、回復へ向かいはじめた六年後、雇用人口率は二〇〇七年よりも三・六ポイント低くなった」。たとえば以下を参照。Barth, Davis, Freeman, and Kerr, "Weathering the Great Recession," 2. 大不況が失業にもたらした永続的な影響についての詳細は、たとえば以下を参照。Tickamyer, Sherman, and Warlick, *Rural Poverty*, 124.

（10）Sasha Ingber, "U.N. Investigator on Extreme Poverty Issues a Grim Report—on the U.S.," *NPR Goats and Soda*, December 21, 2017, www.npr.org/sections/goatsandsoda/2017/12/21/572043850/u-n-investigator-on-extreme-poverty- issues-a-grim-report-on-the-u-s.

（11）Wendy Chun, "Proxy Politics as Social Cybernetics" (presentation, Cybernetics Conference, November 18, 2017), webcast by Internet Society, https://livestream.com/accounts/9197973/events/7940973/videos/166218044.

（12）たとえば以下を参照。John Cassidy, "Does Tackling Inequality Reduce Growth? No," *New Yorker*, February 26, 2014, www.newyorker.com/news/john-cassidy/does-tackling-inequality-reduce-growth-no; Christian R. Proaño, "A Paradigm Change and the IMF?" *Development and Cooperation*, January 12, 2016, www.dandc.eu/en/article/imf-economomists-worry-about-growing-inequality.

（13）Charlie Savage, "Wells Fargo Will Settle Mortgage Bias Charges," *New York Times*, July 12, 2012, www.nytimes.com/2012/07/13/business/wells-fargo-to-settle-mortgage-discrimination-charges.html.

（14）Tressie McMillan Cottom, *Lower Ed: The Troubling Rise of For-Profi Colleges in the New Economy* (New York: New Press, 2017), ch. 9; The Movement for Black Lives, "Platform," n.d., https://policy.m4bl.org/platform/.

（15）Chris Hughes, *Fair Shot: Rethinking Inequality and How We Earn* (New York: St. Martin's Press, 2018).

（16）Todd Haselton, "Mark Zuckerberg Joins Silicon Valley Bigwigs in Calling for Government to Give Everybody Free Money," *CNBC*, May 25, 2017, www.cnbc.com/2017/05/25/mark-zuckerberg-calls-for-universal-basic-income- at-harvard-speech.html.

（17）Eric A. Posner and Glen E. Weyl, "Property Is Only Another Name for Monopoly," *Journal of Legal Analysis* (January 31, 2017), https://ssrn.com /abstract=2818494.

(18) Jack, "Imagining the Sharing Economy."
(19) Robin Chase, "Bye, Bye Capitalism: We're Entering the Age of Abundance," *Backchannel*, July 16, 2015, https://medium.com/backchannel/see-ya-later-capitalism-the-collaborative-economy-is-taking-over-34a5fc3a37cd. ロビン・チェイスは、シェアリング・エコノミーについての書籍 *Peers, Inc.*,（未訳）の著者でもある。
(20) スルニチェクの研究は、経済の好景気と不景気の交代によるプラットフォーム資本主義の発展と、現在見られるコラボラティブな経済としてのその再出現について追跡している。
(21) Nick Srnicek, *Platform Capitalism* (Cambridge, UK: Polity, 2016).
(22) Jay Shambaugh and Ryan Nunn, "Why Wages Aren't Growing in America," *Harvard Business Review*, October 24, 2017, https://hbr.org/2017/10/why-wages-arent-growing-in-america.
(23) Darrell Etherington, "Uber Crosses the 5 Billion Trip Milestone amid Ongoing Issues," *TechCrunch*, June 29, 2017, https://techcrunch.com/2017/06/29 /uber-crosses-the-5-billion-trip-milestone-amid-ongoing-issues/.
(24) Uber Public Policy, email message to author, March 5, 2018.
(25) Pew Research Center, "America's Shrinking Middle Class: A Close Look at Changes within Metropolitan Areas," May 11, 2016, www.pewsocialtrends.org/2016/05/11/americas-shrinking-middle-class-a-close-look-at-changes-within-metropolitan-areas/.
(26) 本書で後に見るように、これらの数値は実際のドライバーの収入に関する他の多くの報告と矛盾する。
(27) Studs Turkel, *Working: People Talk about What They Do All Day and How They Feel about What They Do* (New York: New Press, 1997); John Bowe, Marisa Bowe, Sabin Streeter, eds., Gig (New York: Three Rivers Press, 2001).
(28) Lawrence F. Katz and Alan B. Krueger, "The Rise and Nature of Alternative Work Arrangements in the United States, 1995–2015," *National Bureau of Economic* Research, June 18, 2017, https://scholar.harvard.edu/files/lkatz/files/katz_krueger_cws_resubmit_clean.pdf.
(29) U.S. Bureau of Labor Statistics, "Why This Counts: Measuring 'Gig' Work," March 3, 2016, https://blogs.bls.gov/blog/tag/contingent-workers/.
(30) Lauren Weber, "Some of the World's Largest Employers No Longer Sell Things, They Rent Workers," Wall Street *Journal*, December 28, 2017, www.wsj.com/articles/some-of-the-worlds-largest-employers-no-longer-sell-things-they-rent-workers-1514479580.
(31) Vili Lehdonvirta, "Considering the Taylor Review: Ways Forward for the Gig Economy," *Policy and Internet Blog*, July 21, 2017, http://blogs.oii.ox.ac.uk /policy/considering-the-taylor-review-ways-forward-for-the-gig-economy/.
(32) たとえば以下を参照。Barth, Davis, Freeman, and Kerr, "Weathering the Great Recession."
(33) Airbnb など Uber と同時期に現れた企業や、TaskRabbit など Uber 以前に出現していた企業でさえ、シェアリング・エコノミーの顔として目立つ存在となった Uber に影を投げかけられるかたちになっている。「Uber の〇〇版」現象に関する議論については、以下を参照。Nathan Heller, "Is the Gig Economy Working?" *New Yorker*, May 15, 2017, www.newyorker.com/magazine/2017/05/15/is-the-gig-economy-working.
(34) Juggernaut, "11 Uber for X Startups That Failed—Are You

Making the Same Mistakes?" April 28, 2015, http://nextjuggernaut.com/blog/11-uber-for-x-startups-that-failed-are-you-making-the-same-mistakes/.

(35) Aaron Smith, "Gig Work, Online Selling and Home Sharing," Pew Research Center, November 17, 2016, www.pewinternet.org/2016/11/17/gig-work-online-selling-and-home-sharing/.

(36) Sara Ashley O'Brien, "Airbnb's Valuation Soars to $30 Billion," *CNN Tech*, August 8, 2016, http://money.cnn.com/2016/08/08/technology/airbnb-30-billion-valuation/index.html.

(37) Vili Lehdonvirta, "The Online Gig Economy Grew 26% over the Past Year," iLabour Project, July 10, 2017, http://ilabour.oii.ox.ac.uk/the-online-gig-economy-grew-26-over-the-past-year/.

(38) シェアリング・エコノミーに属する用語としては、ピアツーピア・エコノミーやコラボラティブ・エコノミーなども含まれる。

(39) Uber Under the Hood, "Uber Partners with NAACP to Increase Flexible Work Opportunities," January 5, 2016, https://medium.com/uber-under-the-hood/uber-partners-with-naacp-to-increase-flexible-work-opportunities- 78cfc51695b3.

(40) Uber, "Uber | MADD," www.uber.com/partner/madd/.

(41) 以下も参照。Gabriel Thompson, "What We Talk about When We Talk about the Gig Economy," *Capital and Main*, July 27, 2017, https://capitalandmain.com /what-we-talk-about-when-we-talk-about-the-gig-economy-0727; ギグエコノミーにおける収入の不安定さについては、以下を参照。JP Morgan Chase, "Paychecks, Paydays, and the Online Platform Economy Big Data on Income Volatility," February 2016, www.jpmorganchase.com/corporate/institute/report-paychecks-paydays-and-the-online-platform-economy.htm.

(42) Amir Efrati, "Investors Rethink Uber's Long-Term Value," The Information, December 7, 2017, www.theinformation.com/investors-rethink-ubers-long-term-value.

(43) Greg Bensinger, "What Is Uber Really Worth?" *Wall Street Journal*, November 15, 2017, www.wsj.com/articles/with-two-price-tags-from-softbank-what-is-uber-really-worth-1510741802.

(44) Harrison Weber, "Uber's Unreal $70 Billion Valuation Really Was Unreal," *Gizmodo*, December 28, 2017, https://gizmodo.com/uber-s-unreal-70-billion-valuation-really-was-unreal-1821633772.

(45) Theodore Schleifer, "Uber's Latest Valuation: $72 Billion," *ReCode*, February 9, 2018, www.recode.net/2018/2/9/16996834/uber-latest-valuation-72-billion-waymo-lawsuit-settlement.

(46) Valerio de Stefano, "Introduction: Crowdsourcing, the Gig Economy, and the Law," *Comparative Labor Law & Policy Journal* 37, no. 3 (April 24, 2016): 2, https://papers.ssrn.com/sol3/papers.cfm?abstract_id=2767383.

(47) シェアリング・エコノミーのモデルの先駆者といえば、それぞれの業界ライバル（タクシーなど）というよりもむしろ、フランチャイズ事業（マクドナルドやサブウェイなど）だろう。ライドヘイル・ドライバーと同様、レストラン・フランチャイズも、中小ビジネスのアントレプレナーとして彼らが運営する事業に関して、かなりのレベルの企業統制に従うことが要求される。

(48) シェアリング・エコノミーにおけるプラットフォームは、スキンケア製品や化粧品、栄養食品、その他アムウェイやメアリー・ケイ、エイボン、ハーバライフなどの企業が販売する製品を流通する独立系流通事業主のネットワークとは区別される。ユタ大学ビジネススクール教授のジェシカ・バーチが、二〇一八年一月にEメールで私に説明してくれたように、「直接販売のエグゼクティブはしばしば、自分たちをシェアリング・エコノミーの一部としては見ていない。なかには「フリーダム・エコノミー」という言葉を好む人もいる。彼らの観点からすれば、シェアリング・エコノミーは共有するための部屋や車をもっている人を必要とするが、直接販売は何も所有していない人にも開かれている。フリーダム（自由）という言葉は参入のしやすさを捉えているが、同時に、直接販売業者は資産とは「無縁（free）である」可能性があるということも暗に含んでいる」

（49）Juliet B. Schor, "Collaborating and Connecting: The Emergence of the Sharing Economy," in *Handbook on Research and Sustainable Consumption*, ed. Lucia Reisch and John Thogersen (Northampton, MA: Edward Elgar, 2015).

（50）Yochai Benkler, "Sharing Nicely: On Shareable Goods and the Emergence of Sharing as a Modality of Economic Production," *Yale Law Journal 114*, no. 2 (November, 2004): 273–358.

（51）Alexandra Mateescu, "Who Cares in the Gig Economy?" *Points*, July 12, 2017, https://points.datasociety.net/who-cares-in-the-gig-economy-6d75a079a889. コラボラティブ・コマースにルーツをもつビジネス活動の集合を示すシニフィアンとしてのシェアリング・エコノミーの説明については、以下の社会学者の論文を参照。Juliet B. Schor, "On the Sharing Economy," *Contexts* 14, no. 1 (2015): 12–19, http://journals.sagepub.com/doi/pdf/10.1177/1536504214567860; 以下も併せて参照のこと。Edward T. Walker, "Beyond the Rhetoric of the 'Sharing Economy,'" *Contexts* 14, no. 1 (2015): 12–19, "Twisting Words to Make 'Sharing' Apps Seem Selfless," *New York Times*, http://journals.sagepub.com/doi/pdf/10.1177/1536504214567860; Natasha Singer, August 8, 2015; Caroline Jack, "Imagining the Sharing Economy," *Points*, November 21, 2016, https://points.datasociety.net/imagining-the-sharing-economy- 3a204869da5.

（52）Axel Bruns, *Blogs, Wikipedia, Second Life, and Beyond: From Production to Produsage* (New York: Peter Lang, 2008), 3. 第12章も参照。

（53）Emma Paling, "Wikipedia's Hostility to Women," Atlantic, October 21, 2015, www.theatlantic.com/technology/archive/2015/10/how-wikipedia-is-hostile-to- women/411619/; 女性編集者によるウィキペディアへの投稿におけるテクノロジーと不平等の文化的状況についての詳細は、以下を参照。Alice Marwick, Status *Update* (New Haven, CT: Yale University Press, 2013), 75; Claudia Wagner et al., "It's a Man's Wikipedia? Assessing Gender Inequality in an Online Encyclopedia," Cornell University Library, January 26, 2015, https://arxiv.org/abs/1501.06307; Lam et al., "WP: Clubhouse? An Exploration of Wikipedia's Gender Imbalance" (presentation at WikiSym'11, Mountain View, California, October 3–5, 2011), http://files.grouplens.org/papers/wp-gender-wikisym2011.pdf.

（54）Marwick, *Status Update*, 29–35, 44.

（55）Bruns, *Blogs, Wikipedia, SecondLife, and Beyond*, 3.

（56）Julia Ticona, Conversation with the auther, August 3, 2017.

（57）"Anti-Uber Protests around the World, in Pictures," *Telegraph*, n.d., www.telegraph.co.uk/technology/picture-galleries/11902080/Anti-Uber-protests-around-the-world-in-pictures.html.

（58）Uber のような労働と雇用のプラットフォームは一般に、

Airbnb など、資産を多くもつプラットフォームとは区別される。後者では、ホストはプラットフォームを利用するために空いている不動産を必要とする――一方で、ドライバーは一般に、自分の車またはレンタカーを使って仕事をする。生活の収支を合わせる必要のある人ならだれでも、スマートフォンのアプリを通じてサイドギグを得ることができる。たとえば、Instacart を介した食料品、TaskRabbit を介した、引っ越しから大工までの種々雑多の仕事、Handy を介したクリーニング・サービス、その他数多くのポップアップ・ショップを介した労働のタイプがある。

(59) Philip M. Napoli and Robyn Caplan, "Why Media Companies Insist They're Not Media Companies, Why They're Wrong, and Why It Matters," *First Monday* 22, no. 5 (May 2017), http://firstmonday.org/ojs/index.php/fm /article/view/7051/6124.

(60) Erin Griffith, "Memo to Facebook: How to Tell If You're a Media Company," *Wired*, October 12, 2017, www.wired.com/story/memo-to-facebook-how-to-tell-if-youre-a-media-company/.

(61) Julia Tomassetti, "Does Uber Redefine the Firm? The Postindustrial Corporation and Advanced Information Technology," *Hofstra Labor and Employment Law Journal* 34, no. 1 (2016): 8; Calo and Rosenblat, "The Taking Economy."

(62) Sharon Terlep, "Millennials as Seen by Corporate America," *Wall Street Journal*, 2017, https://graphics.wsj.com/glider/millennials-c671d444–6267–4e9b-ba6b-384a5b2fdb03.

(63) ときに、ミレニアル女性にあるとされるナルシシズムは、確固たる自己決定に傾く女性を軽蔑する婉曲的な言い回しである。

(64) たとえば以下を参照。Alison J. Pugh, *The Tumbleweed Society* (Oxford: Oxford University Press, 2015).

(65) 労働者階級の成人が、どのようにこれらの考え方を自分自身の仕事やライフプランに統合しているかについてのエスノグラフィー的研究については、以下を参照。Jennifer M. Silva, *Coming Up Short: Working-Class Adulthood in an Age of Uncertainty* (Oxford: Oxford University Press, 2013), 特に pp. 29–31.

(66) Jia Tolentino, "The Gig Economy Celebrates Working Yourself to Death," *New Yorker*, March 22, 2017, www.newyorker.com/culture/jia-tolentino/the-gig-economy-celebrates-working-yourself-to-death.

(67) Elizabeth Wissinger, "Glamor Labour in the Age of Kardashian," *Critical Studies in Fashion and Beauty* 7, no. 2 (December 2016): 141–152, www.ingentaconnect.com/contentone/intellect/csfb/2016/00000007/00000002/art00002.

(68) International Finance Corporation–World Bank, "Driving toward Equality: Women, Ride-Hailing, and the Sharing Economy," March 1, 2018, http://documents.worldbank.org/curated/en/856531520948298389/Driving-toward-equality-women-ride-hailing-and-the-sharing-economy.

(69) Kaleigh Rogers, "Love in the Time of Ridesharing," Motherboard, May 27, 2016, https://motherboard.vice.com/en_us/article/yp33yg/love-in-the-time-of-ridesharing-uber-lyft-romance-technology.

(70) Lobel, "The Law of the Platform"; Calo and Rosenblat, "The Taking Economy."

(71) Tressie McMillan Cottom, "Credentials, Jobs and the New Economy," Inside Higher Ed, March 2, 2017, www.insidehighered.com/views/2017/03/02 /impact-new-economy-profit-colleges-and-their-students-essay.

(72) Alex Rosenblat and Luke Stark, "Algorithmic Labor and Information Asymmetries: A Case Study of Uber's Drivers," International Journal of Communication 10, no. 27 (2016): 3762, http://ijoc.org/index.php/ijoc/article/view/4892.

(73) ここに引用した、また本書全体の随所で引用した私のフィールドワークの一部は、合同研究プロジェクトや関連書物にも使用されてきた。たとえば以下を参照。Alexandra Mateescu, Alex Rosenblat, and Julia Ticona, "Mapping Inequalities in the On-Demand Economy" (unpublished white paper, New York: Data & Society Research Institute, January 31, 2018).

(74) ライドシェア・ドライバー向けの、情報満載の人気ブログを運営するハリー・キャンベルは、以下の論文でこの仕事の隠されたリスクについて要約している。"The Hidden Costs of Rideshare Driving," *The Rideshare Guy*, January 11, 2017, http://theride shareguy.com/the-hidden-costs-of-rideshare-driving-infographic/.

(75) Caroline O'Donavan, "Here's How Much Uber Drivers Make, According to a New Uber Report," *BuzzFeed News*, November 21, 2016, www.buzzfeed.com/carolineodonovan/heres-how-much-uber-drivers-make-according-to-a-new-uber-rep.

(76) Alison Griswold, "MIT's Uber Study Couldn't Possibly Have Been Right: It Was Still Important," *Quartz*, March 7, 2018, https://qz.com/1222744 /mits-uber-study-couldnt-possibly-have-been-right-it-was-still-important/.

(77) Caroline O'Donavan, "No, Uber Drivers Are Probably Not Earning Only $3.37 an Hour," *BuzzFeed News*, March 6, 2018, www.buzzfeed.com/carolineodonovan/uber-driver-earnings-research-mit-dara-khosrowshahi?utm_ term=.qdW0E4MJmZ#.glqNagnyYm.

2 ドライバーになるモチベーション

(1) Lyft, email correspondence with the author, December 9, 2017.

(2) Uber, email correspondence with the author, March 5, 2018, and May 29, 2018.

(3) Cody Cook, Rebecca Diamond, Jonathan Hall, John A. List, and Paul Oyer. "The Gender Earnings Gap in the Gig Economy: Evidence from over a Million Rideshare Drivers," January 2018, 9, https://web.stanford.edu/~diamondr/UberPayGap.pdf, p. 9; Alexandra Mateescu, Alex Rosenblat, and Julia Ticona, "Mapping Inequalities in the On-Demand Economy" (unpublished white paper, New York: Data & Society Research Institute, January 31, 2018).

(4) 本書には、以下の記事からの抜粋が含まれている。Alex Rosenblat, "What Motivates Gig Economy Workers," *Harvard Business Review*, November 17, 2016, https://hbr.org/2016/11/what-motivates-gig-economy-workers. この抜粋は、本書の別の場所にも登場する。それぞれのケースでこれらを引用した。

(5) Jonathan V. Halland Alan B. Krueger, "An Analysis of the Labor Market for Uber's Driver-Partners in the United States," January 22, 2015, https://s3.amazonaws.com/uber-static/comms/PDF/Uber_Driver-Partners_Hall_ Kreuger_2015.pdf. 同様に、ライドシェア・ドライバーのためのハリー・キャンベルの人気ブログの定期購読者四五三名を対象にした調査では、一週間に二〇時間以下しか働かないUberドライバー（彼らの約半数）は、Uberのサービスと労働時間の約二四パーセントを占めている一方で、フルタイムまたはそれ以上（一週間に四〇時間以上）働くという少数派のドライバー（一四パーセント）は、Uberのサービスの三一パーセントを提供する責任を負っている。

(6) Lyft, "National Data," 2018 Economic Impact Report, https://take.lyft.com/economic-impact/.

(7) James Manyika, Susan Lund, Jacques Bughin, Kelsey Robinson, Jan Mischke, and Deepa Mahajan, "Independent Work: Choice, Necessity, and the Gig Economy," McKinsey & Company, October 2016, www.mckinsey.com/global-themes/employment-and-growth/independent-work-choice-necessity-and-the-gig-economy.

(8) Diana Farrell and Fiona Greig, "The Online Platform Economy: Has Growth Peaked?" JP Morgan Chase, November 2016, www.jpmorganchase.com/corporate/institute/document/jpmc-institute-online-platform-econ-brief.pdf; Lyft, "New York City," 2018 Economic Impact Report, https://take.lyft.com/economic-impact/; Rosenblat, "What Motivates Gig Economy Workers."

(9) Lyft, "National Data," 2018 Economic Impact Report, https://take.lyft.com/economic-impact/.

(10) Sachin Kansal, "Another Step to Prevent Drowsy Driving," *Uber News-room*, February 12, 2018, www.uber.com/newsroom/drowsydriving/.

(11) Uber policy team, February 13, 2018. 著者とのEメール通信。

(12) Office of the Mayor, *For-Hire Vehicle Transportation Study* (NewYork: Office of the Mayor, January 2016), 9, www1.nyc.gov/assets/operations/downloads/pdf/For-Hire-Vehicle-Transportation-Study.pdf.

(13) Lyft, "New York City," 2018 Economic Impact Report, https://take.lyft.com/economic-impact/.

(14) Noah Zatz, "Is Uber Wagging the Dog with Its Moonlighting Drivers?" *On Labor*, February 1, 2016, https://onlabor.org/is-uber-wagging-the-dog-with-its-moonlighting-drivers/; Rosenblat, "What Motivates Gig Economy Workers."

(15) Rosenblat, "What Motivates Gig Economy Workers."

(16) David Gutman, "Judge Dismisses Lawsuit Seeking to Block Seattle Law Allowing Uber and Lyft Drivers to Unionize," *Seattle Times*, August 1, 2017, www.seattletimes.com/seattle-news/transportation/judge-dismisses-lawsuit-seeking-to-block-seattle-law-allowing-uber-and-lyft-drivers-to-unionize/.

(17) Seattle.gov, "For-Hire Driver Collective Bargaining," n.d., www.seattle.gov/business-regulations/taxis-for-hires-and-tncs/for-hire-driver-collective-bargaining.

(18) Lindsey D. Cameron, "Making Out While Driving: Control, Coordination, and Its Consequences for Algorithmic Labor" (PhD diss., Stephen M. Ross School of Business, 2018).

(19) Aaron Smith, "Gig Work, Online Selling and Home Sharing," Pew Research Center, November 17, 2016, www.pewinternet.org/2016/11/17/gig-work-online-selling-and-home-sharing/.

(20) Rosenblat, "What Motivates Gig Economy Workers"; Smith, "Gig Work, Online Selling."

(21) Rosenblat, "What Motivates Gig Economy Workers."

(22) JP Morgan Chase, "Paychecks, Paydays, and the Online Platform Economy Big Data on Income Volatility," February 2016, www.jpmorganchase.com/corporate/institute/report-paychecks-paydays-and-the-online-platform- economy.htm.

(23) Hall and Krueger, "Analysis of the Labor Market," 16.

(24) Ibid.

(25) 継父母による子育てのエピソード、以下より引用。

Alison Pugh, *The Tumbleweed Society: Working and Caring in an Age of Insecurity* (New York: Oxford University Press, 2015), 184.

(26) Alex Rosenblat, "The Truth about How Uber's App Manages Drivers," *Harvard Business Review*, April 6, 2016, hbr.org/2016/04/the-truth-about-how-ubers-app-manages-drivers.

(27) Douglas MacMillan and Deepa Seetharaman, "Uber Eases Screening Rules in California," *Wall Street Journal*, January 13, 2016, www.wsj.com/articles /uber-eases-screening-rules-in-california-1452668401.

(28) このインタビューと説明は、以下より抜粋。Alexandra Mateescu, Alex Rosenblat and Julia Ticona, "Mapping Inequalities in the On-Demand Economy" (working paper, New York: Data & Society Research Institute, March 2018).

(29) U.S. Federal Trade Commission, "Uber Agrees to Pay $20 Million to Settle FTC Charges That It Recruited Prospective Drivers with Exaggerated Earnings Claims," January 19, 2017, www.ftc.gov/news-events/press-releases /2017/01/uber-agrees-pay-20-million-settle-ftc-charges-it-recruited.

(30) Caroline O'Donovan and Jeremy Singer-Vine, "How Much Uber Drivers Actually Make per Hour," *BuzzFeed News*, June 22, 2016, www.buzzfeed.com/carolineodonovan/internal-uber-driver pay-numbers.

(31) Lawrence Mishel, "Uber and the Labor Market: Uber Driver's Compensation, Wages, and the Scale of Uber and the Gig economy," Economic Policy Institute, May 15, 2018, www.epi.org/publication/uber-and-the-;abor-market-uber-driver-compensation-wages-and-the-scale-of-uber-and-the-gig-economy/

(32) Kate Conger, "In Letter, Uber Said Drivers Didn't Make Advertised Earnings due to Their 'Choices.'" *Gizmodo*, December 21, 2017, https://gizmodo.com/in-letter-uber-said-drivers-didnt-make-advertised-earn-1820928444.

(33) 職場監視と、この力関係がトラック業界における独立系ドライバーの仕事とどのように交わっているかに関するさらなる研究については、以下を参照。Karen Levy, "The Automation of Compliance: Techno-Legal Regulation in the United States Trucking Industry" (unpublished manuscript, 2014).

(34) David C. Shonka and Katherine Worthman, "Complaint for Permanent Injunction and Other Equitable Relief," Federal Trade Commission v. Uber Technologies, Case 3:17-cv-00261, Filed 1/19/17, United States District Court for the Northeastern District of California, p. 7, www.ftc.gov/system/files /documents/cases/1523082ubercmplt.pdf.

(35) Katie Wells, Kafui Attoh, and Declan Cullen, "The Work Lives of Uber Drivers: Worse Than You Think," *Working-Class Perspectives*, July 10, 2017, https://workingclassstudies.wordpress.com/2017/07/10/the-work-lives-of-uber-drivers-worse-than-you-think/; Alison Griswold, "Inside Uber's Unsettling Alliance with Some of New York's Shadiest Car Dealers," *Quartz*, June 27, 2017, https://qz.com/1013882/ubers-rental-and-lease-programs-with- new-york-car-dealers-push-drivers-toward-shady-subprime-contracts/.

(36) たとえば以下を参照。Griswold, "Inside Uber's Unsettling Alliance."

(37) たとえば以下を参照。ibid.

(38) Michael Lazar, "The Average American Auto Payment Is . . . ," *Huffington Post*, December 6, 2017, www.huffingtonpost.com/michael-lazar/the-average-american-auto_b_9405176.html.

(39) Lauren Day, "Uber Driver Says Driving Isn't Worth It," *KMIR*, July 19, 2017, www.kmir.com/story/35926469/uber-driver-says-driving-isnt-worth-it.
(40) Griswold, "Inside Uber's Unsettling Alliance."
(41) Wells, Attoh, and Cullen, "The Work Lives of Uber Drivers."
(42) Alex Rosenblat, "How Uber's Alliance with Montréal Drivers Turns Labo[u]r's Tactics On Its Head," *Uber Screeds*, August 4, 2016, https://medium.com/uber-screeds/how-ubers-alliance-with-montr%C3%A9al-drivers-turns- labo-u-r-s-tactics-on-its-head-af490b252dae.
(43) Alex Rosenblat, "Is Your Uber/Lyft Driver in Stealth Mode?" *Uber Screeds*, July 19, 2016, https://medium.com/uber-screeds/is-your-uber-driver-in-hiding-484696894139.
(44) Mike Isaac, "Uber's C.E.O. Plays with Fire," *New York Times*, April 23, 2017, www.nytimes.com/2017/04/23/technology/travis-kalanick-pushes-uber-and-himself-to-the-precipice.html; Ali Griswold, "Oversharing: Waymo Hits Uber Where It Hurts, Instacart Talks Cash-Flow, and Airbnb Dorm Rooms," *Quartz*, April 25, 2017.
(45) Cook et al., "The Gender Earnings Gap in the Gig Economy," 9.
(46) Harry Campbell, "Why Driving for a Car Service Is a Great Side Gig," *The Points Guy*, July 1, 2017, https://thepointsguy.com/2017/07/driving-car-service-uber-lyft/.

3　テクノロジーの売り込み

(1) Uber, "Vehicle Requirements Boston," n.d., www.uber.com/boston-drivers/requirements/vehicle-requirements/.
(2) Alex Rosenblat, "What Motivates Gig Economy Workers," *Harvard Business Review*, November 17, 2016, https://hbr.org/2016/11/what-motivates-gig-economy-workers.
(3) Ilana Gershon, "The Quitting Economy," *Aeon*, July 26, 2017, https://aeon.co/essays/how-work-changed-to-make-us-all-passionate-quitters.
(4) Michael Grothaus, "Uber Will Pay $3 Million to Settle New York Class Action Suit," *Fast Company*, January 10, 2018, www.fastcompany.com/40515514/uber-will-pay-3-million-to-settle-new-york-class-action-suit.
(5) この例は、以下の文献にある就職説明会の説明から引用したもの。Carrie M. Lane, *A Company of One: Insecurity, Independence, and the New World of White-Collar Unemployment* (Ithaca, NY: Cornell University Press, 2011), 3.
(6) Alex Rosenblat, "Ubera's Drive-By Politics," *Motherboard*, May 27, 2016, https://motherboard.vice.com/en_us/article/gv5jaw/uber-lyft-austin-drive-by-politics.
(7) Alex Rosenblat and Luke Stark, "Algorithmic Labor and Information Asymmetries: A Case Study of Uber's Drivers," *International Journal of Communication 10*, no. 27 (2016): 3763, http://ijoc.org/index.php/ijoc/article/ view/4892.
(8) Alice Marwick, *Status Update* (New Haven, CT: Yale University Press, 2013), 184.
(9) Sarah Lacy (keynote speech at Start-Up Montréal Festival, July 2017).
(10) Chuck Collins, *Born on Third Base: A One Percenter Makes the Case for Tackling Inequality, Bringing Home Wealth, and Committing to the Common Good* (White River Junction, VT: Chelsea Green , 2016),

audible version, section 1:30.

（11）Molly McHugh, "Brake for Bathroom Breaks," *The Ringer*, November 21, 2016, https://theringer.com/brake-for-bathroom-breaks-f65cf6d68aad.

（12）理論上、ブロガーがこのシステムを操作できる方法のひとつとして、ドライバーのオーディエンスを大勢増やし、みんなライバル会社に乗り換えるべきだと宣言することによって別の紹介コード収入を得るというものがある。しかし、ドライバーのオーディエンスから、この種の疑念の対象となったブロガー＝ドライバーのアントレプレナーについて聞いたことは、めったにない。

（13）Chris Siron, "Uber Drivers Continue Strike While Awaiting Decision from Company," *Dallas News*, September 2015, www.dallasnews.com/news/transportation/2015/09/18/dozens-of-uber-dallas-drivers-protest-transportation-companys-west-end-offices.

（14）二〇一七年四月の時点で、uberBlack のドライバーは基本運賃七・〇〇ドル、一分当たり〇・三五ドル、一マイル当たり三・四五ドルを得ている。一方で uberX のドライバーは基本運賃一・〇〇ドル、一分当たり〇・一〇ドル、そして一マイル当たり〇・八五ドルだ（すべて米ドル）。

（15）Uber は各都市で提供するサービス範囲に適した車種を指定している。たとえば、トヨタのカムリやプリウス、その他のベーシックな四ドアセダンは、二〇〇二年以降のモデルであれば uberX の資格がある。同じ車両でも、運転手を除いて六人が収容できれば uberXL の資格がある。uberX は多くの場合、Uber が提供するサービス階層のなかで最安値のもので、報酬率も低い一方で、uberBlack や uberSelect といった Uber の贅沢なサービス階層は、条件がより厳格だ。こうしたカテゴリーの資格を得るために、ドライバーは、リンカーンのタウン・カーやレンジ・ローバー、アウディA3といった、内装もブラックで統一された四ドアの高級セダンを所有しなければならず、しかも比較的新型――たとえば二〇一三年以降など――である必要がある。こうした要件はそれぞれの市や街によって異なる。

（16）たとえばニューヨーク市では、uberX から uberBlack へ車の資格を変更した。

（17）たとえば以下を参照。Paolo Verme, "Facts vs. Perception: Understanding Inequality in Egypt," blog post, *The World Bank*, January 24, 2013, http://blogs.worldbank.org/arabvoices/facts-vs-perceptions-understanding-inequality-egypt; John Cassidy, "Does Tackling Inequality Reduce Growth? No," *New Yorker*, February26,2014,www.newyorker.com/news/john-cassidy/does-tackling-inequality-reduce-growth-no; Christian R. Proaño, "A Paradigm Change at the IMF?" Group for Study and Research on Globalizations, December 1, 2016, www .mondialisations.org/php/public/art.php?id=40678&lan=EN.

（18）このトピックに関する議論の士気を高めたサラ・アル＝ナシャー、アムル・エル＝ムージー、ノラ・エンチャージに感謝する。

（19）公共サービスが民営化された場合に、マクロ経済とミクロ経済の競合するロジックが、いかに相反するマニフェストと感じるかに関する古典的な例。民間企業が公的機関を引き継いで、その事業の非効率性を除去するとき、多くの従業員がリストラされる可能性があるが、この活動の全体的な影響は、より大きな雇用創出に拍車をかけることになった。しかしながら、解雇される特定の人々は、依然、失業状態のままになる場合がある。

(20) Julia Ticona and Alexandra Mateescu, "Trusted Strangers," *Reshaping Work in the Platform Economy*, October 4, 2017, www.reshaping-work.com /blog8/2017/10/4/trusted-strangers-boundary-work-in-domestic-work-platforms-in-the-on-demand-economy.

(21) Mike Isaac, "Uber's C.E.O. Plays with Fire," *New York Times*, April 23, 2017, www.nytimes.com/2017/04/23/technology/travis-kalanick-pushes-uber-and-himself-to-the-precipice.html.

(22) 同じような推測をドライバーたちのなかに見ている研究者が他にもいる。たとえば以下を参照。Mareike Glöss, Moira McGregor, and Barry Brown, "Designing for Labour: Uber and the On-Demand Mobile Workforce" (paper presented at the ACM CHI Conference on Human Factors in Computing Systems, San Jose, CA, 2016), 6, www.mobilelifecentre.org/sites/default/files/uber%20 final%20camera%20ready.pdf.

(23) Rosanna Smart, Brad Rowe, Angela Hawken, Mark Kleiman, Nate Mladenovic, Peter Gehred, and Clarissa Manning, *Faster and Cheaper: How Ride-Sourcing Fills a Gap in Low-Income Los Angeles Neighborhoods* (Los Angeles: BOTEC Analysis Corporation, July 2015), http://botecanalysis.com/wp- content/uploads/2015/07/LATS-Final-Report.pdf.

(24) Rosenblat and Stark, "Algorithmic Labor," 3762.

(25) Ibid.

(26) Harry Campbell, "How to Take Advantage of Uber's New Acceptance Rate Policy," *The Rideshare Guy*, August 5, 2016, http://therideshareguy.com /how-to-take-advantage-of-ubers-new-acceptance-rate-policy/.

(27) Rosenblat and Stark, "Algorithmic Labor," 3762.

(28) Benjamin Sachs, "Uber's Passenger Acceptance Rules: More Evidence of Employee Status," *On Labor*, July 14, 2017, https://onlabor.org/ubers-passenger-acceptance-rules-more-evidence-of-employee-status.

(29) Mike Isaac, "How Uber Deceives the Authorities Worldwide," *New York Times*, March 3, 2017, www.nytimes.com/2017/03/03/technology/uber-greyball-program-evade-authorities.html.

(30) Alex Rosenblat, "Uber's Phantom Cabs," *Motherboard*, July 27, 2015, https://motherboard.vice.com/en_us/article/mgbz5a/ubers-phantom-cabs.

(31) Liat Clark, "Uber Denies Researchers' 'Phantom Cars' Map Claim," *Wired*, July 28, 2015, www.wired.co.uk/article/uber-cars-always-in-real-time.

(32) "Uber CEO Kalanick Argues with Driver over Falling Fares," YouTube, February 28, 2017, www.youtube.com/watch?v=gTEDYCkNqns; Eric Newcomer, "In Video, Uber CEO Argues with Driver over Falling Fares," *Bloomberg Technology*, February 28, 2017, www.bloomberg.com/news/articles/2017–02–28/in-video-uber-ceo-argues-with-driver-over-falling-fares.

(33) カラニックが報道で酷評されたことは、この会社の誇張されたイメージを厳しく非難したいという欲望を満足させたように見えた。これは私に、「レクチャーポルノ」〔意図しているターゲットとは正反対の聴衆を前にレクチャーをするというメディアショーのこと〕について論じたエメット・ペニーの記事を思い起こさせる。Emmett Penny, "Lectureporn: The Vulgar Art of Liberal Narcissism," *Paste*, June 26, 2017, www.pastemagazine .com/articles/2017/06/lectureporn-the-vulgar-art-of-liberal-narcissism.html.

(34) Johana Bhuiyan, "A New Video Shows Uber CEO Travis Kalanick arguing with a Driver over Fares," *ReCode*, February 28, 2017, www.recode.net/2017/2/28/14766964/video-uber-travis-kalanick-driver-argument.
(35) Julia Carrie Wong, "Uber CEO Travis Kalanick Resigns Following Months of Chaos," *The Guardian*, June 21, 2017, www.theguardian.com/technology/2017/jun/20/uber-ceo-travis-kalanick-resigns.
(36) Rosenblat, "What Motivates Gig Economy Workers."

4 怪しい仲介者

(1) Alex Rosenblat, "How Can Wage Theft Emerge in App-Mediated Work?" *The Rideshare Guy*, August 10, 2016, therideshareguy.com/how-can-wage-theft-emerge-in-app-mediated-work/.
(2) Eric Newcomer, "Uber Starts Charging What It Thinks You're Willing to Pay," *Bloomberg Technology*, May 19, 2017, www.bloomberg.com/news/articles /2017–05–19/uber-s-future-may-rely-on-predicting-how-much-you-re-willing-to-pay/.
(3) Kashmir Hill, "How Facebook Figures Out Everyone You've Ever Met," *Gizmodo*, November 7, 2017, https://gizmodo.com/how-facebook-figures-out-everyone-youve-ever-met-1819822691.
(4) Tarleton Gillespie, "Can an Algorithm Be Wrong? " *Limn*, no. 2 (2012), https://escholarship.org/uc/item/0jk9k4hj; たとえば以下を参照。Tarleton Gillespie, "The Politics of 'Platforms,'" *New Media & Society 12*, no. 3 (2010): 347–364, http://hdl .handle.net/1813/12774.
(5) Siva Vaidhyanathan, *The Googlization of Everything* (Hangzhou, China: Zhejiang People's Publishing House, 2014), 62; danah boyd and Kate Crawford, "Critical Questions for Big Data," *Information, Communications & Society 15*, no. 5 (March 20, 2012): 662–679, www.tandfonline.com/doi/pdf/10.1080/1369118X.2012.678878; Cathy O'Neil, *Weapons of Math Destruction: How Big Data Increases Inequality and Threatens Democracy* (New York: Crown, 2016); Frank Pasquale, *The Black Box Society: The Secret Algorithms That Control Money and Information* (Cambridge, MA: Harvard University Press, 2015).
(6) Alexis C. Madrigal, "The False Dream of a Neutral Facebook," *The Atlantic*, September 28, 2017, www.theatlantic.com/technology/archive/2017/09/the-false-dream-of-a-neutral-facebook/541404/.
(7) Julia Angwin and Surya Mattu, "Amazon Says It Puts Customers First; But Its Pricing Algorithm Doesn't," *ProPublica*, September 20, 2016, www.propublica.org/article/amazon-says-it-puts-customers-first-but-its-pricing- algorithm-doesnt.
(8) Aniko Hannak, Gary Soeller, David Lazer, Alan Mislove, and Christo Wilson, "Measuring Price Discrimination and Steering on E-Commerce Web Sites," *Proceedings of the 2014 Internet Measurement Conference* (New York: ACM, 2014): 305–318, https://dl.acm.org/citation.cfm?id=2663744.
(9) たとえば以下を参照。Jennifer Valentino-DeVries, Jeremy Singer-Vine, and Ashkan Soltani, "Websites Vary Prices, Deals Based on Users' Information," *Wall Street Journal*, December 24, 2012, www.wsj.com/articles/SB10001424127887323777204578189391813881534; Julia Angwin and Jeff Larson, "The Tiger Mom Tax: Asians Are Nearly Twice as Likely to Get a Higher Price

from Princeton Review," *ProPublica*, September 1, 2015, www.propublica.org/article/asians-nearly-twice-as-likely-to-get-higher-price-from-princeton-review.

(10) Dana Mattioli, "On Orbitz, Mac Users Steered to Pricier Hotels," *Wall Street Journal*, August 23, 2012, www.wsj.com/articles/SB10001424052702304458 604577488822667325882.

(11) Uber Team, "Uber's New CEO," *UBER Newsroom*, August 29, 2017, https://newsroom.uber.com/ubers-new-ceo/.

(12) Sarah Buhr, "Uber Appoints Former Orbitz CEO Barney Harford as Chief Operating Officer," *Tech Crunch*, December 20, 2017, https://techcrunch .com/2017/12/20/uber-appoints-former-orbitz-ceo-as-chief-operating-officer/.

(13) E.H., "How Might Your Choice of Browser Affect Your Job Prospects?" *The Economist*, April 11, 2013, www.economist.com/blogs/economist-explains/2013/04/economist-explains-how-browser-affects-job-prospects; たとえば以下を参照。Alex Rosenblat, Kate Wikelius, danah boyd, Seeta Peña Gangadharan, and Corrine Yu, "Data & Civil Rights: Employment Primer," *Data & Society Research Institute*, October 30, 2014, www.datacivilrights.org/pubs/2014–1030/Employment.pdf.

(14) Mimi Onuoha, "Side-by-Side Images Expose a Glitch in Google's Maps," *Quartz*, June 6, 2017, https://qz.com/982709/google-maps-is-making-entire-communities-invisible-the-consequences-are-worrying/.

(15) Latanya Sweeney, "Discrimination in Online Ad Delivery," *Data Privacy Lab*, 2013, https://dataprivacylab.org/projects/onlineads/.

(16) Samuel Gibbs, "Women Less Likely to Be Shown Ads for High-Paid Jobs on Google, Study Shows," *The Guardian*, July 8, 2015, www.theguardian.com/technology/2015/jul/08/women-less-likely-ads-high-paid-jobs-google-study; たとえば以下を参照。Amit Datta, Michael Carl Tschantz, and Anupam Datta, "Automated Experiments on Ad Privacy Settings: A Tale of Opacity, Choice, and Discrimination, " *Proceedings on Privacy Enhancing Technologies*, no. 1 (2015), www.degruyter.com /view/j/popets.2015.1.issue-1/popets-2015–0007/popets-2015–0007.xml.

(17) Safiya Umoja Noble, "Google Equates Black Girls with Sex; Why?" *The Root*, March 13, 2013, www.theroot.com/google-equates-black-girls-with-sex-why-1790895563.

(18) Hans Rollman, "Don't Google It! How Search Engines Reinforce Racism," *popMatters*, January 30, 2018, www.popmatters.com/algorithms-oppression-safiya-umoja-noble-2529677349.html.

(19) Alex Rosenblat, Karen E.C. Levy, Solon Barocas, and Tim Hwang, "Discriminating Tastes: Uber's Customer Ratings as Vehicles for Workplace Discrimination," *Policy & Internet 9* (2017): 256–279, doi:10.1002/poi3.153.

(20) Robinson Meyer, "Everything We Know about Facebook's Secret Mood Manipulation Experiment," *The Atlantic*, June 28, 2014, www.theatlantic.com/technology/archive/2014/06/everything-we-know-about-facebooks-secret-mood-manipulation-experiment/373648/.

(21) Adam D. I. Kramer, Jamie E. Guillory, and Jeffrey T. Hancock, "Experimental Evidence of Massive-Scale Emotional Contagion through Social Networks," *Proceedings of the National Academy of Sciences 111*, no. 24 (2014): 8788–8790, doi: 10.1073/pnas.1320040111.

(22) Olivia Solon, "Russia-Backed Facebook Posts 'Reached 126m Americans' during US Election, " *The Guardian*, October 30, 2017, www.theguardian.com/technology/2017/oct/30/facebook-russia-fake-accounts-126-million.

(23) このセクションは主に、私がハリー・キャンベルの「ザ・ライドシェア・ガイ」に書いた「アプリを介した仕事において賃金の不払い(賃金泥棒)はどのように明らかになるか?」と題したブログ投稿からの抜粋である。"How can Wage theft emerge in App-Mediated work?" *The Rideshare Guy*. August 10, 2016, https://therideshareguy.com/how-can-wage-theft-emerge-in-app-mediated-work/.

(24) Rasier, LLC, "technology services agreement," https://s3.amazon- aws.com/uber-regulatory-documents/country/united_states/RASIER+Technology+Services+Agreement+Decmeber+10+2015.pdf.

(25) Josh Constine, "Now Some Ubers Will Only Wait 2 Minutes before Charging You, Not 5," *TechCrunch*, April 26, 2016, https://techcrunch.com/2016/04/26/no-you-cant-go-to-the-bathroom-first/.

(26) Michael Tee in conversation with Harry Campbell, "RSG035: Michael Tee on Launching the App Rideshare Timer," *The Rideshare Guy*, February 29, 2016, https://therideshareguy.com/rsg035-michael-tee-on-launching-the-app-rideshare-timer/.

(27) Christian Perea, "Uber's Upfront Pricing Is Secretly Overcharging Passengers without Paying Drivers," The *Rideshare Guy*, September 26, 2016, https://therideshareguy.com/ubers-upfront-pricing-is-secretly-overcharging-passengers-without-paying-drivers/.

(28) Alison Griswold, "How to Tell When Uber Is Overcharging You," *Quartz*, April 5, 2017, https://qz.com/948785/how-to-tell-when-ubers-upfront-pricing-is-overcharging-you/.

(29) Ibid.

(30) Ibid.

(31) Sophano Van v. Raiser, LLC, *United States District Court Central District of California*, Case No. 2:17-cv-02550-DMB-JEM, p. 15, https://arstechnica.com/wp-content/uploads/2017/09/uberresponsecheatingsoftwaresuitseptember14.pdf; David Kravets, "Uber: We Don't Have to Pay Drivers Based on Rider Fares," *Ars Technica*, September 18, 2017, https://arstechnica.com/tech-policy/2017/09/uber-driver-pay-plan-puts-a-significant-risk-on-ride-hailing-service/.

(32) Alex Rosenblat, "The Truth about How Uber's App Manages Drivers," *Harvard Business Review*, April 6, 2016, hbr.org/2016/04/the-truth-about-how- ubers-app-manages-drivers.

(33) Douglas O'Connor, Thomas Colopy, Matthew Manahan, and Elie Gurfinkel vs. Uber Technologies, Inc., no. C 13–3826 EMC, "Transcript of Proceedings," p. 59, U.S. District Court, Northern California: January 30, 2015, http://uberlawsuit.com/Uber%20-%20Transcript%20of%20hearing%20on%20 summary%20judgment%20-%201–30–15.pdf.

(34) Alex Rosenblat, "How Can Wage Theft Emerge in App-Mediated Work?" *The Rideshare Guy*, August 10, 2016, https://therideshareguy.com/how-can-wage-theft-emerge-in-app-mediated-work/.

(35) Julia Carrie Wong, "Uber Admits Underpaying New York City Drivers by Millions of Dollars," *The Guardian*, May 23, 2017, www.theguardian.com/technology/2017/may/23/uber-underpaid-drivers-new-york-city.

(36) Liat Clark, "Uber Denies Researchers 'Phantom Cars' Map

Claim, " *Wired*, July 28, 2015, para. 6, www.wired.co.uk/article/uber-cars-always-in-real-time; Tim Hwang and M.C. Elish, "The Mirage of the Marketplace," *Slate*, July 27, 2015, www.slate.com/articles/technology/future_tense/2015/07/uber_s_algorithm_and_the_mirage_of_the_marketplace.html; Alex Rosenblat and Luke Stark, "Algorithmic Labor and Information Asymmetries: A Case Study of Uber's Drivers," *International Journal of Communication 10*, no. 27 (2016): 3768, http://ijoc.org/index.php/ijoc/article/view/4892.

（37）以下を参照。Le Chen, Alan Mislove, and Christo Wilson, "Peeking beneath the Hood of Uber," in *Proceedings of the 2015 Internet Measurement Conference*, Tokyo, October 28–30, 2015 (New York: ACM, 2015), 1, https://dl.acm.org/citation.cfm?id=2815681.

（38）Ibid., 2.

（39）たとえば、乗客がアプリを開くと、Uber のテクニカル・システムは、この人物の居場所を解明し、グリッド内のある一定のエリアにある特定のサーバーに、その乗客を決定論的に割り当てることになっている。つまり、同じエリアにいる人にはみな、その料金が提示されるということだ。ところがシステムはシームレスではない。同じエリアにいるユーザーが、異なるリモートサーバーを介してデータにアクセスしている可能性があるのだ。サージ料金は、あるひとつのサーバーに結びつけるのではなく、それぞれ異なるサーバー間を移動するリクエストをベースにしている。これらがシームレスに同期していない場合、同じ地理的ゾーンにいるさまざまなユーザーが、異なる料金になるという結果になりうる。Ibid., 1-3 を参照。

（40）以下より抜粋。Ryan Calo and Alex Rosenblat, "The Taking Economy: Uber, Information, and Power," *Columbia Law Review 117*, no. 6 (2017), http://columbialawreview.org/content/the-taking-economy-uber-information-and-power/.

（41）Rosenblat and Stark, "Algorithmic Labor"; Alex Rosenblat and Tim Hwang, "Wisdom of the Captured," Data & Society Research Institute, September 2016, https://datasociety.net/pubs/ia/Wisdom_of_Captured_09-16.pdf.

（42）このセクションは以下より一部抜粋。Rosenblat and Stark, "Algorithmic Labor," 3770–3771.

（43）Angèle Christin, "Algorithms in Practice: Comparing Web Journalism and Criminal Justice," July 16, 2017, Big Data & Society 4 (2): 1–14, http://journals.sagepub.com/doi/abs/10.1177/2053951717718855.

（44）Rosenblat and Hwang, "Wisdom of the Captured," 4–5.

（45）Ibid.

（46）ドライバーは実際、Uber のコントロールの一部に抵抗している——たとえばGPSスプーフィングなど。

（47）Rosenblat and Hwang, "Wisdom of the Captured," 4.

（48）Rosenblat and Stark, "Algorithmic Labor," 3768.

（49）Ibid., 3766.

（50）Cass R. Sunstein, "Misconceptions about Nudges," September 6, 2017, https://papers.ssrn.com/sol3/papers.cfm?abstract_id=3033101.

5　背後に隠れて

（1）"New LAX Rule: Taxi Drivers Who Discriminate Will Lose Permits," *CBS Los Angeles*, February 2, 2016, http://losangeles.cbslocal.com/2016/02/02/la-city-council-to-consider-revokingpermits-from-taxi-cab-drivers-who-refuse-service-at-lax/; Yanbo Ge, Christopher R. Knittel, Don MacKenzie, and Stephen Zoepf, “How Apps Like Uber Perpetuate the Cab Industry's Racial Discrimination,” *Alternet*, January 6, 2017, www.alternet.org/economy/how-apps-uber-perpetuate-cab-industrys-racial-discrimination.

（2）Yanbo Ge, Christopher R. Knittel, Don MacKenzie, and Stephen Zoepf, “Racial and Gender Discrimination in Transportation Network Companies,” National Bureau of Economic Research, October 2016, www.nber.org/papers/w22776.

（3）Andrew Beinstein and Ted Sumers, “How Uber Engineering Increases Safe Driving with Telematics,” *UBER Engineering*, June 29, 2016, https://eng.uber.com/telematics/.

（4）公的に報告された乗客によるセクシャル・ハラスメントのその他の事件でも、ドライバーは同様に、事件に対するUberのコミュニケーション不足を指摘している。たとえば以下を参照。Cheryl Herd, “San Francisco Uber Driver Sexually Harassed by Passenger on New Year's Eve,” *NBC Bay Area*, January 26, 2018, www.nbcbayarea.com/news/local/San-Francisco-Uber-Driver-Sexually-Harrassed-by-Passenger-on-New-Years-Eve-471398763.html.

（5）Alex Rosenblat and Tim Hwang, “Wisdom of the Captured,” Data & Society Research Institute, September 2016, p. 3, https://datasociety.net/pubs/ia/Wisdom_of_Captured_09-16.pdf.

（6）Tarleton Gillespie, “The Relevance of Algorithms,” in *Media Technologies*, ed. Tarleton Gillespie, Pablo Boczkowskie, and Kristen Foot (Cambridge, MA: MIT Press, 2014); Angele Christin, “Algorithms in Practice: Comparing Web Journalism and Criminal Justice,” Big *Data & Society* (2017): 1–4, http://journals.sagepub.com/doi/pdf/10.1177/2053951717718855.

（7）「選択するための構造（チョイスアーキテクチャ）」としてのナッジングについては、たとえば以下を参照。Cass R. Sunstein, “Nudging: A Very Short Guide,” *Journal of Consumer Policy* 37, no. 4 (2014): 583–588, doi:10.1007/s10603–014–9273–1.

（8）Josh Horwitz, “Uber Customer Complaints from the US Are Increasingly Handled in the Philippines, “ *Quartz*, July 30, 2015, https://qz.com/465613/uber-customer-complaints-from-the-us-are-increasingly-handled-in-the-philippines/.

（9）たとえば以下を参照。Heather Timmons, “Uber Explains Why a Search for ‘Rape’ in Its Customer Support Inbox Gets Thousands of Results,” *Quartz*, March 7, 2016, https://qz.com/632440/uber-explains-why-a-search-for-rape-in-its-customer-support-inbox-gets-thousands-of-results/.

（10）“180 Days of Change: Building Together in 2018,” Uber, December 7, 2017, www.uber.com/blog/180-days-of-change-building-together-in-2018/.

（11）Jay Cradeur, “Uber Deactivated My Driver Account for No Reason,” *The Rideshare Guy*, December 20, 2017, https://therideshareguy.com/uber-deactivation/.

（12）Aaron Sanking, “Senate Report Shows a New Way Wireless Companies Are Ripping You Off,” *Daily Dot*, July 31, 2014, www.dailydot.com/layer8/cramming-cellphone-fee-senate-report/.

（13）Avi Asher-Schapiro, “As Uber Probes Sexual Harassment at Its Offices, It Overlooks Hundreds of Thousands of Female Drivers,” *The Intercept*, May 4, 2017, https://theintercept.com/2017/05/04/as-uber-probes-sexual-harassment-at-its-offices-it-overlooks-hundreds-of-thousands-of-female-drivers/.

(14) Harry Braverman, *Labor and Monopoly Capital: The Degradation of Work in the Twentieth Century* (New York: New York University Press, 1974); James R. Beniger, *The Control Revolution: Technological and Economic Origins of the Information Society* (Cambridge, MA: Harvard University Press, 1989); Elia Zureik, "Theorizing Surveillance: The Case of the Workplace," in *Surveillance as Social Sorting: Privacy, Risk and Digital Discrimination*, ed. David Lyon (London, UK: Routledge, 2002): 31–56; Alex Rosenblat and Luke Stark, "Algorithmic Labor and Information Asymmetries: A Case Study of Uber's Drivers," *International Journal of Communication 10*, no. 27 (2016): 3772, http://ijoc.org/index.php/ijoc/article/view/4892.

(15) Jessica Bruder, "These Workers Have a New Demand: Stop Watching Us," *The Nation*, May 27, 2015, www.thenation.com/article/these-workers-have-new-demand-stop-watching-us/; Monique Girard and David Stark, "Distributing Intelligence and Organizing Diversity in New Media Projects," Environment and Planning A 34, no. 11 (2002): 1927–1949; Rosenblat and Stark, "Algorithmic Labor," 3772.

(16) Linda Fuller and Vicki Smith, "Consumers' Reports: Management by Customers in a Changing Economy," *Work, Employment and Society 5*, no. 1 (1991): 1–16; Luke Stark and Karen E.C. Levy, "The Consumer as Surveillor" (paper presented at the Privacy Law Scholars Conference, Berkeley, CA, June 2015); Manuel Castells, *The Rise of the Network Society* (Oxford, UK: Blackwell, 2002); Rosenblat and Stark, "Algorithmic Labor," 3774.

(17) Nikil Saval, *Cubed: A Secret History of the Workplace* (New York: Doubleday, 2014), 297.

(18) Harry Campbell, "How to Take Advantage of Uber's New Acceptance Rate Policy," *The Rideshare Guy*, August 6, 2016, https://theridesharegguy.com/how-to-take-advantage-of-ubers-new-acceptance-rate-policy/.

(19) 注意しなければならないのは、ドライバーのレーティングは、同じ市場内の他のドライバーのレーティングとのみ比較されるということだ。つまり、五段階のうち四・六のレーティングをもつルイジアナ州バトンルージュのドライバーは、五段階中四・八のレーティングをもつカリフォルニア州ロサンゼルスのドライバーとは比較されない。その理由はこうだ。レーティングは乗客からの地域ベースのものなので、たとえば、他の市場のドライバーや乗客が設定した基準をベースにして、それよりもすべてのレーティングが低い地域のドライバーのアカウントを停止することは意味をなさないからだ。

(20) Rosenblat and Stark, "Algorithmic Labor," 3775–3776.

(21) Gina Neff, *Venture Labor: Work and the Burden of Risk in Innovative Indus-tries* (Cambridge, MA: MIT Press., 2012), 28; Rosenblat and Stark, "Algorithmic Labor," 3772.

(22) Robin Leidner, "Emotional Labor in Service Work," *Annals of the Ameri-can Academy of Political and Social Science 561*, no. 1 (1999): 83; Rosenblat and Stark, "Algorithmic Labor," 3772.

(23) この感情–労働の役割は、感情を殺す人という用語で言い換えられる。つまり、ある一定の圧政的なビジネス慣習から、感情的な害を被る労働者体験ということである。以下を参照。Winifred Poster, "Hidden Side of the Credit Economy: Emotions, Outsourcing, and Indian Call Centers," *International*

Journal of Com-parative Sociology 54, no. 3 (2013): 225, https://nebula.wsimg.com/b0550d72bc3b5a3 787bee80b630b9266?AccessKeyId=BE299D66B75FCD35FBFD&disposition= 0&alloworigin=1.

(24) See also Mareike Glöss, Moira McGregor, and Barry Brown, "Designing for Labour: Uber and the On-Demand Mobile Workforce," *Proceedings of the 2016 CHI Conference on Human Factors in Computing Systems* (New York: ACM, 2016): 1632–1643, http://doi.acm.org/10.1145/2858036.2858476.

(25) Noopur Raval and Paul Dourish, "Standing Outfrom the Crowd: Emotional Labour, Body Labour, and Temporal Labour in Ridesharing," *Proceedings of the 19th ACM Conference on Computer-Supported Cooperative Work and Social Computing* (New York: ACM): 97–107, http://doi.acm.org/10.1145/2818048.2820026.

(26) Arlie Russell Hochschild, *The Managed Heart: Commercialization of Human Feeling, Twentieth Anniversary Edition, with a New Afterword*, 2nd ed. (Oakland, CA: University of California Press, 2003), www.jstor.org/stable/10.1525/j.ctt1pp0cf.

(27) Alison Pullen and Ruth Simpson, "Managing Difference in Feminized Work: Men, Otherness and Social Practice," *Human Relations* 62, no. 4 (2009): 561–587.

(28) Uberが「変革の一八〇日間」――ドライバー・フレンドリーな変化をアプリにもたらし、ドライバーとの関係性を改善することを目的に、二〇一七年六月に始まったプログラム――を制定した後に実施された改革のなかで、Uberは乗客に、低いレーティングの説明をさせる試みを開始した。Uberの「変革の一八〇日間」(www.uber.com/c/180-days/)を参照。

(29) Alex Rosenblat, Karen E.C. Levy, Solon Barocas, and Tim Hwang, "Discriminating Tastes: Uber's Customer Ratings as Vehicles for Workplace Discrimination," *Policy & Internet* 9 (2017): 256–279, doi:10.1002/poi3.153. この洞察に富んだ指摘については、法学教授のベンジャミン・G・エデルマンに感謝したい。

(30) たとえば以下を参照。Johnson v. Zema Systems Corp., 170 F. 3d 734—Court of Appeals, 7th Circuit 1999. https://scholar.google.com/scholar_case?case=71980 99510076927053&hl=en&as_sdt=6, 33; Fernandez v. Wynn Oil Co., 653 F. 2d 1273—Court of Appeals, 9th Circuit 1981. https://scholar.google.com/scholar_ case?case=17090205096023394365&hl=en&as_sdt=6,33.

(31) Rosenblat, Levy, Barocas, and Hwang, "Discriminating Tastes."

(32) Ibid.

(33) Fair Work Commission. Mr. Michael Kaseris v. Raisier Pacific V.O.F. FWC 6610, Melbourne, Australia, December 21, 2017, www.fwc.gov.au/documents/decisionssigned/html/2017fwc6610.htm.

(34) Michael Lewis, "Proposed Ontario Class-Action Claims Uber Drivers Are Employees Not Contractors," *The Star*, January 24, 2017, www.thestar.com/business/2017/01/24/proposed-ontario-class-action-claims-uber-drivers-are-employees-not-contractors.html.

(35) Employment Appeal Tribunal, No. UKEAT/0056/17/DA (London, November 10, 2017), https://assets.publishing.service.gov.uk/media/5a046b06e5274a0ee5a1f171/Uber_B.V._and_Others_v_Mr_Y_Aslam_and_Others_UKEAT_0056_17_DA.pdf.

(36) "Court: Uber Drivers Are Independent Contractors, Not Employees," CBS, February 1, 2017, http://miami.cbslocal.com/2017/02/01/court-uber-drivers-contractors-employees/.

(37) Mike Isaac and Natasha Singer, "California Says Uber Driver Is Employee, Not a Contractor," *New York Times*, June 17, 2015, www.

nytimes.com/2015/06/18/business/uber-contests-california-labor-ruling-that-says-drivers-should-be-employees.html?mtrref=www.nytimes.com.

(38) 以下より引用。Judge Edward M. Chen in Douglas O'Connor, Thomas Colopy, Matthew Manahan, and Elie Gurfinkel vs. Uber Technologies, Inc., No. C 13–3826 EMC, court transcript (U.S. District Court, Northern CA: January 30, 2015), 17.

(39) Complaint for Permanent Injunction and Other Equitable Relief at 10–11, FTC v. Uber Techs., Inc., No. 17–261 (N.D. Cal. Jan. 19, 2017); Ryan Calo and Alex Rosenblat, "The Taking Economy: Uber, Information, and Power," Columbia Law Review 117, no. 6 (2017), http://columbialawreview.org/content/the-taking-economy-uber-information-and-power/.

(40) James Vincent, "Leaked Document Shows How Gig Economy Companies Avoid the Term 'Employee,'" The Verge, April 6, 2017, www.theverge.com/2017/4/6/15204098/deliveroo-gig-economy-language-dos-donts-workers.

(41) Jordan Pearson, "Uber Is Using AI to Charge People as Much as Possible for a Ride," Motherboard, May 19, 2017, https://motherboard.vice.com/en_ us/article/ywmex5/uber-is-using-ai-to-charge-people-as-much-as-possible-for-a-ride.

(42) Kara Swisher and Johana Bhuiyan, "A Top Uber Executive, Who Obtained the Medical Records of a Customer Who Was a Rape Victim, Has Been Fired," *ReCode*, June 7, 2017, www.recode.net/2017/6/7/15754316/uber-executive-india-assault-rape-medical-records.

(43) Ben Smith, "Uber Executive Suggests Digging Up Dirton Journalists," *BuzzFeed*, November 18, 2014, www.buzzfeed.com/bensmith/uber-executive-suggests-digging-up-dirt-on-journalists?utm_term=.tieA9mVK54#.qyo- Q7Pv0LK; Sarah Lacy, "The Moment I Learned Just How Far Uber Will Go to Silence Journalists and Attack Women," *Pando*, November 17, 2014, https://pando.com/2014/11/17/the-moment-i-learned-just-how-far-uber-will-go-to-silence-journalists-and-attack-women/.

(44) Biz Carson, "Bombshell Letter Exposes Uber's Corporate Spy Tactics," *Forbes*, December 15, 2017, www.forbes.com/sites/bizcarson/2017/12/15/jacobs-letter-uber-spy-tactics/#697c4817f9f6.

(45) Kashmir Hill, "'God View': Uber Allegedly Stalked Users for Party-Goers' Viewing Pleasure (Updated)," *Forbes*, October 3, 2014, www.forbes.com/sites/kashmirhill/2014/10/03/god-view-uber-allegedly-stalked-users-for-party-goers-viewing-pleasure/#3a9f548c3141.

(46) Natasha Singer and Mike Isaac, "Uber Data Collection Changes Should Be Barred, Privacy Group Urges," *New York Times*, June 22, 2015, www.nytimes.com/2015/06/23/technology/uber-data-collection-changes-should-be-barred-privacy-group-urges.html.

(47) Woodrow Hartzog (@hartzog), Twitter, August 29, 2017, https://twitter.com/hartzog/status/902639193033240580.

(48) Mike Isaac, "Uber's C.E.O. Plays with Fire," *New York Times*, April 23, 2017, www.nytimes.com/2017/04/23/technology/travis-kalanick-pushes-uber-and-himself-to-the-precipice.html.

(49) たとえば以下を参照。Julie E. Cohen, *Configuring the Networked Self: Law, Code, and Play of Everyday Practice* (New Haven, CT: Yale University Press, 2012); Evan Selinger, Jules Polonetsky, and Omer Tene, eds., *The Cambridge Handbook of Consumer Privacy* (New York: Cambridge University Press, 2018).

(50) Jaron Lanier, *Who Owns the Future*? (New York: Simon and

Schuster, 2013).
(51) Mary L. Gray (@marylgray), Twitter, December 29, 2017, https://twitter.com/marylgray/status/946904792118460416.
(52) 本章のこの箇所は、もともと私が『ファスト・カンパニー』誌に書いた記事にある。以下を参照。Alex Rosenblat, "The Network Uber Drivers Built," *Fast Company*, January 9, 2018, www.fastcompany.com/40501439/the-network-uber-drivers-built. このフィールドワークは、以下の共同プロジェクトを参考にした。Alexandra Mateescu, Alex Rosenblat, and Julia Ticona, "Mapping Inequalities in the On-Demand Economy" (unpublished white paper, New York: Data & Society Research Institute, January 31, 2018).
(53) Eric Newcomer, "Uber Paid Hackers to Delete Stolen Data on 57 Million People," *Bloomberg Technology*, November 21, 2017, www.bloomberg.com/news/articles/2017-11-21/uber-concealed-cyberattack-that-exposed-57-million-people-s-data.
(54) Maureen K. Ohlhaussen and Terrell McSweeny, "Decision and Order in the Matter of Uber Technologies, Inc.," *United States of America before the Federal Trade Commission*, Case No. 1523054, August 15, 2017, www.ftc.gov/system/files/documents/cases/1523054_uber_technologies_decision_and_order.pdf.
(55) Derrick Harris, "The One-Night Stand, Quantified by Uber," *GIGAOM*, March 26, 2012, https://gigaom.com/2012/03/26/uber-one-night-stands/.
(56) Christian Rudder, "10 Charts about Sex," *OkCupid* Blog, April 18, 2011, https://theblog.okcupid.com/10-charts-about-sex-47e30d9716b0.
(57) Damon Beres, "Netflix Pulls Some Big Brother Nonsense with Your Data," *Mashable*, December 11, 2017, http://mashable.com/2017/12/11/netflix-a-christmas-prince-tweet-privacy/.
(58) Ibid.
(59) Josh Constine, "Facebook Changes Mission Statement to 'Bring the World Closer Together,'" *Tech Crunch*, June 22, 2017, https://techcrunch.com/2017/06/22/bring-the-world-closer-together/.

6 メジャーリーグでプレイする

(1) Caroline O'Donovan, "Uber Bans Racists Too," *Buzzfeed News*, August 14, 2017, www.buzzfeed.com/carolineodonovan/uber-is-also-willing-to-ban-white-supremacists.
(2) Christine Hauser, "GoDaddy Severs Ties with Daily Stormer after Charlottesville Article," *New York Times*, August 14, 2017, www.nytimes.com/2017/08/14/us/godaddy-daily-stormer-white-supremacists.html.
(3) たとえば以下を参照。Alison Pugh, *The Tumbleweed Society: Working and Caring in an Age of Insecurity* (New York: Oxford University Press, 2015). ピュー (Pugh) は、家庭と職場の関わり合いという結合したテーマについても述べており、これらが分離している人もいれば、ペアになっている人もいると記している。アンドリュー・チャーリン (Andrew Cherlin) は、アメリカ社会における夫婦間のチャーン（契約解除）について、これを個人主義とネオリベラルな自律性との間に広がる対立という文脈で据え、結婚を正式な長期的公約として論じている。以下を参照。The *Marriage-Go-Round* (New York: Vintage, 2010).
(4) Kirstie S. Ball and Stephen T. Margulis, "Electronic Monitoring and Surveillance in Call Centres: A Framework for Investigation,"

New Technology, Work and Employment 26, no. 2 (2011): 113–126, http://onlinelibrary.wiley.com/doi/10.1111/j.1468–005X.2011.00263.x/abstract.

（5） Global News Staff, "Uber Can Now Legally Operate in Quebec," *Global News*, October 22, 2016, http://globalnews.ca/news/3019867/uber-can-now-legally-operate-in-quebec/.

（6） Carmel DeAmicis, "HomeJoy Shuts Down after Battling Worker Classification Lawsuits," *ReCode*, July 17, 2015, www.recode.net/2015/7/17/11614814/cleaning-services-startup-homejoy-shuts-down-after-battling-worker.

（7） Olivia Solon, "'It's Digital Colonialism': How Facebook's Free Internet Service Has Failed Its Users," *The Guardian*, July 27, 2017, www.theguardian.com/technology/2017/jul/27/facebook-free-basics-developing-markets?CMP= twt_a-technology_b-gdntech.

（8） Ziru Li, Yili Hong, and Zhongju Zhang, "Do On-Demand Ride-Sharing Services Affect Traffic Congestion? Evidence from Uber Entry," 2016, https://papers.ssrn.com/sol3/papers.cfm?abstract_id=2838043; Office of the Mayor, *For-Hire Vehicle Transportation Study* (New York: Office of the Mayor, January 2016), www1.nyc.gov/assets/operations/downloads/pdf/For-Hire-Vehicle-Transportation-Study.pdf.

（9） Natasha Singer, "How Silicon Valley Pushed Coding into American Classrooms," *New York Times*, June 27, 2017, www.nytimes.com/2017/06/27/technology/education-partovi-computer-science-coding-apple-microsoft.html.

（10） Ibid.

（11） Amar Toor, "Airbnb Comes under Fire for Tone-Deaf San Francisco Ads," *The Verge*, October 22, 2015, www.theverge.com/2015/10/22/9591596/airbnb-san-francisco-ad-campaign-proposition-f.

（12） Ryan Calo and Alex Rosenblat, "The Taking Economy: Uber, Information, and Power," *Columbia Law Review 117*, no. 6 (2017), http://columbialawreview.org/content/the-taking-economy-uber-information-and-power/.

（13） 背景として——Uberはこれらのコメントを、私と共著者のライアン・カロに、我々の法律評論記事（"The Taking Economy: Uber, Information and Power"）の準備のための事実確認として提供した。

（14） Sam Levin, "Uber Admits to Self-Driving Car 'Problem' in Bike Lanes as Safety Concerns Mount," *The Guardian*, December 19, 2016, www.theguardian.com/technology/2016/dec/19/uber-self-driving-cars-bike-lanes-safety-san-francisco.

（15） Julia Carrie Wong, "California Threatens Legal Action against Uber Unless It Halts Self-Driving Cars," *The Guardian*, December 16, 2016, www.theguardian.com/technology/2016/dec/16/uber-defies-california-self-driving-cars-san-francisco.

（16） マイク・アイザック（@Mikeisaac）は「州司法長官事務所はUberをけむたがっている」と書いている。以下を参照。Twitter, December 16, 2016, https://twitter.com/MikeIsaac/status/809936567078965248.

（17） Marisa Kendall, "Uber Sends Self-Driving Cars to Arizona after Failed San Francisco Pilot," *Mercury News*, December 23, 2016, www.mercurynews.com/2016/12/22/uber-ships-self-driving-cars-to-arizona-after-failed-san-francisco-pilot/.

（18） Selena Larson, "Arizona Suspends Uber's Self-Driving Car Tests after Fatal Crash," *CNN Tech*, March 27, 2018, http://money.cnn.

com/2018/03/26/technology/arizona-suspends-uber-self-driving-cars/index.html.

(19) Oliver Laughland, Jessica Glenza, Steven Thrasher, and Paul Lewis, "'We Can't Breathe': Eric Garner's Last Words Become Protestors' Rallying Cry," *The Guardian*, December 4, 2014, www.theguardian.com/us-news/2014/dec/04/we-cant-breathe-eric-garner-protesters-chant-last-words.

(20) Paul Bradley Carr, "Travis Shrugged: The Creepy, Dangerous Ideology behind Silicon Valley's Cult of Disruption," *Pando*, October 24, 2012, https://pando.com/2012/10/24/travis-shrugged/.

(21) Sarah Kessler, "The Gig Economy Won't Last Because It's Being Sued to Death," *Fast Company*, February 17, 2015, www.fastcompany.com/3042248/the-gig-economy-wont-last-because-its-being-sued-to-death.

(22) DeAmicis, "HomeJoy Shuts Down."

(23) MarisaKendall, "Lyft off the Hook in Driver Case, 3 years and $27 million Later," *Mercury News*, March 16, 2017, www.mercurynews.com/2017/03/16/lyft-off-the-hook-in-driver-case-3-years-and-27-million-later/.

(24) Benjamin Peters, *How Not to Network a Nation: The Uneasy History of the Internet* (Cambridge, MA: MIT Press, 2016), 11.

(25) Benjamin Edelman, Michael Luca, and Dan Svirsky, "Racial Discrimination in the Sharing Economy: Evidence from a Field Experiment," *American Economic Journal: Applied Economics*, September 16, 2016, www.benedelman.org /publications/airbnb-guest-discrimination-2016–09–16.pdf.

(26) Sam Levin, "Airbnb Gives In to Regulator's Demand to Test for Racial Discrimination by Hosts, " The Guardian, April 27, 2017, www.theguardian.com/technology/2017/apr/27/airbnb-government-housing-test-black-discrimination.

(27) Alex Rosenblat, "Uber's Drive-By Politics," *Motherboard*, May 27, 2016, https://motherboard.vice.com/en_us/article/gv5jaw/uber-lyft-austin-drive-by- politics.

(28) Michael King, "Lege for Sale?" Austin Chronicle, March 14, 2017, www.austinchronicle.com/daily/news/2017-03-14/lege-for-sale/.

(29) Texas HB 100, www.capitol.state.tx.us/BillLookup/History.aspx?LegSess=85R&Bill=HB100.

(30) Kimberly Reeves, "Uber's Big Win: Texas Ridesharing Rules Bill Passes through Senate," *Austin Business Journal*, May 17, 2017, www.bizjournals.com/aus-tin/news/2017/05/17/ubers-big-win-texas-ridesharing-rules-bill-passes.html.

(31) HR 100, 85 Cong. (2017) (enacted), https://legiscan.com/TX/text /HB100/2017.

(32) Joy Borkholder, Mariah Montgomery, Miya Saika Chen, and Rebecca Smith, "Uber State Interference: How Transportation Network Companies Buy, Bully, and Bamboozle Their Way to Deregulation," National Employment Law Project and the Partnership for Working Families, January 2018, www.forworkingfamilies.org/sites/pwf/files/publications/Uber%20State%20Interference%20Jan%202018.pdf.

(33) Rosenblat, "Uber's Drive-By Politics."

(34) Mike Ramsey and Douglas MacMillan, "Carnegie Mellon Reels after Uber Lures away Researchers," *Wall Street Journal*, May 31, 2015, www.wsj.com/article_email/is-uber-a-friend-or-foe-of-carnegie-mellon-in-robotics-1433084582-lMyQ jAxMTE1MjA5MTUwNzE5Wj.

(35) Cecilia Kang, "No Driver? Bring It On: How Pittsburgh Became Uber's Testing Ground," *New York Times*, September 10, 2016, www.nytimes.com/2016/09/11/technology/no-driver-bring-it-on-how-pittsburgh-became-ubers-testing-ground.html.

(36) Cecilia Kang, "Pittsburgh Welcomed Uber's Driverless Car Experiment; Not Anymore," *New York Times*, May 21, 2017, www.nytimes.com/2017/05/21/technology/pittsburgh-ubers-driverless-car-experiment.html.

(37) Complaint for Permanent Injunction and Other Equitable Relief at 10–11, FTC v. Uber Techs., Inc., No. 17–261 (N.D. Cal. Jan. 19, 2017); Calo and Rosenblat, "The Taking Economy."

(38) 元のブログ投稿は以下にある。https://newsroom.uber.com/an-uber-impact-20000-jobs-created-on-the-uber-platformevery-month-2/. ただしこれは、この会社のウェブサイトから別の場所に移されたか、または削除されている。正式なブログ投稿は著者のファイル上にある。

(39) Caroline O'Donovan, "Uber Rallies Drivers against Teamster Unionization Efforts with Podcasts and Pizza Parties," *Buzzfeed News*, March 9, 2017, www.buzzfeed.com/carolineodonovan/uber-to-seattle-drivers-protect-your-freedom-from-the-teamst.

(40) コーネル大学の博士課程の学生、マイク・マフィー(@maffiemd)も同様の見解を示している。「#rideshare 組合への興味の程度をはかるのは賢い方法かもしれない。だれが、どれくらいの期間、聞いているかを追跡するのだ」。Twitter, March 15, 2017, https://twitter.com/maffiemd/status/841999619697573891.

(41) Alison Griswold, "Three US States Have Already Blessed Uber's Independent Contractor Employment Model," *Quartz*, December 10, 2015, https://qz.com/571249/three-us-states-have-already-blessed-ubers-independent-con tractor-employment-model/; Lisa Nagele-Piazza, "Florida Legislature Approves Ride-Hailing Driver Bill," Society for Human Management, www.shrm.org/resourcesandtools/legal-and-compliance/state-and-local-updates/pages/florida-legislature-approves-ride-hailing-driver-bill.aspx; Dara Kerr, "Uber and Lyft Messed with Texas—and Won," *CNET*, June 20, 2017, www.cnet.com/news/uber-lyft-toyed-with-texas-to-get-their-ride-hailing-way/; Kimberly Reeves, "Uber's Big Win: Texas Ridesharing Rules Bill Passes through Senate," *Austin Business Journal*, May 17, 2017, www.bizjournals.com/austin/news/2017/05/17/ubers-big-win-texas-ridesharing-rules-bill-passes.html.

(42) Lindsey Hadlock, "Upstate New York Ride-Hailing Drives Gig Economy," Cornell University Media Relations Office, June 29, 2017, http://mediarelations.cornell.edu/2017/06/29/upstate-new-york-ride-hailing-drives-gig-economy/.

(43) Safraz Maredia, "Westchester Would Send Anti-business Message by Opting Out from Ride-Hailing: Uber Official," lohud, June 25, 2017, www.lohud.com/story/opinion/contributors/2017/06/26/westchester-ride-hailing-uber- view/427351001/.

(44) Edward T. Walker, "The Uberization of Activism," New *York Times*, August 6, 2015, www.nytimes.com/2015/08/07/opinion/the-uber-ization-of-activism.html?mcubz=1.

(45) Nikil Saval, "Disrupt the Citizen: Against Ride Sharing," *Portside*, July 11, 2017, https://portside.org/2017-07-11/disrupt-citizen-against-ride-sharing.

(46) Ibid.; Wolfgang Streenck, "Citizens as Customers," *New Left Review 76* (2012), https://newleftreview.org/II/76/wolfgang-streeck-

citizens-as-customers.

(47) Jack Weatherford, *Genghis Khan and the Making of the Modern World* (New York: Broadway Books, 2014).

(48) Tom Slee, *What's Yours Is Mine: Against the Sharing Economy* (New York: OR Books, 2016).

(49) "Uber, NAACP Create Partnership to Hire Minority Drivers in New Jersey," December 23, 2015, *CBS New York*, http://newyork.cbslocal.com/2015/12/23/new-jersey-minority-uber-drivers-naacp/.

(50) ある Uber の役員がこの会社の反応をインスタグラムに投稿した。「ＮＪのＮＡＡＣＰから @Uber に授与されたスポンサー・アワードを受け取ることを誇りに思う。このパートナーシップを構築したショーン・コナーの優れた業績と、組織のすばらしい仲間たちを祝福したい。 Nikolenka, Instagram, June 29, 2017, www.instagram.com/p/BV74IA-g6Pi/.

(51) Travis Kalanick, "Record Shouldn't Bar Ex-offenders from Work," *Uber Under The Hood*, October 5, 2016, https://medium.com/@UberPubPolicy/record-shouldnt-bar-ex-offenders-from-work-a42732d2861b.

(52) Ashley Nellis, "The Color of Justice: Racial and Ethnic Disparity in State Prisons," *The Sentencing Project*, June 14, 2016, www.sentencingproject.org/publications/color-of-justice-racial-and-ethnic-disparity-in-state-prisons/.

(53) Tim Shorrock, "Labor-Clergy Coalition to March on Nissan Plant in Mississippi," *Portside*, March 3, 2017, www.portside.org/2017-03-04/labor-clergy-coalition-march-nissan-plant-mississippi.

(54) Nancy MacLean, *Democracy in Chains* (New York: Viking, 2017), 31.

(55) Jordan Pearson, "Uber's AI Hub in Pittsburgh Gutted a University Lab—Now It's in Toronto," May 9, 2017, https://motherboard.vice.com/en_us/article/3dxkej/ubers-ai-hub-in-pittsburgh-gutted-a-university-lab-now-its-in-toronto.

(56) Calo and Rosenblat, "The Taking Economy."

(57) Anne Washington in Skype interview with author, August 5, 2017.

(58) Andrew Zimbalist and Roger G. Noll, "Sports, Jobs, and Taxes: Are New Stadiums Worth the Cost?" *Brookings*, June 1, 1997, www.brookings.edu/articles/sports-jobs-taxes-are-new-stadiums-worth-the-cost/; Gregg Easterbrook, "How the NFL Fleeces Taxpayers," *Atlantic*, October 2013, www.theatlantic.com/magazine/archive/2013/10/how-the-nfl-fleeces-taxpayers/309448/; Bret Schrotenboer, "Abandoned NFL Cities Have Old Stadium Debt, New Outlook," *USA Today*, March 31, 2017, www.usatoday.com/story/sports/nfl/2017/03/31/relocation-oakland-raiders-san-diego-chargers-st-louis-rams/99848210/.

(59) Alice Marwick, *Status Update* (New Haven, CT: Yale University Press, 2013), ch. 5.

(60) UBER, "Uber | MADD," www.uber.com/partner/madd/.

(61) "MADD Canada" and "Driving for an Angel: Shelly's Story," Uberpassenger app, December 2017, screenshot taken by the author.

(62) たとえばカナダでは、以下を参照。"Don't Drink and Drive: Make DDADD Your Last Call," Designated Drivers Against Drinking Drivers, https://ddadd.ca/; Christina Stevens, "Designated Driver Companies in Durham Say New Municipal Rules Will Kill Industry," *Global News*, December 9, 2015, http://globalnews.ca/news/2391673/designated-driver-companies-in-durham-say-new-

municipal-rules-will-kill-industry/; Adam Hunter, "Sask. Company Hoping to Curb Drunk Driving Problem in Province," *CBC News*, September 16, 2016, www.cbc.ca/news/canada/saskatchewan/sask-designated-driving-company-looking-for-support-1.3765611; アメリカについては、以下を参照。Scott Koegler, "Free Designated Drivers in 24 Cities in the US," *Exuberation!* http://exuberation.com/regions-and-travels-publisher/326-free-designated-drivers-in-24-cities-in-the-us; DrinkingandDriving.org, "Prevention Tools," www.drinkinganddriving.org/designated-driver-services/.

(63) Alex Rosenblat, "Is Your Uber/Lyft Driver in Stealth Mode?" *Uber Screeds*, July 19, 2016, https://medium.com/uber-screeds/is-your-uber-driver-in-hiding-484696894139.

(64) Judgment of December 20, 2017, Asociación Profesional Élite Taxi v. Uber Systems Spain SL, EU:C:2017:981, http://curia.europa.eu/juris/documents.jsf?num=C-434/15.

(65) Charlotte Alter, "UN Women Breaks Off Partnership with Uber," *Time*, March 23, 2015, http://time.com/3754537/un-women-breaks-off-partnership-with-uber/.

(66) Susan Fowler, "Reflecting on One Very, Very Strange Year at Uber," *Susan Fowler* (blog), February 19, 2017, www.susanjfowler.com/blog/2017/2/19/reflecting-on-one-very-strange-year-at-uber.

(67) Ibid.

(68) Sarah Lacy, "Susan Fowler Did This," *Pando*, June 12, 2017, https://pando.com/2017/06/12/susan-fowler-did/.

(69) Sara Ashley O'Brien, "Backlash Results after Uber Teams Up with Girls Who Code," *CNN Tech*, August 25, 2017, http://money.cnn.com/2017/08/25/technology/business/uber-girls-who-code-donation-backlash/index.html.

(70) Corinne Warnshuis (@corinnepw), Twitter, August 24, 2017, https://twitter.com/corinnepw/status/900915184960667649.

(71) さらなる参考文献として、ここで言及している男性的強さの力学を低所得の父親像という文脈で展開する以下の書物が挙げられる。Kathryn Edin and Timothy J. Nelson, *Doing the Best I Can: Fatherhood in the Inner City* (Berkeley: University of California Press, 2014).

(72) Perri Chase, "My Comments on the Unroll.Me/Uber Situation," *Medium*, April 25, 2017, https://medium.com/@bethebutterfly/i-need-to-say-something-about-the-freak-out-in-response-to-uber-and-unroll-me-f17c42abaaa1.

(73) Lucinda Shen, "200,000 Users Have Left Uber in the #DeleteUber Protest," Fortune, February 3, 2017, http://fortune.com/2017/02/03/uber-lyft-delete-donald-trump-executive-order/.

(74) Alison Griswold, "Uber Did Nothing Wrong, but That Couldn't Stop the Liberal Outrage of #DeleteUber," *Quartz*, January 30, 2017, https://qz .com/898159/why-are-people-deleting-uber-a-trump-backlash-the-company-didnt-deserve/.

(75) Sherman Alexie quoted in Anne Helen Petersen, "Sherman Alexie on Not Being 'the Kind of Indian That's Expected,'" *Buzzfeed News*, June 25, 2017, www.buzzfeed.com/annehelenpetersen/sherman-alexie-is-not-the-indian-you-expected.

(76) Benjamin Edelman, "Uber Can't Be Fixed—It's Time for Regulators to Shut It Down," *Harvard Business Review*, June 21, 2017, https://hbr.org/2017/06/uber-cant-be-fixed-its-time-for-regulators-to-shut-it-down.

(77) Jim Dwyer, "For Uber and Other Drivers at Kennedy, a Long Wait to Do Their Business," *New York Times*, June 29, 2017, www.

nytimes.com/2017/06/29/nyregion/uber-drivers-kennedy-airport-restrooms.html.

(78) Noam Scheiber, "Uber to Repay Millions to Drivers, Who Could Be Owed Far More," *New York Times*, May 24, 2017, www.nytimes.com/2017/05/23/business/economy/uber-drivers-tax.html.

(79) Alison Griswold, "Inside Uber's Unsettling Alliance with Some of New York's Shadiest Car Dealers," *Quartz*, June 27, 2017, https://qz.com/1013882/ubers-rental-and-lease-programs-with-new-york-car-dealers-push-drivers-toward-shady-subprime-contracts/.

(80) たとえば以下を参照。 Biz Carson, "A Former Uber Driver Who Slept in Her Car Just Won a $15,000 Legal Settlement with Uber," *Business Insider*, January 12, 2016, www.businessinsider.com/uber-driver-slept-with-family-in-vehicle-rented-from-uber-2016-1; Carla Green and Sam Levin, "Homeless, Assaulted, Broke: Drivers Left Behind as Uber Promises Change at the Top," *The Guardian*, June 17, 2017, www.theguardian.com/us-news/2017/jun/17/uber-drivers-homeless-assault-travis-kalanick.

(81) Eric Newcomer and Olivia Zaleski, "When Their Shifts End, Uber Drivers Set Up Camp in Parking Lots across the U.S.," *Bloomberg Technology*, January 23, 2017, www.bloomberg.com/news/articles/2017-01-23/when-their-shifts-end-uber-drivers-set-up-camp-in-parking-lots-across-the-u-s.

(82) Avi Asher-Schapiro, "As Uber Probes Sexual Harassment at Its Offices, It Overlooks Hundreds of Thousands of Female Drivers," *The Intercept*, May 4, 2017, https://theintercept.com/2017/05/04/as-uber-probes-sexual-harassment-at-its-offices-it-overlooks-hundreds-of-thousands-of-female-drivers/.

(83) Douglas MacMillan and Newley Purnell, "Smoke, Then Fire: Uber Knowingly Leased Unsafe Cars to Drivers," *Wall Street Journal*, August 3, 2017, www.wsj.com/articles/smoke-then-fire-uber-knowingly-leased-unsafe-cars-to-drivers-1501786430.

(84) Mike Isaac, "Uber's C.E.O. Plays with Fire," *New York Times*, April 23, 2017, www.nytimes.com/2017/04/23/technology/travis-kalanick-pushes-uber-and-himself-to-the-precipice.html.

(85) Julia Carrie Wong, "Uber's 'Hustle-Oriented' Culture Becomes a Black Mark on Employees' Résumés," *The Guardian*, March 7, 2017, www.theguardian.com/technology/2017/mar/07/uber-work-culture-travis-kalanick-susan-fowler-controversy.

(86) Kara Swisher, "With Her Blog Post about Toxic Bro-Culture at Uber, Susan Fowler Proved That One Person Can Make a Difference," *ReCode*, June 21, 2017, www.recode.net/2017/6/21/15844852/uber-toxic-bro-company-culture-susan-fowler-blog-post.

(87) Susan J. Fowler," Reflecting on One Very, Very Strange Year at Uber," February 19, 2017, Susan Fowler (blog), www.susanjfowler.com/blog/2017/2/19 /reflecting-on-one-very-strange-year-at-uber.

(88) Reuters, "Uber Picks Dallas and Dubai for Its Planned 2020 Flying Taxi Launch," *Fortune*, April 25, 2017, http://fortune.com/2017/04/26/uber-dallas-dubai-2020-flying-taxi-launch/.

(89) Tony Romm, "A Powerful Group of Black Lawmakers Is Pressuring Uber to Hire More Diverse Executives," *ReCode*, June 26, 2017, www.recode.net/2017/6/26/15871344/uber-black-lawmakers-hire-diversity-executives-cedric-richmond-congressional-caucus.

結論

(1) この箇所は、もともとは私が執筆した『ファスト・カンパニー』誌の記事にある。以下を参照。Alex Rosenblat, "The Network Uber Drivers Built," January 9, 2018, Fast Company, www.fastcompany.com/40501439/the-network-uber-drivers-built. このフィールドワークは、以下の共同プロジェクトも参考にしている。Alexandra Mateescu, Alex Rosenblat, and Julia Ticona, "Mapping Inequalities in the On-Demand Economy" (unpublished white paper, New York: Data & Society Research Institute, January 31, 2018).

（2）V. B. Duval, email correspondence with the author, February 1, 2018.

（3）Mateescu, Rosenblat, and Ticona, "Mapping Inequalities."

（4）Alison Griswold, "Uber Drivers Are Using This Trick to Make Sure the Company Doesn't Underpay Them," *Quartz*, April 13, 2017, https://qz.com/956139/uber-drivers-are-comparing-fares-with-riders-to-check-their-pay-from-the-company/.

（5）Christian Perea, "Uber's Upfront Pricing Is Secretly Overcharging Passengers without Paying Drivers," *The Rideshare Guy*, September 26, 2016, https://therideshareguy.com/ubers-upfront-pricing-is-secretly-overcharging-passengers-without-paying-drivers/.

（6）「Uber や Task Rabbit などのオンライン仲介者を通じてサービスを提供する労働者は、二〇一五年には、全労働者の〇・五パーセントを占めていた」。Lawrence F. Katz and Alan B. Krueger, "The Rise and Nature of Alternative Work Arrangements in the United States, 1995–2015," working paper 22667, *National Bureau of Economic Research*, September 2016, www.nber.org/papers/w22667.pdf.

（7）Noam Scheiber, "How Uber's Tax Calculation May Have Cost Drivers Hundreds of Millions," *New York Times*, July 6, 2017, www.nytimes.com/2017/07/05/business/how-uber-may-have-improperly-taxed-its-drivers.html.

（8）Fredrick Kunkle, "Lyft Drivers Call for Investigation into Alleged 'Wage Theft,'" *Washington Post*, May 31, 2017, www.washingtonpost.com/news/tripping/wp/2017/05/31/lyft-drivers-call-for-investigation-into-alleged-wage-theft/.

（9）Lawrence F. Katz and Alan B. Krueger, "The Rise and Nature of Alternative Work Arrangements in the United States, 1995–2015," Working Paper 22667, National Bureau of Economic Research, September 2016, www.nber.org/papers/w22667.pdf.

（10）Jared Meyer, "By Losing Uber, Austin Is No Longer a Tech Capital," *Forbes*, May 11, 2016, www.forbes.com/sites/jaredmeyer/2016/05/11/by-losing-uber-austin-is-no-longer-a-tech-capital/. *How Progressive Cities Fight Innovation* (Encounter Books, 2017) の著者、マイヤーは、シェアリング・エコノミーの強力な提唱者である。

（11）二〇一七年二月、カナダ統計局は、二〇一五年一一月から二〇一六年一〇月にかけて、バンクーバー市民のわずか五パーセントしかライドヘイリング・サービスを利用していないとして、トロント（約一五パーセント）とオタワ－ガティノー（約一八パーセント）と比較した数値を公表した。以下を参照。Statistics Canada, "Proportion of the Population Aged 18 and Older That Used Peer-to-Peer Ride Services from November 2015 to October 2016, by Selected Census Metropolitan Areas," n.d., www.statcan.gc.ca/daily-quotidien/170228/cg-b002-eng.htm.

（12）University of British Columbia, "Why Has Vancouver Been So Slow to Join the Sharing Economy?" n.d., www.alumni.ubc.ca/2017/webcasts/vancouver-slow-join-sharing-economy/.

（13）Tracey Read, "Painsville Judge Requiring Drunk Driving

"Defendants to Download Uber, Lyft on Smartphones," *News-Herald*, June 10, 2017, www.news-herald.com/general-news/20170610/painesville-judge-requiring-drunk-driving-defendants-to-download-uber-lyft-on-smartphones.

（14） TOI Staff, "Traffic Jam as Waze Mistakenly Declares J'lem-TA Road Closed," *Times of Israel*, February 22, 2017, www.timesofisrael.com/traffic-snarls-as-waze-mistakenly-declares-main-road-closed/.

（15） Tim Wu, "The Tyranny of Convenience," *New York Times*, February 16, 2018, www.nytimes.com/2018/02/16/opinion/sunday/tyranny-convenience.html?mtrref=www.nytimes.com&assetType=opinion.

付録1　研究手法

（1） マイクロソフト・リサーチからの助成金を得て二〇一四年に始まった私たちの最初の研究結果から、私は同僚のルーク・スターク教授と"Algorithmic Labor and Information Asymmetries: A Case Study of Uber's Drivers"（アルゴリズムの労働と情報の非対称性――Uberドライバーのケーススタディ）というタイトルで雑誌論文を執筆した。私たちの研究は主に、ドライバー・フォーラムのエスノグラフィーに頼っているが、研究の一環として七人のドライバーにもインタビューを行なった。これはニューヨーク大学施設内審査委員会に提出され、さらなる審査は免除されると見なされた。二〇一六年、私は第二の研究に乗りだした。"Regional Adaptations: Ridehail Driving"（地域の適応――ライドヘイル・ドライビング）というタイトルで、これについては、私は単独で主任調査官を務めた。これは、審査機関Advarra（旧Chesapeake Research Review、施設内審査委員会）が監督を行ない、Intelligence & Autonomy（知性と自律）というタイトルで、データ・アンド・ソサエティ研究所のイニシアティブを通じてマッカーサー基金より一部資金を得た。また"Regional Adaptations: Ridehail Driving"への修正をAdvarraの施設内審査委員会に提出し、その範囲を拡張して健康問題への焦点を含めた。これもまた、Advarraの同監督のもと、さらなる審査は免除されると見なされた。この研究の修正箇所の結果は、社会学者ジュリア・ティコナ教授（このプロジェクトの主任研究員）およびリサーチアナリストのアレクサンドラ・マティースクとの比較プロジェクトの一環として使用された。このプロジェクトは"Mapping Inequalities in the On-Demand Economy"（オンデマンド・エコノミーにおける不平等のマッピング）というタイトルで、ロバート・ウッド・ジョンソン財団より資金を得た。

付録2　Uberを超えるライドヘイリング

（1） Lyft Blog, "Lyft Is Now Live across 40 States," August 31, 2017, https://blog.lyft.com/posts/live-across-40-states.

（2） Darrell Etherington, "Lyft Raises \$1 Billion at \$11 Billion Valuation Led by Alphabet's CapitalG," *Tech Crunch*, October 19, 2017, https://techcrunch.com/2017/10/19/lyft-raises-1-billion-at-11-billion-valuation-led-by-alphabets-capitalg/.

（3） Rani Molla, "Uber's Market Share Has Taken a Big Hit," *Recode*, August 31, 2017, www.recode.net/2017/8/31/16227670/uber-lyft-market-share-deleteuber-decline-users.

（4） San Francisco County Transportation Authority, "TNCs Today: A Profile of San Francisco Transportation Network Company

Activity," June 2017, www.sfcta.org/sites/default/files/content/Planning/TNCs/TNCs_Today_112917.pdf.

(5) Jessica, "New Survey: Drivers Choose Uber for Its Flexibility and Convenience," *Uber Newsroom*, December 7, 2015, https://newsroom.uber.com/driver-partner-survey/.

(6) Lyft, "Explore," February 14, 2018, www.lyft.com/.

(7) Uber, "Get there," February 14, 2018, www.uber.com/.

(8) Harry Campbell, "2018 Uber and Lyft Driver Survey Results—The Rideshare Guy," February 26, 2018, *The Rideshare Guy*, https://therideshareguy.com/2018-uber-and-lyft-driver-survey-results-the-rideshare-guy/.

訳者あとがき

本書は *Uberland: How Algorithms Are Rewriting the Rules of Work* (University of California Press, 2018) の全訳である。著者アレックス・ローゼンブラット氏は、ニューヨーク大学の研究機関、データ・アンド・ソサエティ研究所に属する研究者で、主にテクノロジーをテーマに、集団や社会の行動様式をフィールドワークによって調査・記録するエスノグラファーである。本書は、シリコンバレーを本拠地とするニューエコノミーの文化的アイコンであるUberに焦点を絞り、テクノロジーが労働に与える社会的影響を浮き彫りにする。

Uberとは周知のとおり、世界各国で展開する自動車配車サービスである。どこにいようと、Uberのアプリを使って気軽にドライバーを呼ぶことができる。しかも支払いはすべてクレジットカードで行なわれ、目的地を事前にアプリに入力するしくみになっているため、現金での支払いも、ドライバーと会話をする必要もない。基本的にいちばん近くにいる車が配車されるので、待ち時間も少ない。リクエストした車が来たらそれに乗り、目的地に着いたら、ただ降りればよい。これなら、たとえ言葉の通じない遠い国へ行っても、現地の通貨を用意する必要もなければ、ちょっとした日常会話を苦労して暗記しなくても済む。便利極まりない。ただし、「乗客」の立場から言えばの話だが。

ローゼンブラット氏が四年の歳月をかけて詳しく調査したのは、Uber の乗客でもなければ、このスタートアップ企業のサクセスストーリーでもなく、ましてや元CEO、トラヴィス・カラニックの波乱に富んだ半生でもない。Uber の目に見えないアルゴリズムのマネージャーに踊らされる「ドライバー」たちだ。氏はアメリカとカナダの二五都市を訪問し、一二五人ものドライバーにインタビューを行ない、彼らの生の声を聞くだけでなく、インターネットのオンライン・フォーラムに掲載されるドライバーからの投稿にも毎日欠かさず目を通すことで、Uber アプリの黒いアイコンのなかに隠された、この企業の雇用モデルの光と影を暴きだす。

ローゼンブラット氏によれば、Uber の雇用モデルは、テクノロジーを駆使してドライバーの起業家精神の実現を約束するが、その一方で、ドライバーの賃金や働き方、雇用要件などを管理しているのは、人間ではなくアルゴリズムなのだ。アルゴリズムのテクノロジーは、感情を交えないがゆえに中立的なもののように思えるが、実のところそれは、この会社の利益になるような偏見が組み込まれた一定のルールに従って取引を仲介している。Uber のアルゴリズムは中立的でも受動的でもなく、影でひそかに労働を操作し、ひいては市場全体にも影響を及ぼしているのである。

「ドライバーは自分自身の上司になれるアントレプレナーだ」と Uber は謳っている。事実、好きなときにログイン／ログアウトでき、時間もフレキシブルなので、自分の都合に合わせてスケジュール管理ができ、自由に乗客を受け付けたり拒否したりすることができるという限りでは、このキャッチコピーに偽りはない。だが、本書に登場するドライバーの声に耳を傾ければ、これがいかにドライバーをけむに巻くレトリックであるかがわかる。さらに、訴訟が起きれば、「ドライバーは従業員ではなく、Uberテクノロジーの消費者だ」と主張して法を逃れようとする。たしかに、消費者センターのようなサポートがあって、乗客とのトラブルやさまざまな質問を受け付ける器はあるが、自動応答が返ってくるだけで、問題の解決にはとうてい至らない。

ちょうどこの「あとがき」の執筆中、Uberが開発している「空飛ぶタクシー」がオーストラリアのメルボルンで試験飛行へ、というニュースが飛び込んできた。すでにダラスとロサンゼルスでは試験飛行が実施されており、アメリカ国外ではこれが初めてということだ。現在のところパイロットが操縦するが、将来的には無人機の開発も視野に入れているという。このプロジェクトには米国航空宇宙局（NASA）も協力しているそうだ。まさに夢のような話だ。この未来ある明るいニュースを、いわばジョージ・オーウェルの「ビッグ・ブラザー」のようなアルゴリズムの監視の下、トイレにも行けずに尿瓶を隠し持って移動しているUberのドライバーたちは、どう見ているのだろうか。

日本におけるUberに目を向けてみると、二〇一三年にトライアルサービスが開始され、二〇一五年には福岡市で民間人による自家用車での送迎サービスが始まったが、「白タク」行為に値するとして、サービス中止となった。現在も、アメリカやカナダのような本格的な稼働には至っておらず、訓練された運転手が黒塗りの車で迎えにくる、いわゆる高品質・高価格の「ハイヤー」サービスしか行なっていないようだ（二〇一九年六月現在）。二〇二〇年の東京オリンピックを控えた今、Uberのサービスに慣れた外国人が、日本でも気軽にUberを利用できるようになればそれに越したことはないのだろうが、さまざまな規制、タクシー業界からの反発、ドライバーの分類問題（「労働者」か「消費者」か）、そして性犯罪に至るまで、解決しなければならない問題は山ほどある。

いずれにせよ、UberやAirbnbをはじめとするシェアリング・エコノミーに対する抵抗は、日本でも若者を中心にどんどん薄れているのは事実だろう。企業でも、ＡＩやアルゴリズムによる業務効率化をめざした働き方改革への関心が高まっている。こうした合理性への理解と、ある程度の規制突破なくしてイノベーションはありえないというシリコンバレー由来の精神が、日本古来の文化と融合し、雇用創出のみならず、働き方の未来にも光明をもたらすことができればと願ってやまない。

最後に、数あるスタートアップ企業を取り扱った書籍のなかでも、かなり踏み込んだ、読み応えのある（翻訳しがいのある）本書をご提案いただいたときから、一貫して、深い洞察、鋭いご指摘、そして激励をくださった青土社編集部の梅原進吾氏に、この場を借りて御礼申しあげたい。

二〇一九年六月

飯嶋貴子

［著者］**アレックス・ローゼンブラット**（Alex Rosenblat）
テクノロジー・エスノグラファー。データ・アンド・ソサエティ研究所の研究者。
マギル大学歴史学学士号、クイーンズ大学社会学修士号取得。『ニューヨーク・タイムズ』『ハーバード・ビジネス・レビュー』『アトランティック』『ファスト・カンパニー』『スレート（Slate）』などへ寄稿。世界的に注目される Uber に関する研究は、『ニューヨーク・タイムズ』をはじめ、『ウォール・ストリート・ジャーナル』『MIT テクノロジー・レビュー』『ワイアード』『ニュー・サイエンティスト』『ガーディアン』などで取り上げられており、『インターナショナル・ジャーナル・オブ・コミュニケーションズ（International Journal of Communications）』や『コロンビア・ロー・レビュー（Columbia Law Review）』など数多くの学術専門誌でも論文が公開されている。

［訳者］**飯嶋貴子**（いいじま・たかこ）
翻訳家。訳書に『めかくしジュークボックス』（工作舎、共訳）、『共産主義が見た夢』（ランダムハウス講談社）、『留守の家から犬が降ってきた』（青土社）がある。

索引

あ行

か行

さ行

た行

な行

わ行

UBERLAND: How Algorithms Are Rewriting the Rules of Work
by Alex Rosenblat
Copyright © 2018 by Alex Rosenblat
Japanese translation published by arrangement with University of California Press
through The English Agency (Japan) Ltd.

Uberland　ウーバーランド
アルゴリズムはいかに働き方を変えているか

2019 年 8 月 1 日　第 1 刷印刷
2019 年 8 月 15 日　第 1 刷発行

著者――アレックス・ローゼンブラット
訳者――飯嶋貴子

発行人――清水一人
発行所――青土社
〒 101-0051　東京都千代田区神田神保町 1-29　市瀬ビル
［電話］03-3291-9831（編集）　03-3294-7829（営業）
［振替］00190-7-192955

印刷・製本――ディグ
組版――フレックスアート

装幀――松田行正

Printed in Japan
ISBN978-4-7917-7186-8　C0030